왜 학교는 질문을 가르치지 않는가

어느 시골교사가 세상에 물음을 제기하는 방법

왜 학교는 질문을 가르치지 않는가

황주환
지음

갈라파고스

미나와 채윤에게

서서히 그러나 격렬하게, 나는 변해왔다

십수 년이 지난 지금도, 그 아이의 이름과 그 아이를 대하던 교무실의 공기, 그리고 내가 느꼈던 슬픔을 뚜렷하게 기억한다.

교사 초년 시절, 고등학교에서 만난 여학생 L은 결석을 반복했다. 교실에 앉아서도 초점이 잡히지 않는 눈으로 멍하니 창밖을 보기 일쑤였고, 그럴 때마다 아이의 마른 체구는 더욱 스산한 공기를 머금었다. 목소리는 힘없이 흔들렸고 무엇 하나 무력하지 않은 것이 없었다. 지각한 아이가 운동장을 가로질러 올 때면, 마치 땅속으로 꺼지는 몸을 부여잡아 끌고 오는 듯했다. 나와 대면할 때도 아이는 무감하고 무심했다. 이야기를 나누는 친구도 없었고 성적은 최하위였다.

이 읍은 이혼이나 빈곤, 가정폭력 등으로 상처받은 아이들과 나름의 사정으로 이웃 도시에서 밀려오는 아이들이 함께했는데, 그 아이도 이웃 시내에 살면서 학교는 이 읍으로 오게 된 그런 아이였다.

아이가 결석을 반복하자 어머니가 학교로 왔다. 아버지의 부재와 사춘기 아이의 방황, 어머니의 가난을 이야기하고, 아이를 잘 부탁한다며 내게 고개를 조아렸다. 몸집이 큰 중년의 여인이 '딸이 고등학교라도 졸업하게 도와주시라'며 젊은 내 앞에서 연신 고개를 조아릴 때, 나는 어떤 아득함을 느꼈다.

이미 궤도를 벗어나고자 하는 아이에게 내 나름의 관심을 기울인다 한들 달라진 것은 없었다. 아이는 그냥 집 안에 틀어박혀 은둔했고, 어머니의 걱정과 재촉도 아이를 어찌할 수 없었다. 급기야 한 달 두 달 장기결석으로 이어졌고, 학교가 문제 삼기 시작했다. '장기 결석 학생을 자퇴시키라'는 것이 당시 교무실의 대체적 의견이었다. 수업시간마다 빈 책상이 놓여 있어 면학 분위기에 부정적이고 다른 학생들에게도 영향을 미친다고 했다.

신참교사였지만 나는 그 요구에 즉각적으로 반감이 들었다. '저 아이의 빈 책상이 학업 분위기에 어떻게 부정적일까? 저 아이를 퇴학시키면 아이와 어머니는 어떻게 될까?' 하는 생각이 먼저 들었다. 그리고 내게 머리를 조아린 어머니의 모습이 떠올랐고, 그 아이가 단지 빈 책상 하나로 헤아려지기 전에 아이의 무기력과 어머니의 초조가 느껴졌기 때문이다.

그래서 수업 결손으로 유급까지 가더라도 기다려보겠다는 나의 요청을 학교장이 동의함으로써 일단 시간을 벌 수 있었다. 나는 어머니에게 수시로 전화를 걸어 아이의 근황을 물으며, 아이가 마음을 잡을 때까지 기다릴 테니까 염려 마시라고, 함께 기다리자고 말씀드렸다. 그러나 얼마 지나지 않아 어머니가 학교로 와서 자퇴서를 내겠다고 했다. 더 이상 아이가 학교로 돌아올 가망이 없다며 자퇴시켜줄 것을 비통한 표정으로 요청했다.

나는 이제까지 어머니의 수고를 환기시키며 희망을 포기하지 말자고 만류했지만, 어머니의 결심은 굳었다. 그러면 차라리 휴학계를 내자는 나의 타협안에 어머니는 조금 전의 그 단호함을 쉽게 누그러뜨렸다. 그랬던 것이다. 그래도 끝까지 실낱같은 희망이라도 포기하지 않는 것이 어머니의 마음이다. 며칠 후 휴학계를 내던 날 대화를 나누고 헤어졌는데 음료수통 안에 흰 봉투가 놓여 있었다. 열어보니 만 원권 10장이 들어 있었다.

이름하여 촌지였다. 촌지를 받지 않는 내 나름의 규칙을 지키기 위해, 어머니에게 편지를 썼다. '어머니의 마음은 감사히 받겠지만, 이 돈은 돌려 드린다. 나는 단지 담임으로서 해야 할 일을 한 것뿐이다'라며 봉투를 함께 돌려보냈다. 그런데 바로 어머니가 먼 길을 직접 왔다. 교무실 내 책상 앞에서 내 손을 잡고 말했다. 선생님의 호의를 잊지 않겠다며 다시 흰 봉투를 꺼내는 것이었다.

나는 어머니의 마음을 받아들였으니 봉투는 갖고 가시라고 간곡히 말씀드렸다. 그러자 어머니는 흐느끼기 시작했다. 남편 없이 혼자 아이를 키우는 고단함이 묻어나는 얼굴을 내 손에 묻고, 흐느끼기 시작했다. 여관 청소부로 거칠어진 당신의 손을 내 손에 얹고, 눈물을 보였다. 제발 받으시라고, 그래야 자기 마음이 편하겠다는 말을 반복하며 울었다. 어쩌면 아이를 건사하기 힘든 자신의 처지와 누구에게도 이해받지 못했던 외로움의 표현이었는지도 모르겠다.

　나는 거절할 수 없었다. 돈을 받지 않는다면 내가 정한 규칙을 지켰기에 나는 만족할 수 있겠지만, 그 상황에서는 내 규칙만을 고집할 수 없었다. 베푼다는 것이 사실은 주는 것이 아니라 어떤 기준이나 조건 없이 받아들이는 것을 말한다면, 받는 것이 어머니를 위한 것이라는 생각이 들었다. 그래서 코 막힌 소리로 그러겠노라고 하며, 그 봉투를 받았다. 10여 년 전 여관 청소부의 월급에서 10만 원은 결코 적은 돈이 아니었다. 아이에게 소소한 것들도 쉽게 사주지 못했을 어머니에게는 큰돈이었으리라.

　나는 학교를 떠나는 아이와 어머니에게 해줄 말이 없었다. 어떤 말도 위로가 되지 않을 거라 여겼지만, 다시 오고 싶을 때 언제든 복학할 수 있다고, 다시 공부할 수 있다는 말을 강조했다. 아이가 학교로 오고 싶어 할 때 언제든 전화 주시라고, 몇 번이나 같은 말을 되풀이하며 어머니를 배웅했다. 돌아서던 어머니의 뒷모습은 지금도 내 기억 한편에 자리 잡고 있다. 먼지 풀풀 날리던 운동장과 교정을 뒤로하던 어머니의 벌어진 어깨가 지금도 내 기억에 살아 있다. 그 후로 나는 아이가 돌아올 수 있기를, 그래서 적어도 고등학교라도 졸업하기를 진심으로 바랐다. 그러나 얼마 가지 않아 학년이 바뀜과 동시에 결국 아이는 자퇴서를 냈다. 내가 해줄 수 있는 것은 딱 거기까지였다. 내가 생각할 수 있는 최대치도 딱 거기까지였다.

　내가 놓쳤던 것이 무엇인지 그때는 몰랐다. 세월이 흐르면서 뭔가 잘못되었다고 느끼기 시작했고, 그것이 무엇인지 점점 더 분명해졌다.

그것은 그 아이에게 학교는 어떤 곳이었을까 하는 물음이었다. 그 아이에게 학교란 어떤 곳이었을까? 생각해보지 못했다. 그 아이에게 학교란 다시 오고 싶은 곳이었을까? 물어보지 않았다. 왜 생각해보지 못했을까. 학생은 당연히 학교에 와야 하고 그래야 '정상적인' 사람이 되는 것인데, 그 아이는 방향을 잃고 옆길로 빠졌다고만 생각했으니까! 그래서 그 아이가 정상적으로 학교로 돌아오게 하려는, 딱 거기까지가 내 생각의 전부였다.

오랜 가난과 절망으로 무기력에 빠진 아이에게 학교는 돌아올 만한 곳이었을까. 자기 삶의 고통을 설명하지 못하는 교과서와 수업, 밤 10시까지 딱딱한 책상에 앉아 있어야 하는 자율학습, 조금의 자유도 허용하지 않는 규율의 감옥에서, 그렇게 삶 자체가 버거운 아이에게 학교는 어떤 곳이었을까 하는 질문을, 나는 그때 생각조차 하지 못했다. 자신의 삶과 겉돌기만 하는 학교만의 문법에 아이는 돌아오고 싶어 했을까, 그 아이의 입장에서 생각해보지 못했다. 아이의 입장에서 학교가 어떤 곳이었을까, 한 번도 질문해보지 못했다. 물어볼 생각조차 하지 못했다.

내가 놓쳤던 질문이 무엇인지 이제는 안다. 그런데 다시 문제는, 지금의 아이들에게 그 질문을 던질 수 없다는 것이다. 왜냐하면 나는 그 답을 이미 분명하게 알기 때문이다. 아이들이 학교를 얼마나 떠나고 싶어 하는지 너무나 잘 알기 때문이다. 아이들이 학교에서 얼마나 시들어가는지, 매일매일 그들의 고통과 비명을 지켜보면서 그 질문을 던지는 것은 부질없거나 잔인하기 때문이다. 교사인 나조차 견디기 힘든 숨 막히는 규율과 경쟁의 도가니를, 살아 펄떡이는 아이들이야 말해 무엇 하겠는가.

누군가 내게 왜 당신은 학교에 그렇게 부정적이고 비판적이기만 하냐고 말할 수 있다. 그럴 수 있다. 그래도 학교는 좋은 곳이라고 말하고 싶은 거다. 맞다. 학교는 분명 좋은 곳이어야 한다. 그러나 나는 다시 말해야겠다. 학교란 좋은 곳이라고 우리가 아무리 말한들, 아이들에게 학교란 절대로 그렇지 않은데 어쩌겠는가! 학교를 졸업한 우리의 기억에, 학교는 언제나 아름다운 풍경으로 채색되어 있어야 한다. 학교의 현실은 너무나 가혹하지만 배움과 우정의 아름다움으로만 기억되기를, 그리고 고통과 모멸마저도 추억에 기대어 아름답게 윤색되기를 요구한다. 누군가가 자기 이익을 위해 이 거대한 거짓이 유지되기를 강요하고 있다.

학교란 우리 사회의 정확한 축약판이다. 비유가 아니라 실제로 우리 사회가 총체적으로 압축 반영되어 있다. 학교 역시 즐겁고 좋은 때도 당연히 있다. 선량한 교사들과 함께 아이들의 성장을 지켜보며 나 역시 즐겁기도 하다. 그러나 그것만으로 학교의 고통이 상쇄되지는 않는다. 지금 학교는 붕괴되지 않는 것이 신기할 정도이고, 여기에서 우리가 주목해야 할 것은 더 나은 학교를 만드는 것일 게다.

아이들이 겪는 이 처참함이 무엇 때문인지 정직하게 말해야 한다. 적어도 내 판단에 따르면 우리 어른들, 바로 우리 사회의 책임이다. 아이들의 고통을 외면하는 교사와 부모와 교육관료들, 나아가 아이들의 고통 위에 자기들만의 자본과 권력을 구축하려는 세력까지 그 책임이 닿아 있다. 모든 것을 계량화하는 물질성과, 함께 더불어 사는 법을 배우지 못한 천박함과도 닿아 있다. 아주 가깝게 닿아 있다.

그 세력은 교사인 나일 수도 있고, 학부모일 수도 있다. 말하자면 우리는 이 사태의 공범자인 것이다. 모두가 우리 교육에 돌을 던지면서 정작 자기는 그 책임에서 비켜 서 있는 것처럼 말하지만, 이는 착각이다. 학교와 사회는 한 뿌리이기 때문에, 어느 누구도 학교 문제와 무관하지 않다. 그래서 나는 학교에서 겪고 느낀 것을 바탕으로 우리 사회를 다시 이해하기 시작했다. 교사가 된 후, 한국사회에 대한 내 생각은 서서히 그러나 격렬하게 변해갔다.

얼마의 세월이 흘러 L의 어머니로부터 전화를 받았다. 아이가 검정고시를 거쳐 대학에 진학했다고 전해왔다. 기뻤다. 너무나 기뻤다. 그리고 나는 변하기 시작했다. 다시는 예전으로 돌아갈 수 없는 몸의 변화가 일어났다. 서서히 아주 서서히 허물을 벗으며 변태變態하기 시작했다.

이 책은『아주 작은 것을 기다리는 시간』의 개정 증보판이다. 거친 문장을 다듬었고 몇 편의 글을 교체했다. 시의성이 지난 사례를 그대로 둔 것은, 그것이 우리 교육과 사회를 이해하는 데 장애가 되지 않기 때문이다. 사태의 본질은 변하지 않았다는 것으로 이 책의 유효기간을 연장하고 싶었고, 또 변하지 않은 교육현실에 교사로서 죄스러울 따름이다.

　나는 교육이론가나 학자도 아니고 신실한 교사도 못된다. 교육 이론을 제시하고 분석하는 것은 내 능력을 벗어난다. 그러나 학교가 얼마나 굴종과 억압의 공간인지는 누구보다도 잘 안다. 그리고 그 학교가 바로 한국사회의 모습이기도 하다는 것에 절망하기도 한다. 우리가 이 굴종과 억압을 원한 것은 아니지만 살펴보면 우리가 초래한 것이듯, 한국사회의 모순 역시 대중 스스로 만든 것임을 말하고 싶었다.

　그 중심에 교육이 있어왔다. 내가 학생이었을 때 학교에서 배운 것들이 노예의 품성이었고, 교사가 된 내가 또 다른 노예를 제작하고 있었음을, 학교에 오래 있으면서 깨닫게 되었다. 이 책은 이 사태를 뒤늦게 깨달은 현장 교사의 고백이다.

　사람들은 대안이 뭐냐고 묻는다. 해결책을 말하라는 것이다. 그런데 지금 우리의 고통은 답이 없어서가 아니다. 답은 이미 곳곳에 있다. 단지 타인이 전해준 답은, 떨어지는 나뭇잎처럼 가볍게 흩어져버린다. 불이 뜨겁다는 것을 알면 불 속에 손가락을 넣지 않듯이, 고통의 이유를 알면 벗어나게 된다. 중요한 것은 자신의 언어로 지금 이 고통을 정확하게 묻는 것이다. 물음이 정확하면 답도 정확하다. 세상을 바꾸는 것은, 그래서 질문이다.

　내 의식이 격렬하게 변해왔듯이, 낯선 독자들도 이 책이 작은 계기가 되기를 바라는 것이 내 솔직한 마음이다. 이 책이 껄끄러운 독자가 있다면, 내 글이 일정 부분 성공한 것으로 여기겠다. 불편하지 않은 독서란 무의미하다고 생각해왔기 때문이다. 그렇게 불편한 질문을 시작한다면, 우리가 할 수 있는 일은 무수히 많다.

글을 쓰면서 권정생 선생님이 자주 떠올랐다. 선생님의 글은 담백하고 깊은 울림을 준다. 세상을 사랑으로 사셨기 때문이리라. 몸에서 나온 선생님의 글을 생각하면, 나의 번잡하고 꾸민 글쓰기가 부끄럽다. 어쩌겠는가. 바로 이것이 나의 모습이거늘. 나의 무지와 협량은 결코 가려지지 않는다. 부끄러움을 넘어 두려워지기까지 하는 이유다.

부족한 책을 맡아주신 갈라파고스 출판사의 임병삼 대표님과 김지환 편집자께 감사드린다. 사랑하는 아내와 딸에게, 다시 내 모든 것을 담아 감사한다.

2016년 3월
황주환

차례

질문 없는 학교,
우리 사회의 축약판

학교의 거짓말, 인성

"왜 쟤는 평가 안 해요? 왜 봐주는 거예요? 왜 차별해요?" 내게 쏘아 붙이는 학생들 앞에서, 나는 무척 당황했다. 몇 년 전, 책을 제대로 읽지 못하는 학습장애 학생의 수행평가 차례가 되자 나는 슬쩍 넘어가려 했었다. 처음부터 그 학생이 수행할 수 있는 과제도 아니었거니와 어차피 전교 꼴찌인 학생이라 공개적으로 곤란을 주고 싶지 않아서였다. 그런데 난리가 났다. 학생들은 자신들이 차별 받았다며 내게 야유와 지탄을 한꺼번에 쏟아냈다. 아이들이 그렇게까지 공격적일 거라고는 전혀 예상하지 못했던 것이다.

그 장애학생이 자기와 경쟁상대가 되지 않는다는 것을 모두 잘 알면서도, 왜 그렇게 비난과 야유를 퍼부었을까. 급우에 대한 배려는 손톱만큼도 없고, 오직 자기가 부당한 대접을 받지는 않는가 하는 불만만 꽉 차 있었다. 교사에게 고함치는 학생들의 화난 목소리와 내지르는 손가락질, 쏘아붙이는 눈빛을 직접 봐야 이 처참함을 체감할 수 있을 것이다. 도대체 학교에서 우리 교사들은 무엇을 가르쳤고 학생들은 무엇을 배우는 것일까?

아이들이 선하기만 하리라는 것은 환상일 뿐이다. 아이들 내면은 여리고 순수하지만, 여린 만큼 헤아리기 힘든 상처를 함께 품고 있다. 그 상처들이 모여 각자 지르는 비명은 교사가 감당하기 힘든 일상이 되었다. 언어·신체폭력, 왕따, 갈취, 가출 등을 반복하는 아이들로 학교는 연중 머리를 싸매고 있다.

부모에게 따뜻한 사랑을 받지 못한 아이들이 후배들에게 원하지도 않는 양언니-양동생을 하자며 주기적으로 선물을 강요했다. 선배가 두려운 후배는 울며 겨자 먹기로 돈을 모아 오랫동안 선물을 상납해왔다. 이 사실을 파악한 교사가 선배학생을 꾸중하자, 단지 후배가 주는 선물을 받았을 뿐인데 무엇이 잘못이냐고 도리어 항변한다. 주는 것을 받은 것도 문제냐며 웃고 있는 아이에게서 감성의 마비를 본다. 타인의 고통을 내 것으로 느끼는 감수성이란 결코 주입시킬 수 있는 것이 아닌지라, 그 아이들에게 존중과 배려를 일깨운다는 것이 참으로 간단치가 않다.

성적 우수 학생들이라 해서 별반 다르지 않다. 시험 후 정답풀이 과정에서 오답 시비가 일었을 때, 몇몇 성적 우수 학생은 지나친 억지를 부리고 공격적인 태도를 보였다. 간혹 출제 오류로 인해 정답이 두 개로 인정되면, 급우의 점수가 높아지는 것을 참지 못하고 교사에게 적대하기도 한다. 무한석차경쟁에 내몰린 아이들이 느끼는 불안이기도 하다. 오래전 일이지만 잊히지 않는 장면이 있다. 1교시 시험이 끝나고 10분 쉬는 시간에 한 학생이 찾아왔다. 방금 시험본 내 과목의 정답 하나를 확인하고 싶다기에 "나도 지금 바쁘니까 시험 끝나고 확인하면 안 될까? 어차피 국어시험은 끝났고 다음 과목에 신경 써야지?"라고 말했다. 그런데 아이는 "이 문제 맞았는지 틀렸는지 때문에 머릿속에 아무것도 안 들어와요. 다음 시간 시험을 위해서라도 답 좀 가르쳐주세요"라며 자기 시험지를 내 앞에 펼치는데, 마치 경련을 일으키듯 손을 벌벌 떨고 있었다. 전교 1, 2등을 다투는 그 아이의 얼굴이 백지처럼 하얗게 질려 있었다.

석차경쟁에 짓눌려 시험 한 문제에 삶이 떨리는 아이들에게 '옆의 친구를 배려하고 함께 잘 지내자'고 훈시하는 것으로 교육이 제대로 이루어진 것일까. 자기 이익에 조금만 손해가 가도 쉽게 흥분하고 "교육청에 전화할 거예요"라고 교사 면전에서 태연하게 말하는 아이들에게 예와 효를 말하면 아이들은 반듯해질까. 자기 옆의 창문을 열자거나 자기 자리의 휴지를 줍자고 교사가 몇 번을 말해도 모른 척할 뿐이고 손 하나 까딱하지 않는 학생들이 특별한 경우가 아니라는 점에서 교사들의 고민도 깊어질 수밖에 없다.

학생에게 학교의 첫째 존재이유는 석차다. 다른 것은 부차적이다. 이 석차경쟁을 위해 다른 많은 것은 포기했다. 자기를 느낄 시간도 세상의 아름다움을 즐길 여유도 없이 하루하루가 바쁘지 않은가. 나는 가끔, 교사가 학생의 생활을 한 달만 해보는 역할놀이를 상상해보곤 한다. 등교하는 순간부터 교문에서 치마길이, 손톱색깔, 머리모양, 복장단정, 규율준수, 하루 종일 필기하고 암기하고, 상시적인 수행평가, 시간 맞춰 과제 제출, 쉬는 시간에 학원숙제, 이리저리 이동 수업, 벌점 모아 인성교육, 이름만 자율인 보충수업과 야간자습, 학원으로 독서실로 몰려가서, 저녁 먹고 다시 수업, 자정 전후 귀가하고, 피곤해서 늦잠 자니 아침 굶고, 교문 단속 피하려고 다시 허겁지겁 비틀거리는 학생의 역할을 맡은 '우리 교사들'이 '너는 왜 그리 반듯하지 않느냐'는 훈시를 들으면 어떤 기분일까?

이렇게 아이들은 친구와 마음을 나눌 여유는 고사하고 잠잘 시간도 부족하다. 친구의 고통을 함께 느끼기보다는 친구를 밀쳐내야 한다. 반짝이는 감수성으로는 억압적인 학교를 견디기도 어렵다. 그런데 숨 막히는 경쟁에서 몸부림치는 학생들의 비명을 교사는 학생 인성의 타락이라고 이름 붙였다. 학생 인성이 타락해서 교육이 안 된다지만, 사실은 학교가 인성으로 내세운 복종과 규율이 학생의 일탈을 촉발해온 것이지 않은가. 그럼에도 교사와 교육관료는 사태의 결과를 사태의 원인으로 뒤바꾸어 말하는 것으로 면죄부를 얻고자 한다.

인성교육진흥법이 국회를 통과했다는 소식에 한동안 할 말을 잊었다. 도대체 우리나라 교육은 왜 매번 이 모양인가 하는 참담한 마음이 들었다. 인성을 학교교육과정에 포함해 가르치겠다는 터무니없는 법안을 국회 본회의에서 199명이 만장일치로 통과시켰단다. "건전하고 올바른 인성을 갖춘 국민을 육성해 국가 사회의 발전에 이바지함을 목적으로" 예, 효, 정직, 책임, 존중, 배려, 소통, 협동의 8항

목을 핵심가치로 하는 인성교육법에 한 명도 반대하지 않았단다. 이로써 이제 학교는 인성을 의무적으로 교육해야 하고, '인성교육 인증서'를 취득한 단체가 학교에 들어와 인성을 교육할 테고, 교사는 학생부에 학생 인성을 '객관적' 항목에 맞추어 서술해야 할 것이다. 입시에 반영하지는 않는다지만, 학생들에게는 이제 인성도 '학습'해야 할 의무가 되었다.

인성진흥법이 핵심가치로 삼는 저 아름다운 말들이 학교에서 구체적으로 어떻게 교육될지 생각하니, 벌써부터 숨이 탁탁 막힌다. 무엇을 인성이라 하는지도 잘 모르겠지만 가장 내면적이고 주관적인 인간품성조차 이제 국가가 교육하겠다는 발상이 놀라울 따름이다. 전체주의적 발상이다. 더구나 학력향상을 최우선 정책에 두고 학업성취도평가(일제고사)를 강제하던 교육부가 이제 '건전하고 올바른 인성'도 강제하겠다는 이 상황은 모순적이다. 파탄을 맞은 것은 아이들의 인성이 아니라, 이토록 미친 경쟁과 인성을 함께 요구하는 한국사회다. 한국사회와 학교의 모순을 성찰하지 않고 학생에게 '건전하고 올바른 인성'을 요구하는 것은 분열적이다.

오래전 영화 〈쉰들러 리스트〉를 학생들과 함께 본 적이 있다. 나치가 유대인을 학살하는 끔찍한 장면에서 몇몇 아이는 눈물을 흘렸지만, 또 몇몇은 낄낄거리며 웃었다. 밀폐된 가스실에서 부모와 자식이 손톱으로 벽을 긁으며 처참하게 학살당하는 장면에서도 그냥 낄낄거리는 아이들이 두려워졌다. 타인의 죽음조차 오락에 불과한 그 아이들에게 급우의 고통쯤은 충분히 오락일 수 있었다.

그때 나는 타인의 고통을 상상하거나 공감하지 못하는 무감함이 야말로 도덕과 윤리의 파탄이라 생각했다. 그래서 나는 가장 좋은 인성교육은 미의 체험이라고 생각해왔다. 선善과 미美는 모두 느낄 수 있는 능력에 바탕하고, 아름다움을 구성할 수 있는 심미적 능력이란 곧 공감하는 능력과 다르지 않기 때문이다. 좀 과격하게 말하자면, 아름다움을 이해하지 못한다는 것은 자신과 타인을 진정으로 이해하지 못한다는 말일 수도 있다.

그렇게 타인의 고통과 슬픔을 자기 것으로 치환해볼 수 있는 능력을 가진 사람이라면, 영화 속의 죽음이라도 낄낄거리지 않을 것이고 후배의 강제적인 상납을 마냥 즐거워하지만은 않을 것이다. 마찬가지로 타인의 고통을 자기 것으로 치환해볼 수 있는 교사라면, 학생의 억압과 고통을 건조한 몇 마디 훈시로만 처리하지 않을 것이고 고문과 학살 같은 우리 역사의 국가폭력을 태연하게 긍정하지는 못할 것이다. 말하자면 타인의 고통과 파멸을 단지 타인의 것으로만 격리하는 무감함이 바로 인성의 타락이고, 이는 단지 학생들만의 문제가 아니지 않은가.

학생 인성은 학생만의 책임이 아니다. 오히려 교육을 대하는 교육관료와 교사의 책임이 더 크다. 경쟁과 석차만을 최고로 여기는 학교와 온갖 기이한 정책으로 학생의 숨통을 죄면서도 달랑 공문 한 장으로 인성을 들먹이는 교육청, 이들의 분열이 아이들의 인성을 한껏 비틀어버렸다. 그럼에도 굳이 인성교육진흥법이 필요하다면, 이 법을 그들에게 돌려주는 것이 마땅하다. 8항목까지 갖출 필요도 없이, '학생 되기 체험 프로그램'만 있으면 충분하다. 한 달간 제발 그들의 인성부터 어떻게 좀 해보시라고 말이다.

학교를 벗어나면 아이들은 생기가 돈다. 평소 무기력하게 있던 아이들이 야영장 무대에서 눈부신 몸짓을 발산한다. 존재감 없던 아이들도 전혀 다른 모습으로 생동한다. 한 번도 따뜻한 시선을 받아보지 못하고 뒤로 물러나 있던 아이들조차 무대에서 친구들과 함께 혼신의 힘으로 자신을 보여줄 때, 우리 교사들도 경탄해 마지않는다. 아이들이란 '무대에 따라' 이토록 아름답게 약동한다. 그래서 우리 어른들이 해야 할 일은 아이들이 자기를 온전히 느끼고 사랑할 수 있는 무대를 만드는 것이다.

학교의 거짓말, 공부

고등학교에서 처음 교직을 시작했을 때, 열심히 수업해서 좋은 대학 보내는 것을 공부의 전부로 여겼다. '열심히 공부해야 성공하고 삶이 행복하다'고 말하며 교과서 수업에 열중했다. 그러다 어느 날 수업에 집중하지 않는 학생들에게 "이렇게 공부하면 전문대밖에 못 간다!"라며 채근했을 때, 한 아이가 바로 되쏘았다. "전문대 가면 어때서요?" 그건 전문대 가면 어떤 길을 걷게 되는가라는 질문이 아니라, 전문대 가는 숱한 학생들을 실패자로 모욕하지 마라는 항의였다. 순간 대답이 궁색해진 나는 아무 말도 하지 못했고, 그 불편은 오랫동안 잊히지 않았다.

그 후, 한 해 두 해 시간이 흐를수록 내 수업의 의미가 무엇인가 하는 의문이 들기 시작했다. 대부분 교사들처럼 나도 학생들에게 열심히 공부하라는 말을 자주 했는데, 그것은 석차를 올리라는 말과 다르지 않았다. 그런데 한 학생에게 '다음에는 더 열심히 해서 1등 해보자'라고 하면 또 누군가는 그 자리에서 내려와야 하는 철저히 제로섬게임일 뿐이었다. 서로 물고 물린 다람쥐 쳇바퀴 같은 순환구조에서 모두 1등을 할 수도 없고 또 모두 좋은 대학에 갈 수 없음에도 우리는 이 무한순서경쟁을 공부로 여기고 있었다.

우리 모두 입만 열면 성토하는 교육문제란 무엇일까? 모두 어떤 교육을 바라기에 지금의 교육을 이토록 비판할까? 솔직히 말하자. 대한민국에 교육은 없다. 오직 입시문제만 있을 뿐이다. 수능의 변별성과 내신반영비율, 특목고와 자립형 사립고와 자율형 사립고, 고교평준화와 고교등급제 논란 같은 숱한 요소들은 교육문제가 아니라 단지 대학을 선점하기 위한 입시갈등이다. 이 가운데 모두가 말하는 공교육 부실이란 인간교육의 부실을 지적하는 것이 아니라 사교육과 경쟁하지 못한다는 비난일 뿐이다.

그런데 학교수업에서 국어 교과서에 제시된 '시를 창작해보자', '다른 작품과 비교 감상해보자', '친구들과 토의해보자'라는 교육활동을 아무리 열심히 한들, 5지선다형 객관식 시험에는 학원식 수업이 유리하다. 그래서 교과서를 아무리 잘 만들어도, 그 교과서를 아무리 잘 가르쳐도 지금처럼 객관식 입시경쟁에서 학교는 학원보다 불리할 수밖에 없다.

학교도 학원처럼 수업하면 사교육은 없어질까? 전국의 모든 영어교사들이 영어몰입교육을 완벽하게 수행하고 수학교사들이 일대일 수준별 수업을 한다 하더라도 사교육은 없어지지 않는다. 왜냐하면 모두 잘하게 된 영어·수학은 석차로 결정되는 대학입시에 아무런 의미가 없어지기에, 순서에 앞서기 위해서는 또 학원을 찾게 되어 있기 때문이다. 이처럼 대학입시가 중등교육을 지배하는 상황에서는 그 어떤 사교육 대책도 실패할 수밖에 없다.

　수업에 무책임한 교사는 비판받아 마땅하다. 변명의 여지가 없다. 분명 순서경쟁이 학교를 지배한다는 것으로 교사의 불성실을 합리화해서는 안 되지만, 교사들이 더 열심히 가르치기만 하면 사교육이 줄어들 것이라는 진단이야말로 한국교육에 무지한 것이다. 지금의 교육구조는 학부모 대중의 바람대로 교사들이 더 열심히 가르치고 채찍질할수록 오히려 전체 상황은 더 악화되는 경쟁구조다. 몇 개의 먹이를 두고 다람쥐들을 채찍질한다 해서 모두 그 먹이를 갖는 것이 아니라, 쳇바퀴 속도만 빨라지는 것처럼 말이다. 명문대 진학을 위해 특목고에 진학하려 하고, 그러기 위해 중학교와 초등학교 때부터 출발선을 먼저 뛰쳐나가려는 경쟁이 30조 공교육비보다 많은 사교육 현상을 불러왔다. 경쟁이 경쟁을 당기는 우리 교육의 비극이다.

　그럼에도 좋은 대우를 받기 위해서는 공부 잘해야 하지 않느냐며 지금의 경쟁교육을 긍정한다. 그렇다. 공부가 출세의 방편임을 부정할 수 없다. 이때 공부 잘한다는 것은 '공부를 얼마나 깊게 많이 했느냐'일 것인데 이는 '학력'을 말한다. 학력이 어느 정도 차별의 변수역할을 하는 것은 어느 사회에나 있는 보편적 현상이다. 그런데 한국사회는 고학력과 저학력 간의 임금 격차가 너무 큰 불공정 사회이기도 하지만, 특이한 현상은 학력보다 더 큰 차별 근거가 있다는 점이다. 그것은 '어디에서 배웠느냐'에 따른 것, 즉 '학벌'이다. 간단한 예로는 서울대학 학사 졸업자(좋은 학벌)가 지방대학 박사(높은 학력)보다 출세에 유리한 것처럼, 대학입학 다음의 공부 정도(학력)는 간단히 무시되는 사회다.

이처럼 어디에서 공부했는가라는 학벌이 권력과 부를 선취하는 기준이 된 지 오래다. 그래도 좋은 대학 간 사람이 똑똑하니까 사회에서 출세하는 것도 그 사람의 능력 때문 아니겠느냐고 반문하고 싶다면, 이 문제를 학문적으로 분석한 김상봉의 『학벌 사회』(2004)를 참조하기 바란다. 장·차관급의 60퍼센트, 국회의원의 30~40퍼센트, 공기업 임원의 60퍼센트, 1급 고위공직자의 50퍼센트, 대학교수의 30퍼센트를 서울대 졸업자들이 독점하고, 여기에다 몇몇 사립대학을 합치면, 그야말로 한국사회의 모든 권력은 특정 소수대학 학벌 네트워크에 힘입은 결과임을 확인할 수 있다. 실력에 따른 경쟁이 아니라 동문의식으로 똘똘 뭉쳐 자기들만의 이익을 확장하고 있다. 학벌에 따른 권력과 부의 편중은 어느 사회나 있다지만, 한국교육의 모태인 일본과 미국도 우리만큼 심각하지는 않다.

비유하자면, 한국사회의 학벌學閥문제는 문벌門閥에 따라 그 사람의 지위가 결정되던 조선조 신분제도와 그리 다르지 않다. 우리의 조상은 얼마나 학문을 사랑했기에 양식이 끊어져도 집집마다 글 읽기를 멈추지 않았을까. 성리학이란 것이 애초 서양에서 말하는 형이상학이었기에, 그것으로 현실문제를 해결하지 못했다는 비난을 조선 지배계급에게만 부과하는 것은 분명 억울할 것이다. 그러나 그들이 책을 읽은 이유가 형이상학적 난제를 돌파하려는 것이라기보다 입신

양명의 출세에 있음을 부인하지는 못하리라.

조선조 양반사회가 부와 권력을 위해 무용한 형이상학의 끝자락으로 세월을 보냈듯이, 지금 우리 아이들도 삶과 동떨어진 단순 암기의 5지선다형 문제풀이로 청춘을 탕진하며 학벌취득에 몰두하고 있다. 어느 가문에서 태어났는가에 따라 일생이 결정되던 조선조 문벌의식처럼 대학입학증이 20세에 취득하는 신분증명서가 되었는데, 어느 누가 여기에 모든 것을 걸지 않겠는가.

그래도 오늘날 학벌은 개인의 노력으로 충분히 선택할 수 있지 않느냐고 반박할 것이다. 그런데 지금의 학벌취득 역시 공정하지 않다는 연구결과가 쏟아져 나온 지 오래되었다. 아이들은 부모능력에 따라 사교육, 해외어학연수, (조기)유학처럼 차별적 지원을 받고 특목고의 차별적 교육과정을 거쳐 차별적인 대학 학벌체제로 들어간다. 지금의 학교경쟁을 자유경쟁이라 말하지만 부모의 학벌과 자본이 자녀의 학벌에 절대적인 영향을 끼치고, 자녀는 그 학벌로 다시 부와 권력을 재생산한다. 이는 가문에 의해 출세가 결정되던 조선조 문벌권력처럼 불공정한 게임이다. 이 읍의 아이들 모두 열심히 공부해서 수능시험을 치지만 아무도 의사나 변호사가 되지 못하는 것처럼, 내가 사는 이 개천에서 용은 나오지 않는다. 이제 학교경쟁은 계층이동의 통로가 아니라 계층의 칸막이가 되었다.

그런데도 사람들은 말한다. "모두가 똑같이 학교 공부하고 똑같은 문제로 시험을 쳤는데, 저 사람은 열심히 공부해서 좋은 대학 갔지만 너는 공부 못했으니까 지금 힘들다고 불평하지 마! 세상은 자기 한 만큼 받는 것이야!"라며, 학력과 학벌에 따른 과도한 차별을 당연하게 여긴다. 내가 자주 찾는 물리치료실의 물리치료사가 너무 자주 바뀌었다. 그러다 어느 날 치료사와 이런저런 이야기를 나누었는데, 그들의 보수와 근무상황이 너무 열악해 장기근무가 힘들다 했다. 외국과 달리 물리치료사의 치료실 개업을 금지한 법과 의사에게 종속된 근무로 인해 전문성과 수입을 보장 받지 못한다고 했다. 그러면서 "아이고, 학교 다닐 때 공부 좀 더 했어야 했는데……"라며 탄식했다. 지금 자기가 힘든 것은 학생 때 열심히 공부하지 않은 결과인데 누구를 탓하겠느냐며, 정작 지금 자신의 노동조건과 권리를 주장할 생각은 하지 않는다.

이것이 우리가 일반적으로 학교 공부와 한국사회를 이해하는 방식이다. 그는 왜 지금 자기 노동의 가치를 주장하지 않고 오래전의 학교 석차만 계산하는 걸까. 왜 그는 지금도 옛 석차에 머물며 지금 열심히 일하는 자신을 스스로 멸시하는 걸까. 그런데 교사나 부모가 아이에게 "학교 다닐 때 공부 열심히 안 하면 평생 고생한다"며, 학력과 학벌에 따른 지나친 차별을 당연하게 여기지 않았던가. 학교석차에 밀렸던 사람들이 사회에서 자기 몫을 주장하는 것은 염치없는 부도덕으로 몰아가지 않았는가. 그래서 학교의 석차경쟁은 '지금 노동의 몫'을 못 보게 한다는 점에서 소수 승자의 독식과 대중의 억압을 상식으로 여기게 하는, 아주 효율적인 이데올로기다. 즉 대중의 사회노동을 대중 스스로 무가치하게 여기도록 만드는 의식화 과정이기도 하다.

그런데 한편에서는, 이제 한국사회는 대학 나와도 별 볼일 없고 대학 안 나와도 잘 살 수 있는 사회가 되었다며 학력과 학벌차별이 과장되었다고 비판한다. 이른바 명문대를 졸업해도 취직이 안 되고, 또 대학에 가지 않고도 나름 성공하는 것도 사실이다. 이는 일면의 진실이긴 하지만, 학력과 학벌 차별이 사라진 결과가 아니다. 자본집 중에 따른 양극화가 학력과 학벌마저 주변부로 밀어내는 것이고, 이 는 대중에게 삼중의 고통을 의미한다. 조선조 말기 권세가들이 난장 판의 과거제를 거치지 않고도 부와 권력을 확장했듯이, 지금 자본가 들은 학력과 학벌을 압도하는 지배력을 행사하는 것이다.

그럼에도 학력과 학벌차별을 느끼지 못하겠다면, 그들은 자기 삶의 범주 안에서만 세상을 살아가는 기득권자일 가능성이 크다. 적 어도 내가 본 숱한 가난은 그렇지 않았기에 말이다. 대학에 가지 않 고도 노력만 하면 성공할 수 있다고 주장하는 그들에게, 그러면 자 기 아들딸을 선도적으로 고졸자로 남게 할 수 있는지 먼저 묻고 싶 다. 장애인도 노력하면 성공하는 사회라는 말이 틀린 말은 아니지 만, 성공한 장애인이 있다 해서 장애인 차별이 사라진 것은 아니라 는 말이다. 성공한 고졸자와 몇몇 장애인의 성공사례가 이 땅의 더 숱한 고통을 상쇄하지는 않는다. 중요한 것은 내 이웃의 고졸자와 장애인이 평균적 노력으로 평균적 삶을 살아가는 세상이 진짜 세상 이라는 것이다.

나의 평균적 노력이 평균적 삶이 되는 세상은 어떻게 가능할까.

대부분 서구는 국민소득 1만 달러 전후부터 대학까지 무상교육을 이루었고 지금까지 무상 혹은 연간 100만 원 정도의 등록금을 유지하고 있다. 1960년대 이후부터 대학평준화에 가까운 평등정책까지 도입했다. 그리고 우리와 비교할 수 없을 정도로 부담이 적은 입시정책에도 불구하고 우리보다 높은 학문수준을 이루었다. 물론 이들 교육제도에 장점만 있는 것은 아니지만 지금 우리의 교육고통과 비교해보면 취해야 할 것들이 훨씬 많다. 경쟁보다는 협력, 선발보다는 지원, 그리고 균등한 교육기회와 교육 공공성 강화는 우리가 나아가야 할 방향이지 않겠는가.

그들은 어떻게 이런 사회를 이루었을까. 정치인과 관료들이 대중의 고통을 해결하기 위해 통 큰 개혁을 단행했을까? 천만에! 조선조 양반들이 신분제를 고집했듯이 그곳 서구에서도 학교경쟁에 유리한 사람들은 옛 제도를 고집했다. 그 사회의 공정성은 학벌과 자본을 가진 자들에 맞선 대중의 요구와 압력, 그리고 1968년 혁명의 격동으로 대중이 쟁취한 것이다. 대중의 정치적 선택이었다. 마찬가지로 지금 한국사회를 둘러보라. 한국사회에서 모두가 교육고통을 말하지만, 모두가 이 교육체제에서 실패하지는 않는다. 지금의 교육시스템에 유리한 사람들은 이를 거부할 이유가 없다. 국가운영 권력을 가진 자들은, 학교가 사교육을 해결할 수 없다는 것과 학벌의 독점상황을 너무나 잘 알고 있다. 그들은 해결 못하는 것이 아니라 해결을 원하지 않는 것이다.

그러면 지금의 교육에 고통 받는 대중은 어떠한가? 자식 학원비

걱정에 비정규직 노동을 마다하지 않는 대중 역시 이 미친 교육틀을 고집하기는 마찬가지이지 않는가. 한국사회 밖에서 작동하는 선진 교육체제를 참고하지도 않고, '우리 것이 좋은 것'이라면서 오직 우리 교육을 고집하고 있다. 이처럼 대중이 선진 교육구조를 알지 못하니 권력자들은 초중등 의무급식조차도 좌파로 몰아갈 수 있는 것이다. 어쩌면 지금 우리의 교육고통은 공부하지 않은 무지 때문이다. 다시 공부하자. 우리에게 주어진 것만을 전부로 여긴다면 어떤 변화도 없다.

매년 아이들과 함께 유럽교육을 소개한 각종 자료를 보며 한국 교육을 토론하곤 한다. 시험시간에도 질문이 가능한 자유로운 학습으로 국제학생평가PISA에서 우리보다 성적이 우수한 핀란드, 직업교육이 탄탄해 대학 진학률이 40퍼센트에 머무는 독일, 대학입시에서 동석차는 추첨으로 뽑는다는 스웨덴, 그리고 이 모든 나라들의 아이들이 3, 4시면 일과가 끝나고 학원도 과외도 없이, 모두 평준화된 대학에서 등록금도 없이 공부하고 있다.

그런데 이 동영상 수업을 할 때마다 나는 적잖이 조심스럽다. 우리 교육현실과 너무 비교되는 장면에 매번 아이들이 크게 흥분하기 때문이다. 아이들이 "아, 정말 짜증난다. 우리는 왜 이래요?"라며 소리 지르고 다른 교과수업에서도 학교불평을 늘어놓아, 내 수업을 불편하게 여기는 교사들도 있기 때문이다. 그런데 만약 이런 동영상을 온 국민에게 반복 상영한다면 어떤 상황이 벌어질까 상상해보곤 한다. 자녀들이 학원에 가지 않아도 되고, 대학평준화와 국민공동부담 (세금)인 등록금으로 학생과 부모 모두 대학문제 때문에 압박받지 않는 사회를, 그리고 굳이 대학 가지 않고도 평균적으로 살 수 있는 사회를 온 국민이 반복 시청한다면 말이다. 그래도 '우리 것이 좋은 것'이라고 할지 궁금하다.

이제껏 학교에서 5지선다형만 익혔듯이 우리는 눈앞에 주어진 것에서만 답을 찾으려 한다. 우리에게 주어진 것만이 전부가 아니다. 두려워하지 말고 다른 것을 요구하자. 다른 세상을 아는 것이 변혁의 시작이다. 우리 고통의 진짜 이유를 알고 다른 세상도 있다는 것을 알면, 변화는 자연스레 일어난다. "그래도 우리 것이 된 데에는 다 이유가 있는 법이고, 나름 좋은 것도 있으니 나쁘다고만 할 수 없지!" 라는 사람은 지금처럼 지내면 된다. 지금의 삶에 만족한다는데 더 말할 것이 없지 않겠는가.

구체적인 대안은 숱하게 많다. 예를 들면 '국립대학 통합네트워크'라며 국립대학들을 하나의 단일학교로 묶어 입시경쟁을 완화하자는 운동이 있다. 이는 국립대학들의 평준화로 보면 되는데, 선진 유럽의 대학처럼 획기적인 변혁이 될 것이다. 국립대학 평준화가 말이 되느냐고 비난하기 전에 『국립대 통합네트워크』(책세상)라는 책이라도 한 번 살펴보는 정도의 수고는 해보자. 또 각종 고시와 공직자 채용에서 지역 대학 출신자를 그 지역에 할당하자는 '인재지역할당제'도 있다. 이는 지방대학 육성효과로 서울집중 현상을 완화하는 효과가 있다. 입시에서 영어는 일정 부분만 성취하면 더 이상의 점수가 필요 없는 '패스학점'을 도입하면 영어 사교육을 완화시킬 수 있다. 그리고 '교장선출 보직제'가 시행된다면 합리적이고 민주적인 학교운영도 가능하다.

살펴보면 교육현장에서는 이보다 더 세세한 개혁적 정책들이 많이 제시되어 있다. 그런데 누가 이 변화를 이끌 수 있을까. 교사집단 혼자? 어림없다! 이런 개혁들 중 기득권의 저항에 부딪히지 않을 의제는 하나도 없다. 지금의 불공정한 게임이 유지되기를 바라는 사람들이 각종 여론을 동원해 벌떼처럼 부작용을 성토할 것이다. 지금 자신들이 누리는 이익을 감추면서 제도의 변화를 공격할 것이다. 그런데 어떤 제도든 부작용은 있다. 단지 누구의 부작용이 줄어드는지를 물어야 한다. 누구의 이익과 누구의 고통이 가감될지 깊이 생각해야 한다.

그래서 지금의 교육제도 때문에 고통 받는 대중의 각성 없이는 아무것도 변화시킬 수 없다. 사회변혁은 고통 받는 대중의 각성된 힘으로만 가능하다. 누가 대신 해주지 않는다. 그런데 그 대중의 의식을 통제하는 것도, 반대로 깨치게 하는 것도 교육이다. 교육은 억압과 해방 모두 가능한, 양날의 칼이다. 우리가 이제껏 학교에서 익힌 것이 억압이었는지 해방이었는지 곰곰이 생각해보자. 다시 공부하지 않으면, 내가 삼킨 생선 가시가 내 목을 파고들듯이 고통은 '우리에게' 지속될 것이다.

학교의 거짓말, 가난

내가 근무하는 이 읍은 가난하다. 또 곳곳에 흩어진 깊은 마을에서 읍내 우리 학교로 통학하는 아이들은 더 가난하다. 내가 맡은 학급의 32명 아이 중 8명이 무상급식을 지원받는다. 편부모 혹은 소년소녀 가장, 조손祖孫가정, 그리고 빈곤으로 허덕이는 아이들을 매년 만난다. 교육청 지원은 항상 부족하기에 아이들 점심을 해결하기 위해 교사들이 이리저리 수고를 마다하지 않지만, 매년 탈락하는 학생이 있어 교사의 마음을 무겁게 한다.

이명박 정부 초기에 무상급식 지원액이 갑자기 축소되어, 당장 굶는 학생들 때문에 학급 담임마다 초비상이었다. 그때 학교급식소에서 교장과 마주하며 밥을 먹게 되었을 때 정중하게 말했다. '우리 학교는 자체 급식이니까 숟가락만 몇 개 더 얹어 무상급식 선정에서 탈락한 학생 점심을 해결하자'는 제안을 했다. 그때 정색을 한 학교장의 말을 잊을 수 없다. "선생님! 그런 아이들은 배가 고파봐야 더 노력하고 성공할 마음이 생기는 거예요. 그게 교육이에요. 우리나라는 복지정책이 너무 헤퍼서 학생들을 손만 벌리게 하고 약하게 키워요." 아, 그다음 말은 귀에 들어오지 않았다. 그럴 것이다. 교장에게 나는 아이의 의지를 허약하게 만드는 교사였다.

나는 이 '배고픔의 교육론'에 밥숟가락을 놓고 말았지만, 그는 뜨뜻한 국물을 넘기고 있었다. 그가 타인의 고통을 어떤 모습으로 느끼는지는 모르겠지만, 그에게 성공이 그토록 중요한 것만은 분명해 보였다. 그가 몇 주 후 교무회의에서 다시 그 배고픔의 교육론을 똑같이 반복할 때, 나는 그가 먼 행성에서 날아온 존재처럼 낯설어졌다.

국가나 교육청은 가난을 통계 숫자로 확인하겠지만, 아이들의 세세한 상황을 들여다보는 교사에게 그들의 가난은 직업현장이 된다. 그러나 그 아이들에게는 그것이 바로 삶이며, 그들에게 가난은 우회할 수 없는 일상이다. 병으로 직장을 잃고 치료비로 가산까지 탕진한 아버지는 가족에게 난폭하게 굴었고, 단지 밥을 굶지 않으려고 마트 점원일 나가는 어머니는 아이를 돌볼 여력이 없었다. 아이는 가출했고 학교로 찾아온 어머니는 아이의 결핍을 감싸주지 못한 자신의 불찰을 탓했다. 저간의 사정을 들은 나도 할 말이 없어 서로 눈시울만 붉히고 있었다.

살펴보면 아이의 고통은 아이의 책임이 아니다. 공공근로 나간 어머니를 대신해 어린 동생들을 돌보는 중학교 1학년짜리 아이를 쓰러져가는 흙집 농가에서 만났을 때, 나는 그 아이가 감당하는 삶의 무게를 짐작할 수 없어 그냥 망연하게 서 있었다. 그 아이에게 왜 결석했느냐고, 복장이 그게 뭐냐고 훈시하는 것으로 아이의 일상이 반듯해질 것 같지는 않았다. 밭두렁 길에서 마주친 어머니는 최하위인 아이 성적 때문에 내게 죄송하다고 했고, 나는 그것이 죄송할 일은 아니라 했다. 아이들의 결핍이 내 책임이라고는 할 수 없지만 누군가라도 그 아이들에게 미안한 마음을 가져야 할 것 같았다.

학원은 고사하고 각종 납입금마저 연체하던 아이들은 곧바로 전문계 고등학교나 때로 산업체 학교로 진학해 일치감치 돈을 벌려고 한다. 그것이 결코 일생을 보장해주지 못한다는 것 정도는 알지만, 이 아이들에게 애초부터 선택이란 없었다. 그런데 이런 가난은 언제나 있는 거라며, 가난을 숫자로만 이해하는 사람들 역시 어디에나 있다. 3만 달러 높이로 도시를 채운 아파트와 밝은 쇼윈도가 가난을 몰아내고 있지 않느냐고 말하고 싶은 것일 게다.

그들 아파트와 쇼윈도의 불빛이 우리의 행복을 보장하는지는 모르겠지만, 내가 만난 가난한 아이들도 이 땅 어딘가에 살고 있다고 말해보는 것이다. 가난을 항변할 언어를 갖지 못했다고 그들이 사라지기까지 한 것은 아니라고 말이다. 이 아이들이 높은 아파트에 통닭을 배달하고 찬란한 쇼윈도를 닦으며 세상을 떠받치고 있듯, 이 땅에서 사라져버린 존재는 결코 아니라고 말해보는 것이다. 나는 수없이 많은 우리 학생들이 주변부로 밀려나는 것을 보며, 누구나 노력하면 잘살 수 있다는 말을 믿지 않게 되었고, 가난은 게으름 때문이라는 사람들을 혐오하게 되었다.

그렇게 질긴 가난이 아니더라도 이곳 아이들은 대체로 가난하다. 읍내 아이들에게는 대도시 자체가 선망의 대상이고, 서울 유학은 말 그대로 성공의 상징이다. 그 성공을 위해 아버지는 야간 잔업을 신청하고 어머니는 마트 점원으로 학원비를 충당한다. 아이들은 밤 12시까지 학원을 전전하며 대도시 유학이나 가장 선망하는 교직을 꿈꾼다. 몇몇은 그 성공에 들어가기도 하지만 대다수 아이들은 다시 주변부로 밀려나는 것을 매년 확인한다. 부모가 하던 것처럼 읍내 마트나 식당 점원으로, 병원 조무사나 각종 아르바이트로 젊음을 소모하는 아이들을 다시 만나게 된다. 읍내에서 마주친 졸업생은 반가운 인사를 나누고 헤어지지만, 그것이 자신의 삶을 위무하지 못한다는 것은 충분히 아는 나이가 되었다.

어쩌면 이 아이들에게 한국사회는 처음부터 불가능한 게임인지도 모른다. 해외유학이나 영어연수는 상상조차 못하고, 개인과외도 사치인 아이들은 의사, 변호사, 대기업 입사 같은 희망은 처음부터 갖지도 않는다. 특목고나 자사고 진학이 아니라 인근 중소도시 인문계로 진학하는 것이 목표이고, 이들이 바라는 직업이란 생존의 울타리를 보장받는 정도다. 그런데 이제 이 소박한 꿈조차 총력경쟁에 뛰어들지 않고는 불가능해졌다. 한국사회에서 교육문제란 죽느냐 사느냐의 공포가 되었다.

한국사회의 교육 혹은 입시문제란 공포와 닿아 있다. 지금 학교 경쟁이란, 삐끗하면 나락으로 떨어지는 사회에서 살아남기 위한 아귀다툼이다. 이 다툼은 주거비, 의료비, 교육비 등 사회공공성과 안전망 없이, 오직 개인에게 생존을 맡긴 사회가 치러야 하는 비용이다. 대학이 먹고사는 것을 해결해주지는 못하지만 대학졸업장이 없으면 경쟁의 기회조차 갖지 못하는 사회이기에, 그 차별을 몸으로 겪은 부모들이 자기처럼 평생 가난을 벗어나지 못할까봐 아이들을 석차경쟁으로 떠민다.

그리고 부모의 경제력은 자녀의 입시 이후 삶까지 좌우한다. 부자 부모를 둔 아이들이 등록금과 연수비용을 지원받아 스펙을 늘려갈 때, 등록금조차 감당할 수 없는 아이들은 편의점과 식당 알바로 젊음을 소진하고 있다. 이를 아름다운 노동이라 하기에는 너무 고단한 청춘이지 않은가. 그러다가 가족 중에 큰 병이나 사고라도 나면 가정은 순식간에 해체되어버린다. 가진 것 없는 사람들의 발밑에는 공포가 아가리를 벌리고 있다. 이 공포가 앞만 쳐다보고 달리게 한다. "지금 앞서야 해! 여기서 지면 희망이 없어!"라고 재촉하며 인성이나 연대의식은 생각조차 못한다.

가난한 이 지역의 학생들은 그렇게 학교 공부 외의 다른 미래를 모른다. 외국 여행경험은 고사하고 수학여행 때 처음 서울 땅을 밟아보는 아이들에게 넓은 세계, 다양한 경험, 창의적 사고, 미래 직업, 자기계발 같은 말들은 다분히 비현실적이다. 그래서 그들은 지금 주어진 경쟁의 틀을 벗어나지 못한다. 이것저것 누릴 수 있는 사람들만이 이것저것 중에 하나를 선택할 수 있기에, 선택이 가능하다면 그 사람은 이미 가난하지 않은 것이다. 학교 공부 외에는 미래를 보장받을 방법이 없는 가난한 가정에서 자녀의 학교석차는 절박한 생존문제다. 부자들에게 유리한 학교경쟁에서, 가난한 사람들이 미래를 기대하는 현실이 슬플 따름이다.

공포와 강박이 학교를 뒤덮고 있다. 그래서 경쟁교육은 개혁이 아니라 타파의 대상이다. 그럼에도 부와 권력을 가진 사람들은 가난한 사람들에게 '너는 경쟁에서 졌으니까 평생 그렇게 살아'라며 차별을 강요한다. 부모지원에 따른 차별적인 경쟁을 공정하다 하는 그들은 누구인가?

교육 전문가들이 입시문제와 관련해 숱한 의제들을 쏟아냈다. 특목고와 자사고와 자율형 학교에 의한 사실상의 평준화 해체, 3불 정책으로 불리는 본고사 부활과 기여입학제와 고교등급제 논란, 그리고 입학사정관제, 논술고사, 교원평가 등 끝이 없다. 그러나 이 제도들은 지금의 교육문제를 해결하기는커녕 오히려 경쟁을 강화하는 잔인한 역주행들이다.

또 한편으로 교육예산 증액에 의한 교원확충과 학급당 학생 수 감축, 교장선출 보직제 및 인사제도 개선, 의무급식과 학생인권조례 제정 등을 주장한다. 이들은 당연히 실현되어야 하지만, 이 모든 개혁이 이루어져도 학생들의 지옥 같은 석차경쟁은 완화되지 않을 것이다.

한국사회에서 교육문제는 누구나 비판하는 동네북이지만, 정작 가장 중요한 것은 말하지 않는다. 우리의 교육해법은 가난과 노동임금 구조의 개선 없이는 불가능하다는 것을 말이다. 어느 사회나 교육이란 먹고사는 투쟁이지만, 한국사회는 학력과 학벌에 따른 지나친 노동임금 차별이 학교 경쟁을 증폭시켰다. 그래서 한국사회의 교육문제, 아니 입시문제는 부와 권력의 배분방식을 바꾸지 않고는 해결이 불가능하다. 학력과 학벌에 따른 부와 권력의 지나친 독점을 그대로 둔 교육개혁은 어떤 것이라도 실패할 것이 분명하다.

일한 만큼 공정한 대가, 즉 노동임금을 정직하게 주는 사회를 만들지 않고는 지금 교육문제를 해결할 수 없다. 학력과 학벌이 아니라 노동이 존중받는 사회가 되어야 한다. 한국사회는 대졸자와 고졸자, 정규직과 비정규직, 대기업과 중소기업, 남과 여, 그리고 경영자와 노동자의 임금격차가 너무 크다. 우리는 이런 차별에 너무 익숙하게 살아왔다. 이런 차별을 해결하거나 완화하지 않은 채 대학입시 변화로 경쟁교육을 해결하겠다는 것은 한갓 헛소리에 불과하다.

협력과 상생의 교육으로 부국을 이룬 북유럽과 서유럽의 경우처럼, 노동임금이 공정한 사회가 교육갈등도 낮은 것은 우연이 아니다. 즉 공정한 노동의 대가와 사회공공성이 확보된 사회는 경쟁교육을 할 이유가 없고, 경쟁교육 대신 사회노동에 충실할 것이다. 그래서 학력과 학벌에 따른 과도한 임금차별을 외면한 그 어떤 교육개혁도 말단 처방일 뿐이기에, 교육은 이미 교육의 차원에서 개혁할 수 없다. 교육개혁은 당연히 정치의 영역이 된다.

세상에는 의사가 필요하고 변호사가 필요하듯, 누군가는 지하철을 운전해야 하고 자동차를 만들어야 한다. 모든 사람이 교사나 사장이 될 수는 없기에, 누군가는 회사원이 되어야 하고 가게점원이 되어야 한다. 그들 없이 우리는 높은 아파트에 살 수 없고 밝은 거리를 다닐 수 없는 것처럼, 이 사회는 모두의 노동이 얽혀야만 움직이는 한 몸이다. 그러나 이 땅에서 거리를 청소하고 화물차를 운전하는 몸의 수고로움은 여전히 '상것'들의 일이다. 그들을 비정규직 노비로 삼아 존재하지 않는 유령 취급하며, 과도한 노동강도와 임금차별을 당연하게 여긴다.

좀 투박하게 말해서, 우리 사회의 숱한 '상것들의 천한 일들'이 제 몫을 찾는다면, 지금처럼 목숨을 건 경쟁교육은 완화될 것이다. 한국사회에서 운전기사와 교사의 월급이 비슷하기란 상상조차 어렵겠지만, 이는 유럽 선진 자본주의 사회에서 작동하는 현실이다. 나는 완전한 결과적 평등을 말하는 것이 아니다. 그런 사회가 합당한지 아닌지와는 상관없이 그런 사회는 불가능할 테다. 단지 지옥 같은 학습노동과 경쟁을 완화하기 위해 좀 더 공정한 사회를 만들자는 것뿐이다. 어머니가 병들어도 아이들은 밥을 굶지 않고 아버지가 실직해도 아이들이 삶을 포기하지 않는, 말하자면 부모의 능력에 따라 아이들이 차별받지 않는 '공정으로서의 정의'가 실현되는 사회를 말이다.

그런데 '공정으로서의 정의'를 생리적으로 혐오하는 사람들이 이 땅을 지배하고 있다. 이 땅의 양반들은 감히 상것들과 밥상을 함께하지 않는 그들의 예법만 고집한다. 공정한 사회란 누군가에게는 희망이지만 누군가에게는 절대로 실현되어서는 안 되는 것이다. 왜냐하면 그곳엔 항상 자기 몫의 가감加減이 계산되기 때문이다. 그래서 교육문제는 계급문제가 된다.

교육의 기능이 부와 권력의 선점과 자기확장이라는 점에서, 계급갈등은 교육의 본질적 요소다. 많은 사람들이 계급이란 말 자체를 낡고 불온한 것으로 밀쳐내지만, 그런 자들이야말로 현재 교육체제의 수혜자일 가능성이 크다. 그러니까 지금 불공정한 교육구조는 부와 권력의 재생산이라는 누군가의 목적에 아주 잘 맞는 제도다. 부모의 부와 학벌이 자녀에게 세습되고 자녀는 그 학벌로 다시 부와 권력을 독점하는 이 시스템이 누군가에게는 결코 실패한 제도가 아니다. 즉 지금 다수대중의 교육고통은 누군가에게는 성공의 징후일 뿐이다.

그들이 누구인가? 교육정책을 이끈 정치인과 교육관료들은 명확히 알고 있다. 그들은 대중의 고통을 해결하지 못하는 것이 아니다. 안 하는 것이다. 그들은 자기들이 누리는 권력을 스스로 포기하지 않을 것이다.

학부모들은 어떤 교사를 바랄까? 수업 열심히 하고 입시지도를 잘해주며 학생들에게 자상한 교사가 최고다. 학부모 모임에서 그 이상의 요구를 들어본 적이 없다. 학부모의 그런 요구가 잘못되었다는 것이 아니다. 교사는 학부모의 요구에 나름대로 부응해야 한다. 그런데 대개의 학부모는 딱 거기에서 멈춰버린다. 내 아이의 입시만 끝나면 세상은 평온해진다는 듯 더 이상 질문하지 않는다. 지금 절벽으로 질주하는 버스 안에서 자기 아이 자리 찾기에만 분주할 뿐, 버스가 나아가는 방향은 살피지 않는다. 그렇게 한국사회의 미친 질주를 고민하지 않았기에 결국 내 아이의 안전조차 보장받지 못하는 사회가 되었다.

교사들 역시 교실수업만으로 책무를 다했다고 생각하면 안 된다. 누구보다도 버스의 방향을 잘 아는 교사들이 버스의 방향을 틀도록 먼저 나서야 한다. 학생들에게 가르치는 교사의 아름다운 말들이 파탄으로 질주하는 버스 안에서도 아름다운 말이 되려면, 버스의 방향까지 함께 질문해야 한다. 학교 밖을 외면한 진정한 가르침이란 애초에 불가능하기 때문에, 교사는 교과서에 대해서만이 아니라 사회에 대해서도 함께 발언해야 한다.

무엇을 어떻게 해야 하는가에 대해서는 말하지 않겠다. 왜 대안 없는 비판이냐고 하겠지만, 중요한 것은 먼저 질문하는 것이다. 지금 우리의 이 고통은 답이 없어서가 아니다. 간절한 물음 없이 주어진 해답은 현실적 힘을 담보하지도 추동하지도 못하고, 그냥 스치는 소란으로 그쳐왔다. 내 고통의 뿌리에 닿지 못한 질문은 쉽게 방향을 잃어버린다. 정확한 질문은 내 고통을 정확하게 아는 것에서 나온다.

그렇게 질문이 정확하면, 답은 이미 도처에 있음을 알게 된다. 나의 고통을 나의 언어로 질문하자. 이제껏 학교에서 익혔던 언어가 누구를 위한 언어였는지를 질문하고, 그것이 나의 진짜 이익이었는지 다시 질문하자. 그렇게 나의 언어로 내 고통을 질문하기 시작할 때, 나의 진짜 이익을 만날 것이다. 그렇게 대중이 질문하기 시작할 때 세상은 변할 것이다.

이 질문은 의식투쟁이고, 자기 몫의 가감을 위해 피 흘리는 전쟁이다. 이 전투는 지금도 학교 안팎에서, 텔레비전과 신문에서, 뉴스와 드라마에서, 직장과 거리에서, 그리고 우리의 말과 몸짓에서 매일매일 수행되고 있다. 온갖 의견과 논리와 대의와 명분과 또 탐욕과 사익과 추잡한 공학이 가세하여, 어디에서나 언어를 동원한 의식투쟁이 수행된다.

오늘도 아이들은 아프다. 아직 인생을 알지도 못할 우리 아이들이 매일 삶을 한탄하고 있다. 5월의 찬란한 햇살마저 지친 몸을 찌르는 파편으로 느낄지 모른다. 그 고통을 자각하지 못하면 어떤 변화도 없다. 이 불감不感의 땅에도 길이 있을까? 언제나 고난의 연속이었지만, 또 언제나 희망을 멈추지 않았던 루쉰의 예언을 우리 모두 가슴에 새기자. "희망이란 것은 본래 있다고도 할 수 없고, 없다고도 할 수 없다. 그것은 마치 땅 위의 길과 같은 것이다. 본래 땅 위에는 길이 없었다. 걸어가는 사람이 많아지면 그게 곧 길이 되는 것이다." 우리의 질문이 우리의 길을 만들 것이다.

나도 맞았고, 나도 때렸다

내 감정을 주체하지 못해 그 아이의 뺨을 후려쳤다. 맞은 아이는 고개를 돌린 채 이를 꽉 깨물고만 있었고, 그다음 수습은 어떻게 했는지 전혀 기억이 없다. 평소에는 잠들면 좀처럼 깨지 않는데도, 그다음 날 새벽에는 몇 번이나 잠이 깨어 낮의 불편했던 일이 떠올랐다.

여학생 S의 뺨을 때린 것은 교사 초년 시절이었다. 학기 중에 전학 온 그 아이는 반항과 냉소가 가득했다. 눈이 초롱초롱하고 야무졌지만, 세상을 향한 적개심과 반항이 가득 찬 눈빛을 쏘아댔다. 어머니가 몇 번 학교로 나를 찾아와 아이의 방황을 염려했고, 나 역시 그 위태한 아이와 지내는 것이 수월하지 않았다. 급기야 아이는 가출해 버렸고 오랜 시간 행방을 알 수 없었다.

아이는 겨우 학교로 돌아왔고 나는 아이와 교무실 옆 별실에서 이런저런 이야기를 나누었다. 네가 없어서 걱정했다는 나의 염려와 학교가 싫다는 아이의 말이 부딪혔다. 대화는 언쟁으로 이어졌고 그러다가 아이가 찢어지는 목소리로 나를 할퀴었다. '내가 학교 안 나오는 게 선생님이랑 무슨 상관이에요?' 순간 내 손이 그 아이의 뺨을 힘껏 내리쳤고, 아이는 고개를 돌린 채 감정을 제어했던 것 같다. 내 격한 손찌검은 '너 때문에 얼마나 힘든지 아느냐'는 것이었다. 우습지 않은가? 그 아이의 고통은 아랑곳하지 않고 그냥 후려쳤던 것처럼 감정이란 이렇게도 이기적이다.

아버지의 갑작스런 죽음과 가계의 몰락, 생존의 절벽 앞에서 어머니는 다방이라도 차려 어떻게든 자기 책임을 감당하려 발버둥 쳤고, 그런 어머니 역시 아이의 상실과 고통을 감싸줄 여유가 없었다. 그래서 모녀는 날선 말들로 서로 상처를 주며 아버지의 부재를 감당하고 있었고, 나는 그런 아이에게 손찌검을 했던 것이다. 아이의 고통을 온전히 바라볼 능력이 내게는 없었다. 생각해보면, 아이들이 오직 교사에게만 적대적인 경우는 드물다. 대부분은 자기 삶의 버거움을 교사에게 적의와 반항으로 전이하는 경우가 허다하다. 그날 새벽에 내 잠자리를 불편하게 했던 것은 내가 아이에게 준 상처 때문이 아니라, 자기통제를 상실한 나의 초라함 때문이었다. 아이의 고통은 내 것이 아니었다.

그러나 무엇이든 내 고통과 모욕은 오래 기억한다. 중학교 때 나를 때린 선생님과 그때 감정을 지금도 잊지 못한다. 당시 내가 다닌 중학교 본관의 중간 출입문은 교사전용이었고 학생들은 양끝 쪽 문으로만 출입하라는 독특한 규정이 있었다. 어느 날 운동장에서 놀다가 수업 시작에 맞추기 위해 위험을 무릅쓰고 중앙문으로 들어가다가 마침 선생님께 들켰다. 선생님은 나를 불러 세우고는 내 한쪽 뺨을 힘껏 비틀어 쥐고 다른 쪽 손으로 나의 뺨을 두세 대 힘껏 후려쳤다. 뺨은 벌겋게 부풀어 올랐고, 뺨보다 더 붉게 부풀어 오르던 모욕감과 적개심을 아직도 기억한다. 사람 다니라고 만들어놓은 현관으로 출입했다고 그렇게 때리는 것에 격한 반항감을 느꼈지만 어찌하겠는가. 그것이 당시 학교가 내세운 규율이었고, 나는 그것을 어긴 까닭에 맞아야 했다. 많은 친구들이 둘러 서 있는 가운데, 그 선생님은 '뭐 이런 인간이 다 있어?' 하듯 비아냥대는 눈빛으로 나를 벌레처럼 여기는 듯했다. 훼손당한 자존감이 지금도 잊히지 않는다.

우리 세대에게 교사의 체벌이란 가혹하고 일상적이었다. 교사에게 받은 비인격적 언행을 평생의 모욕으로 기억한다는 이야기를 여기저기서 자주 듣곤 한다. 손찌검은 예사였고 밀대봉이 부러지도록 맞거나 의자로 내려 찍히고 발로 온몸이 짓이겨지기도 했다. 지금 생각하면 폭력도 그런 폭력이 없었건만, 두려움에 떨면서도 우리는 그것이 선생님의 '교육적 이유'와 '나름의 규정'에 따른 것이라 여겼다. 평소 조용하던 선생님이 이른바 문제 학생을 어쩌다 죽도록 패기라도 하면, 우리는 그 선생님의 숨겨졌던 남성성에 색다른 존경의 마음까지 갖기도 했다. 또 담임선생님 가운데 한 분은 공부하지 않는다고 학급생 전체를 때리며 엉엉 우시기도 했다. 아, 얼마나 우리를 사랑하는 마음이냐며, 우리 모두 몸 둘 바 몰라 했던 기억이 아직도 생생하다. 가혹한 체벌에 기대어 선생님의 애정을 기억하는, 우리는 어떤 사람인가?

　교직생활을 시작했을 때, 나는 체벌을 당연히 교육의 한 과정으로 여겼다. 몸이 배워버린 습기習氣, 내 몸에 기억된 흔적을 그대로 따랐다. 내가 기억하는 방법으로 가르쳤고, 나의 '교육적 이유'와 '나름의 규정'으로 때렸다. 잘못을 인지시킨 후, 절대 손으로 때리지 않고 회초리를 사용하되, 일정 한도 내에서 체벌한다는 교육적 이유에 근거한 나름의 규정을 세웠다고 여겼다. 그러나 실제로는 그렇게 되지도 않았다. 아직도 부끄러워지는 몇몇 기억이 있다. 교실에 늦게 돌아온 아이에게 내 짜증을 이기지 못하여 출석부로 머리를 내려치기도 했고, 주번 조례 모임에 늦었다고 단체로 엉덩이를 매질하기도 했고, 청소문제나 학생 태도를 문제 삼아 종아리를 치기도 했다. 어디 이뿐이겠는가. 이런저런 이유로 때렸겠지만 기억하지 못하는 숱한 일들이 있었다.

　세월이 흐를수록 나의 체벌 양상은 좀 더 엄격한 규정에 따라 변해왔는데, 손바닥 몇 대 맞을지를 스스로 결정하게 하거나, 내 감정이 격해 있을 때에는 몇 시간 후 다시 대면하는 방식으로 '교육적 체벌'을 한다고 생각했다. 어찌 진정성이 없었다고만 하겠는가. 그러나 교사가 아이에게 "네가 이런 잘못을 했는데 손바닥 몇 대 맞는 것이 합당한지 생각해보라"는 말이 아이 입장에서는 논의 가능한 물음이었을까? 매를 들고 때리겠다는 교사에게 아이가 할 수 있는 해명은 어떤 것일까. 그것 역시 나만의 규정이라는 것을 깨닫는 데 둔하게도 10년이란 세월이 필요했다. 내가 받은 고통과 모욕은 오래 기억하지만, 내가 준 고통과 모욕은 기억조차 못하면서 말이다.

내가 준 모욕은 기억조차 하지 못했다. 몇 년 전, 운동장에서 졸업생을 만났다. 이름과 얼굴도 희미하고 존재감이 잘 살아나지 않는 학생이었다. 마침 학교를 찾은 아이와 우연히 마주쳐 서로 의례적인 인사를 나누었는데, 아이가 바로 물었다. "선생님, 그때 왜 그렇게 저를 때렸어요?" 나는 기억에 없었다. 단지 그 아이의 질문을 당돌하다 여겼고, 기억에 없는 일이었기에 더욱 난감할 뿐이었다. "내가 그랬나? 기억엔 없는데, 그랬던 모양이지……." 나의 궁색한 말에 아이는 나를 직시하며 단호하게 한 번 더 말했다. "지금 선생님을 보니, 그때 저를 때린 것이 다시 화가 나고 너무하단 생각이 들어서요." 마치 내게 항의하려고 학교를 찾은 아이 같았다. 아이는 몇 마디 더 한 것 같은데 당시 훼손당한 자존감을 말하는 것 같았다. '학창시절에는 말할 수 있는 입장이 아니었지만 이제는 솔직히 말하는 것이다'라는 항변 같았다. 졸업생과는 지난 학창시절 좋았던 기억과 덕담만 주고받곤 했기에 이런 항의성 질문이 상당히 당혹스러웠다. 나는 '구체적 기억은 없지만, 아마 그때 내 나름의 이유와 원칙에 따라 체벌했을 것'이라는 옹색한 변명을 했을 뿐, 미안하다며 아이의 마음을 받아줄 용기도 없었다.

그 후 내가 기억하지 못하지만 나로 인해 얼마나 많은 아이들이 상처를 받았을까 생각하니 마음이 무거워졌다. 교육적 이유와 나름의 규정에 따랐을 선생님에게서 내가 받은 모욕은 생생하게 기억하건만, 역시 교육적 이유와 나름의 규정에 따라 내가 주었을 모욕은 기억에도 없었다. 그날 이후 내 손에 들린 '교편'이 점점 더 어색하고 낯설어지기 시작했다. 내가 아무리 합리적 이유와 규정을 세운다 한들, 그것은 나만의 이유와 규정일 뿐이라는 생각이 들었다. 내가 아이들에게 "그래 네 잘못을 인정하니? 그렇다면 몇 대 맞겠다고 스스로 결정하라"거나, 또 어떤 원칙을 내세운다 하더라도 학교의 이 위계적 문화에서 그런 규정과 원칙은 동원되고 강제된 것일 뿐이다. 교육의 이름으로 행한다는 그 어떤 체벌도, 결국 비대칭적 폭력의 한 형태라는 생각이 점점 더 강해졌다.

S의 졸업식 날, 우리는 운동장 제일 뒤에서 마주했다. 아이는 "선생님 때문에 제가 졸업하는 것 같아요"라며 젖은 목소리로 내게 고개를 숙였다. 나는 아이가 졸업하는 것이 진심으로 기뻤고, "네가 열심히 한 결과지……"라며 축하인사를 건넸다. 그 아이와 나는 진심으로 서로에게 감사했다고 지금도 믿는다. 그런데 그 감사와 믿음은 정직한 것이었을까를 지금 나에게 다시 물어보는 것이다.

졸업한 아이들이 학교에 들러 그들이 목도했던 가혹한 체벌을 교육의 이름으로 다시 불러내는 것을 자주 목격한다. "졸업하고 나니 그때 선생님의 마음이 이해돼요"라며 과거를 추억할 때마다, 그러면 그토록 깊은 사랑을 지금 여기에서 다시 체험해볼 용의가 있는지 궁금하다. 그런데 졸업 후 학교로 찾아오는 아이들은 그러나 저러나 나름의 자존과 위치를 가진 아이들일 뿐임을 감안하면, 그들이 체벌 당했던 당사자의 의견을 수렴한 것도 아니다. 졸업생은 자신의 것도 아닌 급우의 체벌을 교육의 이름으로 추억하여 교사들의 체벌을 강화시키는 경향이 있다.

그러면 교사들은 '봐라, 나이가 들면 모두 알게 되는 거 아니냐!'며 체벌을 정당화하는 근거로 삼곤 한다. 그렇지만 우리 교사들은 체벌로 상처받은 아이들의 목소리를 들은 적이 있는지 반문해보면 좋겠다. 우리 교사는 학생들에게 듣고 싶은 것들만 듣는지도 모른다.

사회에서 때리는 것은 곧 폭력을 의미한다. 그것은 반드시 책임을 묻게 되는 행동이기에 함부로 실행하지 않는다. 도서관에서 떠들었다고 사서에게 꿀밤을 맞지 않으며, 강의 시간에 휴대폰을 사용했다고 교사들이 연수강사에게 손바닥을 맞지도 않고, 교장에게 항의한다고 교사를 시멘트 바닥에 무릎꿇리지 않는 것처럼 말이다. 그런 일은 상상조차 못하면서 왜 아이에게는 교육의 이름으로 체벌이 쉽게 허용되었을까. 아마도 이 모든 것의 중심에는 학생을 대하는 뿌리 깊은 편견이 있기 때문이리라. 학생은 불완전한 존재이기에 주입받고 강제되어야만 온전한 인간이 된다는 생각, 즉 학생과 인간은 서로 다른 범주라는 생각에 바탕하는 것 같다.

교사는 체벌금지를 교권의 상실이라 한다. 그런데 체벌로 확립되는 교권이란 이미 초라한 것일 터이고, 또 체벌이 허용되지 않아서 지금처럼 교권이 추락한 것은 아니지 않겠는가. 체벌금지와 교권을 양립할 수 없는 모순개념으로 볼 때, 학생과 교사 모두가 불행해진다. 교사와 학생은 대립하는 위치에 있지 않다. 학생인권과 교권은 충돌하는 가치가 아니라 모두 보장받아야 할 인권에 속한다. 무한경쟁의 학교문화와 과밀학급의 해소, 과중한 업무의 경감과 전문 상담교사의 배치 등으로 교권과 학생권을 함께 확보해야 하지 않겠는가. 그래서 교사들이 요구할 교권이란 학생을 때릴 권리가 아니라, 인간적 만남이 가능한 학교를 국가에 요구할 권리가 되어야 한다.

도대체 우리가 때리면서까지 가르치려고 하는 것이 무엇인지도 함께 생각해보면 좋겠다. 적어도 내 경험에 따르면, 때려서 될 아이라면 대화로도 가능한 아이들이었고 또 기다리면 되는 아이들이다. 그리고 대화로 되지 않는 아이라면 때려서도 해결되지 않는다. 단지 아이들을 때려 당장은 제어할 수 있겠지만, 더 큰 갈등을 초래할 따름이었다.

주변을 살펴보면 전혀 체벌하지 않고 끝까지 대화로 지도하는 동료교사들도 있었다. 나는 왜 동료의 그런 모습을 일찍 배우지 못했을까. 끝까지 아이의 말을 듣고 대화를 나누거나, 시를 외우게 하고 책을 읽히는 방법 등 여러 방법을 활용하는 교사도 있었는데, 왜 나는 그런 지도법이 눈에 들어오지 않았을까. 아마도 내 몸에는 그런 기억이 없었기 때문이리라. 이미 몸으로 학습한 것은 이성의 영역이 아닌 까닭이다. 교사의 애정을 오직 매질로만 기억하는 내 몸. 몸이 배워버린 습기習氣를 씻어낸다는 것이 이렇게 질기고도 어려운 줄을, 나는 너무 늦게 알았다.

폭력은 학교에서만 시작되지 않았다

학년 초에 A가 옆 반 학생을 폭행했다. 학교폭력이 심각한 사회문제로 떠오른 상황에서도, 태권도를 단련한 A는 자기를 무시하고 기분 나쁘게 했다는 이유로 급우를 심하게 폭행했다. A는 평소에도 학생들을 이끌고 학교를 휘저어 교사들과 수많은 갈등을 일으켰기에, 담임인 내가 특별히 주의했지만 사고는 여지없이 터졌던 것이다.

학교 징계위원회의 결정에 따라 한 달간의 위탁 봉사 교육과 몇몇 후속 조치로 사건은 일단락되었지만, A의 아버지는 내게 항의했다. 자라는 아이들에게 그만한 일은 다반사인데 학교징계가 지나치다는 것이었다. 아버지는 사태의 심각성도 모른 채, 자기 생각만 고집했다.

A의 아버지는 자기중심적이었다. 지나친 적대감으로 그 누구의 말도 듣지 않았고, 가족에게도 강압적이었다. 그런 아버지는 가족을 너무나 사랑한다 했지만, 가족은 그에게 깊이 상처받고 있었다. 나는

학교에 오래 있으면서, 자녀를 미워한다는 학부모를 만난 적은 한 번도 없다. 모두 자녀를 사랑한다 했지만, 그 수많은 사랑에 왜 수많은 아이들이 상처받고 아파하는지, 나는 자주 궁금했다. 살펴보면 아이의 상처는 부모에게 닿아 있었다. A가 아버지의 방식으로 친구를 대했듯이, 부모와 아이는 서로 닿아 있었다.

그래서 나는 학생이 힘들어할 때, 학부모 면담을 함께 진행한다. 부모와 함께 고민하자는 것이지만, 사실은 자녀문제를 해결하는 가장 빠른 방법이 부모에게 있다고 여기기 때문이다. 아이의 문제는 부모로부터 시작하고, 그래서 부모가 변하지 않으면 아이도 쉽게 변하지 않는다는 아픈 진실을 나누기 위한 자리이기도 하다.

몇몇 부모는 아이가 그런 줄 몰랐다며 눈시울을 붉혔고, 부모의 작은 변화에 아이는 크게 달라지기도 했다. 반면 몇몇 부모는 사태를 이해하지도 받아들이지도 못했다. 결국 내 선의에도 불구하고 오히려 자녀와 갈등이 커지기도 했는데, 선의가 좋은 결과만을 가져오지는 않았다.

부모가 자녀를 사랑한다는 것은 의심할 여지가 없다. 그런데 젖먹이 아이의 투정과 울음조차도 사랑스러워하던 부모는 언제부터 그리고 무엇 때문에 아이와 상처를 주고받는 것일까. 강아지처럼 귀여워했지만, 강아지처럼 순종하지 않는다고 마음 상한 것인지도 모른다. 어쩌면 부모는 자녀에 대한 사랑을 의심하지 않는 만큼, 사랑의 방법도 의심하지 않는 것일 테다. 사랑의 방법을 의심하지 않기에,

공부도 연습도 반성도 없이 아이들을 상처받게 하는 것일 테다.

에리히 프롬은 『사랑의 기술The Art of Loving』에서, 살아가는 것이 하나의 기술이듯 사랑도 기술이라며 사랑에 대한 지식과 노력을 줄곧 강조한다. 20대 초반 처음 읽었을 때, '사랑은 노력'이라는 그의 명제가 참으로 상투적이었다. 그런데 다시 읽을 때마다 "사랑이란 우리가 사랑하는 대상의 생명과 성장에 대해 관심을 갖는 것"이라는 그의 지적이 깊게 다가왔다. 그는 '어머니는 아이가 자기에게 의존해 있는 한 아이를 사랑하는데, 이는 자기도취적인 권력이나 소유욕'에 해당한다며, 어머니의 지배욕망을 경계했다. 어머니가 아이를 소유하고 지배하려 한다는 충고만큼 상투적인 것은 없겠지만, 이만큼 진실인 현실도 없을 테다. 어쩌면 프롬은 어머니에게 불가능한 것을 요구하는지도 모른다.

그런데 부모 되기가 어렵다지만, 아이들도 힘들긴 마찬가지였다. 평소 학생들과 개별면담을 해보면, 적지 않은 아이들이 부모에게 복잡한 감정을 갖고 있었다. 부모님께 감사하다는 마음과, '나' 때문에 고생한다는 죄책감과, 그리고 이해받지 못한 분노감이 혼재했다.

그래서 5월 어버이날이 오면 부모님께 편지로 대화해보길 권한다. 대부분 아이들은 평소에도 많이 대화한다면서, '학교에서 어떤 일이 있었다'거나, '누구네 집에 갈 거라'는 것을 대화의 사례로 제시했다. 내가 혹시 부모님께 힘든 마음은 없느냐고 다시 물으면, 많은 아이들이 상처받은 서러움을 쏟아낸다.

바로 그것, '내 마음속 감정을 드러내는 것'이 대화라며, 부모님께 고마운 마음과 함께 불편한 마음도 함께 써보라고 한다. 상투적인 글쓰기가 되지 않도록 몇 가지 설명을 덧붙이며, 자기감정을 들여다 보고 떠오른 것을 그대로 표현해보라고 한다. 고개를 파묻고 쓰다가 혼자 훌쩍이는 아이도 있고, 단 한 줄도 쓰지 못한 채 망설이는 아이 도 있다. 자기 마음 드러내기가 이렇게 힘들다니! 학생들의 편지는 학부모에게 보내는 내 글과 함께 발송된다. 나는 학부모에게, 아이들 의 표현이 서툴겠지만 마음을 읽는 대화의 기회로 삼아 달라는 부탁 을 덧붙인다. 어쩌면 자녀와 대화하라고 '감히 훈시' 하고 싶은 게다.

보름쯤 후에, 부모님과 어떤 대화를 했느냐고 물어보면 대부분 아이들은 시큰둥하다. 아무 말 없었다, 별일 없었다가 대부분이다. 서너 명은 그런 마음인 줄 몰랐다는 부모님과 이야기 나누다가 함께 울었다고, 그래서 좋았다고 환하게 웃기도 한다. 그런데 또 몇몇은 '내가 너희들을 위해 얼마나 노력하는지 아느냐' '그만한 일에 왜 그 런 생각을 했느냐' 며 오히려 꾸중을 듣다가 다투기도 했단다.

프롬은 자기희생을 강조하는 부모는, 자녀가 부모를 평가하지 못하도록 한다는 점에서 이기적인 부모보다 더 나쁘다고 지적한다. 그런 부모는 자기의 희생만큼 자녀를 사랑한다 여기지만, 사실은 부 모가 자녀를 소유하려는 자기중심적인 지배로 가득 차 있는 것이란 다. 아이는 숨이 막히는 것이다. 프롬은 어머니의 뱃속에 있던 아이 가 어머니와 분리되어 나오듯이, '아이의 독립을 도와주고 성장시키 려는 노력' 이 사랑이라고 계속 강조한다. 자기 삶의 뿌리가 튼튼한 어머니, 즉 자기자신을 사랑하는 어머니가 아이를 독립과 성장으로 이끈다는 것이다.

이와 비슷한 이야기로, 오래전 책에서 본 잊을 수 없는 장면이 하나 있다. 갓난아이가 엄마 젖을 먹으면 곧바로 토해내곤 했지만 소아과에서는 원인을 찾지 못했다. 아기의 구토가 너무 심하게 지속되기에 의사는 정신과에 의뢰했다. 분석에 따르면 그녀는 원치 않는 결혼을 했고 남편에게 불만이 있었다. 그러다 덜컥 임신이 되어 출산했지만, 그녀는 아기를 진심으로 받아들이지 못했다. 아기는 배가 고파 엄마젖을 찾았지만, 엄마 손끝에서 자기를 거부하는 마음을 느꼈을 테다. 고픈 배를 채웠지만, 엄마의 적대가 부당하다고 느꼈을 테다. 자, 아기가 자기마음을 표현할 수 있는 방법은? 엄마가 준 것을 뱉어버리는 것, 그것으로 엄마를 거부하는 것, 엄마를 당혹스럽게 하는 것이지 않겠는가.

자기 삶을 받아들이지 못한 엄마는 아기도 받아들이지 못했다. 그런 엄마에게 아기는 자기를 파괴하는 방법으로 저항하고 복수한 것이다. 아이들은 그렇게 일탈을 시작한다. 부모로부터 받은 상처를 부모에게 돌려주기 위해, 부모가 가장 사랑하는 자기를 파괴하는 것이다. 젖보다는 사랑을 달라고 항변하는 것이다. 아이들은 부모 손끝과 눈빛에서 예민한 진실을 느끼며, 자기존재를 주장하는 것이다.

어쩌면 의사의 분석이 지나친지도 모르겠다. 그런데 학부모 면담에서 어머니들은 내가 전해준 이 장면에서 자주 눈물을 보였다. 자기도 부모에게 거절당하고 상처받았다며 자기고통을 말하면서, 비로

소 아이의 고통도 이해하는 것 같았다.

대체로 그랬다. 아이들은 부모에게 진정으로 받아들여지지 못한 결핍감, 훼손된 자기존중감, 그로 인한 열등감 때문에 상처받았다. 자존감이 낮은 아이는 자기가 무시당했다며 쉽게 폭력을 행사하고, 억압된 분노를 친구에게 내쏟는다. 자기보다 약한 아이를 왕따시키고, 부모에 대한 분노를 교사에게 전이해 과도한 적대감을 드러낸다. 비슷한 친구들과 동네를 떠돌다가 가출을 반복하고 학교를 그만둔다.

학교폭력이 사회문제가 되었지만, 학교폭력에 학생폭력만 있는 것은 아니다. 교사가 학생에게 가하는 신체·언어폭력도 다반사이고, 때로는 교사가 교사에게 폭력적일 때도 있다. 사회 어디에서든 다양한 형태의 폭력과 만날 수 있다. 어떻게 내 아이를 보호할 수 있을까. 교사나 급우의 폭력성이 학교의 폭력성을 강화하고 갈등을 증폭시키는 것은 분명하지만, 아이를 결정적으로 파괴하지는 않는다고 조심스럽게 말할 수 있다. 부모의 든든한 정서적 지원을 받은 아이는, '이상한 선생님이네, 이상한 친구네!' 하며 저희끼리 수군대며 자기들 방식대로 비껴간다. 폭력을 행사하지도 폭력에 잘 휘말리지도 않는다. 혹 상처받더라도 부모에게 도움을 요청하고 부모의 사랑과 지지로 극복할 수 있다. 교사나 친구가 학생을 파괴하는 힘보다, 부모가 자녀를 성장시키는 힘이 더 크기 때문이다.

나는 개인의 고통과 억압을 개인 문제로만 환원하는 것을 경계

한다. 그래서 학교폭력의 사회적 원인과 해결책을 중요하게 생각한다. 사회적 관심과 학교의 적극적 대응이 마땅히 따라야 한다. 그런데 학교폭력의 사회학과는 별도로 내 자녀를 지킬 가장 가까운 방법은 부모의 사랑임을 의심하지 않는다. 부모의 관심, 대화, 노력이 사랑이다. 그 사랑이 아이를 지키는 갑옷이다.

만약 교사에게 허락된 것이 있다면, 부모의 사랑을 충분히 받지 못한 아이에게 사랑을 보충해주는 것, 이것이 교사가 학생에게 할 수 있는 최고의 아름다움일 테다. 교사는 부모가 채워주지 못한 믿음과 지지를 보충하고 대리하면 그것으로 이미 충분하다. 그래서 가장 진부한 이야기지만, 사랑과 교육은 다르지 않다고 말해본다.

그리고 마지막으로 남은 불편한 질문 하나. 나는 부모로서 어떤가 하는 가장 정직한 질문이 남아 있다. 그런데 이 질문에 대한 내 답은 무의미하다. 내 딸이 답하겠지만, 나는 자신하지 못한다. 가장 가까운 사랑이기에, 내 뜻대로 지배하려는 욕망이 쉽게 일어난다. 내 탁한 마음과 얽힌 감정이 그대로 옮겨간다. 집에서 내 사랑은 자주 실패하기에, 학부모에게 '감히 훈시' 할 처지가 못 된다. 단지 내 모든 것이 비치는 딸을 통해 나를 다시 보려 노력한다는 것으로, 내 실패를 변명한다. 내가 딸을 낳았지만 딸이 나를 다시 성장시킨다는 변명으로, 용서를 구하는 셈이다.

문제 학생은 없다. 단지 문제 부모가 있고, 덧붙여 문제 교사가 있을 따름이다. 죄는 우리 어른들이 지었다. 그렇다 해서 폭력을 휘두른 학생의 행동이 정당화되지는 않는다. 가해학생은 자기행동의 책임을 배워야 하고 피해학생은 보호받아야 한다. 내가 말하고 싶은 것은, 부모와 교사가 폭력을 행사하는 아이를 비난하고 책임을 묻기 전에, 그들 고통의 뿌리를 이해하려는 노력이 우선해야 한다는 것이다. 그 노력이 부모와 자녀 모두를 '함께 성장시키는 사랑'일 테고, 딸에게 자주 실패하는 내 사랑을 다시 키우는 힘이기도 할 테다.

학교폭력만 비난하는 그들에게

성적 압박에 어머니를 살해한 고등학생, 친구를 죽음으로 몰아간 중학생 등으로 교육을 성토하고 학교폭력을 비난하는 목소리가 넘쳐난다. 언론이 학교폭력을 전할 때마다 온 나라가 떠들썩해진다. 무슨 진단과 처방을 덧붙일 것이 있겠나 싶을 정도로 많은 분석과 대책들이 쏟아졌다. 내 주변에는 이런 극단적인 사건이 없었지만, 학교폭력은 어느 학교에서나 언제나 발생해왔다.

학교폭력이 심각한 사회문제가 되자 그제서야 학교는 민감해졌다. 담당 경찰관이 배정되어 수시로 학교를 방문하고, 교육청은 정기적으로 학교폭력을 설문 조사한다. 또 위클래스Wee Class의 상담교사가 배치되었고, 학교마다 '학교폭력위원회'가 설치되어 학생폭력을 절차에 따라 강제 처리하도록 규정하고 있다. 온갖 업무가 폭주하는 학생부는 교사가 가장 기피하는 부서가 되었지만, 여하튼 이런 노력들로 교사와 학생들이 학교폭력을 좀 더 무겁게 인식하기 시작했다. 그만큼 학생들은 철저히 관리되고 있다. 이것으로 학교는 안전한 곳이 되었을까?

이 모든 조치에도 불구하고, 얼마 전 C가 D를 교실의자로 내리찍고 마구 폭행했듯 학교폭력은 사라지지 않을 것이다. C의 일방적인 폭행이었지만 D 역시 너무 오랫동안 C를 괴롭혔다. 공부만 강요하는 부모에게 마음을 다친 D가 차마 입에 담을 수 없는 욕설을 C에게 지속했던 것처럼, 교사가 알지 못하는 곳에서 아이들은 서로의 적개심을 겨루고 있다. 양측 학부모가 호출되고 적당한 서류를 구비하는 것은, 말 그대로 사건처리일 뿐이다. 이처럼 언론에 보도되지도 사건화되지도 않는 학교폭력이 일상적으로 이어지고 있다.

그런데 학생폭력 못지않게 끔찍한 것이 청소년 자살이다. 그럼에도 학교폭력에 들썩이는 언론들이 수많은 청소년 자살에는 왜 이리 무감한지 모르겠다. 경쟁과 억압에 신음하다가 매년 수많은 아이들이 자살하지만 우리 사회는 이에 눈감고 있다. 적개심이 타인을 향한 것이 폭력이고 자기내부로 향한 것이 자살인 것처럼, 학교폭력이 심각해지는 것과 청소년 자살률이 세계 최고인 것은 우연이 아니다.

그리고 나는 많은 아이들의 무기력을 주목한다. 폭력을 행사하지는 않지만 상처받은 자존감에 주눅 든 아이들이 한둘이 아닌데, 이 아이들의 무감함이 타인의 고통을 느끼지 못하는 폭력과 어딘가 닮았다. 그런 아이들의 감정선을 건드리면 쉽게 폭발하고, 학교와 학원과 시험 때문에 힘들다며 펑펑 울기도 한다. 매일 아이들을 지켜보는 나는 이를 심각하게 생각한다.

아이들은 폭력과 자살 그리고 무기력으로 허물어져 가고 있다.

자기 삶의 고통을 설명하지 못하는 교과서와 교실 수업에서, 그렇게 자기 삶에서 소외된 아이들이 무력하게 학교를 오가고 있다. 공부 잘하는 것만을 최고로 여기는 학교에서 공부 못하는 아이들은 깊이 상처받았고, 반면 공부 잘하는 아이들도 그 자리에 오르느라 고통스럽긴 마찬가지다. 대부분 아이들이 군데군데 병들었다 해도 결코 지나치지 않다.

일 년에 네 번 있는 중간·기말 시험, 과목마다 시행되면 열다섯 번 정도 되는 수행평가, 그리고 교육청마다 시행하는 학업성취도평가(일제고사)와 고등학생의 모의고사, 그리고 매일매일 학원수업과 평가까지, 숨 쉴 틈 없는 석차경쟁으로 내몰린 아이들이 뾰족해지고 있다. 그런데 학교 일상을 모르는 부모가 아이의 고통을 체감하지 못한 채, 단지 남들보다 더 빨리 앞서 가라며 등 떠미는 것을 당연하게 여긴다. 매일매일 아이들을 지켜보는 교사인 나도 그들의 고통을 온전히 안다고 할 수는 없다. 시험 기간이면 두통과 복통을 호소하는 아이들이 어떻게 시들어가는지 지켜보는 것으로 그들의 고통을 모두 안다 하기는 어렵다.

이렇게 부모가 체감하지 못하는 학교경쟁으로, 교사가 체감하지 못하는 학원수업으로, 공부로만 내모는 가정의 압박으로 아이들은 하루하루 뜨거운 철판 위에서 달구어져왔다. 그들은 이미 시들었다. 대개의 어른들은 '나도 그런 학교를 다녔다'며 이를 청소년기 성장통으로 치부하곤 한다. 그러나 단언하건대 오늘의 학교는 예전과 비교할 수 없을 정도로 훨씬 더 잔혹하다. 지금 학교는 지옥이고, 병든 것은 아이가 아니라 학교다.

　그럼에도 학부모 대중은 학교폭력이 언론에 오르내릴 때마다 학생인성과 교육의 타락을 쉽게 진단하고 쉽게 비난한다. 그러나 나는 묻고 싶다. 타락한 것이 학생뿐인지, 타인의 고통에 무감한 것이 과연 학교뿐인지, 그래서 지금 우리가 이토록 쉽게 학교폭력을 비난해도 되는 것인지, 오늘은 교사인 내가 한 번 묻고 싶다. 석차만이 자기 가치로 평가되는 학교에서, 너는 타인의 고통을 어떻게 상상하느냐는 물음이 무슨 소용인지, 오직 순서 경쟁만 앞세우는 학교에서 경쟁 상대인 옆의 친구와 아름답기만 바라는 것이 오히려 이상하지 않은지, 한 번 쯤은 짚어봐야 하지 않겠는가.

　그렇다. 아이들은 병들었다. 그러나 그것은 아이만의 책임이 아니라고, 폭력적인 것은 오히려 학교라고, 아이들과 오래 생활한 내가 아이들을 대신해 항변해본다. 아이들에게는 죄가 없다고 말이다. 교사의 한마디 칭찬에도 햇살같이 웃고 친구의 손끝에도 깔깔거리며 함께 뛰어 다니던 아이들이, 말할 수 없이 반짝이며 누구보다도 공감능력이 뛰어난 이 아이들이 처음부터 병들지는 않았다고 말이다. 풀잎처럼 싱싱하던 아이들이 강박과 절망으로 떨어지는 낙차를 자주 지켜보며, 죄는 아이들의 것이 아니라고 나는 확신하게 되었다. 폭력을 행사한 학생은 자기 책임을 배워야 하지만, 그것과는 별도로 아이들에게는 죄가 없다고 말할 수 있다.

　오늘날 학교폭력은 한국사회의 폭력이 밀려들어온 것뿐이다. 자본과 권력의 폭력이 일상화된 한국사회에서 아이들이 병든 것은 아이들의 책임이 아니다. 쌍용자동차 노동자가 수십 명 죽어도 경쟁과 효율을 말하는 사회에서, 자본-국가-권력이 아버지를 불태워도 용산에서는 아들이 살해자가 되는 사회에서, 어떻게 학교만 홀로 아름답기를 바라는가. 쌍용자동차 회계를 조작해 돈을 번 회계사처럼, 그 거짓 자료로 노동자를 쫓아내고 승진한 판사처럼, 저항하는 노동자를 짐승몰이한 대가로 출세한 경찰청장처럼, 이토록 염치를 모르는 사회에서 병든 것은 아이도 아니고 학교도 아니다.

폭력이 출세가 되는 사회에서 이제 사람들은 폭력을 폭력으로 체감하지도 못한다. 그런 그들이 학생의 폭력에는 왜 그리 쉽게 분노하는지 궁금할 따름이다. 학교폭력을 교사에게 알렸다고 그 알린 학생을 처벌하리라고는 상상하지 못하겠지만, 삼성의 불법을 고발하면 고발한 사람이 처벌되는 사회다. 학교폭력이 발생하면 '학교폭력위원회'에서 엄격하게 처리하지만, 현대자동차 비정규직 파견 노동자가 대법원에서 승소해도 자본-권력은 이를 무시해도 되는 폭력사회다. 정의로운 학생이 고문으로 죽었을 때 침묵으로 협조한 검사가 대법관이 되는 이 땅에서, 무엇이 바르고 무엇이 그른지 학교가 어떻게 가르칠 수 있을까. 법이 폭력을 제어하지 못하는 사회에서, 아니 법조차 폭력으로 작동하는 사회에서, 무엇이 진짜 폭력인지 우리는 다시 물어야 하지 않겠는가.

자본과 권력의 폭력이 일상화된 한국사회! 그래서 학교경쟁에서 낙오하면 곧 사회에서 낙오하게 되고, 국가폭력에 희생될 거라는 두려움 때문에 대중은 경쟁교육에 목을 매게 되었다. 그 경쟁에서 이겨야 한국사회의 자본-권력에 편승해 살아남을 수 있다는 것을 우리는 너무나 선명하게 보고 있지 않는가. 한때 공부 못했다가 평생의 생존까지 위협받으니까 차라리 지금 옆의 친구를 밟고 올라서라고 재촉하는 것이 오늘의 학교경쟁 아닌가. 그렇게 지금 어떻게든 앞자리를 차지하라고 등 떠미는 엄마를 아이는 칼로 찔렀고, 또 밤낮 공부해도 결국 뒷자리로 내동댕이쳐진 아이는 자기보다 힘이 약한 급우를 다시 아파트 저 아래로 던져버린 것이 아닌가. 이것이 바로 한국사회의 모습과 무엇이 다르냐고, 나는 물어보는 것이다.

일상화한 사회폭력이 학교까지 밀려들어온 것뿐이다. 그런데도 한국사회의 그 폭력에는 무감한 채 단지 학교폭력에만 분노하는 그들이야말로 위선적이고 무지하다고, 지금 나는 말하는 것이다. 오래전 추운 겨울에도 난방 기름을 제때 지급하지 않는 학교의 불합리를 지적한 적이 있다. 학교장은 기름절약을 교육으로 훈시했지만, 왜 매년 추위에 떨어야 하는지 이해할 수 없었다. 학교 예산서를 찾아 확인해보니 난방비는 충분했다. 그런데 어느 누구도 학교 예산을 문제 삼지 않은 채 아이들에게 기름 절약만을 말하며 그것을 교육이라 여겼다. 내가 이 일화를 글로 썼던 것은, 무감한 것은 바로 우리 자신이라는 것 그리고 그 무감함이 바로 폭력이라는 것을 말하고 싶어서였다. 고통의 배후를 살피지 않는 것이야말로 폭력의 시작이라고.
이 일화를 접한 사람들은 예상했던 대로 절약만 강조한 교사의 기만을 힐난했다. 한국사회에서 교육문제는 누구나 비판하기 쉬우니까! 그런데 오늘은 교사인 내가 그들에게 한 번 묻고 싶다. 학교폭력을 그토록 비판하는 그들이 쌍용자동차와 한진중공업이 '공부 못한 찌질이'에게 가한 폭력에 대해서는 어떻게 생각하는지 말이다. 세습왕조처럼 기업을 사유화한 재벌들이 공부 잘한 판검사 급우들과 결탁해 우리 옆의 동료를 잔인하게 왕따시키는데, 그들은 왜 그런 금권의 폭력에는 무감하면서 아이들에게만 분노하는지 물어보는 것이다.

한때 공부 잘했던 학생이 한때 공부 못했던 학생에게 행하는 이 숱한 사회폭력에는 무감하면서 왜 우리는 지금 학교폭력에만 분노하는지, 오늘은 교사인 내가 물어본다. 한국사회의 차별과 억압에는 무감한 채 단지 아이들에게만 분노하는 우리야말로 위선적이고 무지하다고, 불편하지만 계속 말해보는 것이다.

지옥 같은 경쟁학교를 벗어버리고 그냥 노동자로 살아가고 싶지만, 노동조합이라는 말에도 날것의 적대감을 드러내는 우리 사회 아닌가? 한때 공부 못했다는 이유로 평생 저임금 노비로 살아가야 하는, 지옥 같은 사회를 당연하게 여기는 우리가 바로 지옥 같은 학교를 초래한 것과 다르지 않다는 것이다. 한국사회의 폭력을 용인하는 우리가 결국 학교폭력을 강화시킨다.

어쩌면 우리는 폭력을 선망하며 오히려 폭력으로 달려가는지 모른다. 한 번 삐끗해 평생 지옥 같이 살기보다는 차라리 학교에서 친구를 밟고 올라서는 것이 그나마 낫다며 폭력을 합리화하는 것일 게다. 내 아이만은 승리해 자본-권력에 합류하기를 바라며 폭력을 욕망하는 것일 게다. 그렇다면 이렇든 저렇든 우리는 학교폭력만 비난해서는 안 된다. 우리가 바라는 것은 폭력의 소멸이 아니라 승자의 폭력이니까. 그러면서 학교 혼자 아름답기만 바라는 것은 지극한 분열증이니까!

그래도 '폭력은 나쁘다'는 것을 학교가 가르쳐야 하지 않느냐고 사람들은 말한다. 그렇다. 나도 그렇게 생각한다. 그러나 그들의 바람과는 상관없이, 학교는 그렇게 반듯하지 않다. 학생이 돈 많은 부모의 힘을 믿고 "제 목을 쳐 달라고 목을 길게 뺐는데 안 쳐주면 예의가 아니다, 가장 피가 많이 나는 방법으로 목을 쳐주겠다"라며 급우를 위협했다면 어떻게 해야 할까. 중앙대 박용성 이사장이 교수들에게 흩뿌린 이메일을 보며, 도대체 이 잔인함과 뻔뻔함은 무엇일까 입을 다물지 못했다. 이제 학교에서도 폭력은 감추어야 할 것이 아니라, 이토록 당당할 수 있게 되었다.

사람들은 성공을 세습한 기업인이 대학을 발전시킬 거라며 환호했지만, 그는 온갖 부정과 비리로 자기 배만 채웠다. 교육도 염치도 없이, 사익과 폭력만 있었다. 내 옆의 친구를 사랑하는 방법을 그는 알기나 할까. 이것이 이 대학만의 문제일까. 그래도 자본가의 대학에서 살찌기를 기대했다면, 더 이상 폭력의 비만을 불평해서도 안 될 것이다. 이 사태를 접하고 몇몇은 '사람이 미래'라는 두산의 슬로건을 위선이라 비웃었지만, '민주 정의 창의'를 교육지표로 삼아온 학교를 오래 봐온 나로서는 두산의 위선은 차라리 익살로 느껴졌다.

그래도 사람들은 또 말할 것이다. 그건 자기 잇속만 챙긴 기업가의 일탈일 뿐이지 않겠냐고. 아무리 그래도 우리 교육은 다를 것이라고, 그래도 학교는 사람의 기본은 가르칠 것이라고 말할 테다. 사람의 기본은 가르칠 거라고……. 과연 그럴까.

다시 4·16이 오자, 나는 아이들과 동영상 자료를 보며 그날의 참사를 기억했다. 세월호는 단순한 사고가 아니라 무참한 국가폭력임을 기억하기 위해서였다. 처음부터 엉망이었던 안전과, 자기만 살겠다며 빠져 나온 선원들과, 유리벽에 갇혀 소리치는 아이들을 두고 돌아서는 구조대와, 최대 최선의 구조작업이라며 거짓을 일삼은 언론들과, 기록을 감추고 삭제한 정보기관과, 끝까지 진실을 덮으려는 정치인과, 그리고 어른들의 말을 믿고 기다리며 재잘거리다 아득히 바다 속으로 가라앉은 아이들과, 그 아이들이 휴대폰에 엄마 아빠 사랑한다고 장난처럼 남긴 동영상과, 더 사랑하지 못했다고 가슴 뜯으며 오열하는 어머니와, 내 새끼가 죽은 이유를 알고 싶을 뿐이라며 눈물로 부르짖는 아버지와, 살아온 아이가 먼저 간 친구에게 미안하다며 흐느끼는 편지에, 아이들과 나는 울었다.

아이들은 소리 내어 엉엉 울었고, 나도 쏟아지는 고통을 주체하지 못해 울었다. 학급마다 우리는 함께 울었고, 나는 너무 힘이 들어 며칠을 깊게 가라앉아 있었다. 아이들은 타인의 고통에 무감하지 않았다. 자발적으로 노란 리본을 달기 시작했다. 그것으로 자기 마음 한쪽을 그들에게 내주고 싶었을 테고 또 스스로 위로받고 싶었을 테다. 아이들은 깊게 공명했다.

그런데 교육부는 노란 리본을 금지했다. "교육의 정치적 중립성을 훼손하고 학생들에게 편향된 시각을 심어줄 우려가 있다"며 노란 리본을 금지한다는 공문을 각 시·도교육청에 보냈었다. 나는 이쯤에서 교육의 막장을 보는 듯했다. 이것이 교육이란 말인가? 이것이 한국교육의 민낯이다. 친구의 고통을 외면하는 것도 폭력이라고 떠들어온 그들 교육의 진짜 모습이 이것이다. '더불어 살아가는 인성교육'을 말하는 그들 교육의 더러운 위선이다. 그들은 염치를 모른다. 타인의 고통에 공감하는 것조차 '정치적인' 이 나라에서, 어떤 교육이 가능한지 나는 한참이나 망연했다. 여전히 가만히 있기만을 강요하는, 폭력의 교육.

학교폭력이 따로 있는 것이 아니다. 손톱만한 이익을 위해서라면 자기보다 약한 사람의 목숨을 앗아도, 그것을 승자의 특권으로 여기는 사회에서 학교폭력은 더 이상 학교만의 문제가 아니다. 자본과 권력의 확장을 위해 한국사회에 폭력을 자행하는 '그들'이 바로 학교폭력의 진원지다. 그리고 그 차별과 억압의 폭력사회에 무감하거나 동조하는 학부모 대중 우리가 학교폭력의 숙주다.

지금 당장의 학교경쟁에서 학부모 대중은 내 아이가 밟히지 않도록 위로 밀어 올리려고만 하는 절박함을, 나 역시 학부모로서 모르는 바 아니다. 그런데 어쩌랴, 학교에 오래 있으며 내가 깨달은 것은 내 아이만은 앞설 거라는 이 헛된 기대 때문에 우리 모두 피폐해졌다는 것이다. 내 아이가 성적 경쟁에서 이기면 세상 고통과 무관할거라는 믿음은 헛되고 헛되다. 경쟁교육은 처음부터 출구가 없었기에, 내 아이의 고통만 해결되는 세상은 어디에도 없다.

지금 당장 내 아이의 고통은 부모의 사랑과 교사의 관심으로 치유해야 한다. 다른 누가 대신해줄 수 없다. 그런데 그것만으로는 안 된다. 한국사회의 구조적 폭력에 맞서지 않으면, 이 폭력은 계속 학교로 밀려오고 내 아이의 안전은 어디에도 없게 된다. 의사는 제네바협약에 따라 전쟁 중에 아군과 적군을 구분하지 않고 생명을 구해야 할 책무가 있다. 지금 당장 눈앞의 모든 환자를 치료해야 한다. 그런데 더 근본적이고 중요한 해결책은 더 이상 부상자가 생기지 않도록 전쟁을 끝내는 일이다. 그것이 생명을 구하는 의사의 사회적 책무이기도 하다. 그런데 눈앞에 있는 환자는 열심히 치료하면서 정작 전쟁을 지지하거나 그런 정치적 행동을 지속하는 의사를 어떻게 이해해야 할까.

나는 개인의 책임을 부정하지 않는다. 경쟁교육에 내몰린 학생이 모두 폭력적이지는 않기에, '모든 것은 너 하기 나름'이라는 익숙한 처방으로 이 사태를 덮을 수도 있다. 사회의 구조적 문제는 애써 외면한 채, 개인의 노력만을 요구하는 것은 언제나 있어온 기만이니까. 그렇다면, 그 많던 난방 예산에 대해서는 묻지도 않고 기름 절약만을 교육으로 내세우는 우리 교사들처럼 기만적이기는 여러분도 마찬가지라고, 나는 단지 그런 기만과 위선으로 교육해법을 말하지 마라는 것이다.

한국사회 자본-권력의 폭력이 학교폭력의 뿌리다. 그리고 폭력의 뿌리를 외면한 우리가 바로 폭력의 숙주로 살아온 것이 아니냐고, 오늘 조심스레 물어보고 싶었다.

'학교 밖을 덜 지옥'으로 만들어야 한다. '한때의 석차'보다 '사회노동'이 대접받는 사회가 되어야 이 경쟁교육의 압력을 줄일 수 있다. 즉 노동임금이 정직한 사회를 외면한 어떤 교육 개혁도 성공할 수 없듯이, 폭력사회의 해법 없이 학교폭력의 해법도 없다. 각종 사회적 차별을 해소하는 것이 왜 교육문제와 연관되는지 깊이 생각해보자.

"엄마, 나는 공부가 적성에 맞지 않아, 그냥 다른 일 할래"라며 학교 경쟁을 벗어버리고 그냥 노동자로 살아갈 수 있는 사회, "그래, 공부가 좀 안 되어도 네가 잘할 수 있는 일로 살아갈 수 있으니까 학교에서는 친구와 잘 지내"라며 아들 딸의 미래를 희망할 수 있는 사회가 되어야 한다. 이처럼 한때 석차보다 사회노동이 대접받는 사회는 대중의 정치적 각성과 선택에 달려 있다. 자기 언어로 자기 이익을 선택할 수 있는 정치적 각성이 자본-권력의 폭력에 맞서는 가장 정확한 해법이다. 교육의 본질이 왜 정치문제가 되는지 다시 생각해보자.

쓰러진 부상자를 치료하기는커녕 더 열심히 싸우라고만 하는 한국사회에서, 부상자의 치료와 전쟁의 종식을 함께 고민하자. 아이에게 친구와 손잡고 잘 지내라고 가르치듯이, 나와 여러분이 손잡고 이제 한국사회의 폭력에 정치적으로 싸우자. 한국사회 곳곳의 억압과 차별에 눈감지 말고, 그곳이 내 자녀가 다녀도 될 만한 곳이 되도록 함께 응원하자. 이것이 아이들에게 폭력의 책임을 묻기 전에 우리가 먼저 해야 할 일이지 않겠는가.

M이 희망하는, 교사의 자리에서

'학력 부진학생'을 위한 토요일 특별 보충수업에, M학생은 거의 매번 네 살 여동생을 데리고 왔다. 아빠는 담요공장으로 엄마는 동네 식당 점원으로 일하러 가면, 부모가 퇴근하기까지 두 동생을 돌보며 빨래와 청소, 식사 준비도 해야 한단다. 초등학생인 다른 동생의 숙제까지 봐주고 나면 정작 자기 숙제할 시간이 없다며, 특별수업에 애착을 보였다. 학교에 따라온 동생은 매번 칭얼거렸고, M은 그런 동생을 한 손으로 꼭 끌어안고 다른 손으로는 필기를 했는데, 교과서 읽기도 버거워하는 열다섯 살 M의 장래 희망은 교사였다.

학생들이 희망하는 최고 직업은 교사다. 몇몇 성적 최우수 학생은 교대로 진학하지만, 성적이 되지 않아도 한 학급에 절반 정도는 교직을 희망한다. 대통령에서 장관, 아무리 못해도 의사, 판사였던 우리 어릴 적 희망이 차라리 아름다웠다 해야 할 것 같다. 헛된 꿈이라도 꾸어야 할 청소년이, 교사와 공무원을 최고 직업으로 희망하는 사회란 씁쓸하기 그지없다.

그런데 아이들이 교사가 되고 싶은 이유는 돈 많이 벌고 안정적이기 때문이란다. 국어 교과서에 소원 세 가지를 적어보라는 예비 문제에, 돈 많이 벌기, 돈벼락 맞기, 돈 많은 애인 만나기를 적는 것처럼, 오로지 돈을 반복하는 학생들이 교사가 되고 싶단다. 어쩌면 이 읍에서 그들에게 교사란 현실적으로 꿈꿀 수 있는 가장 부유한 직업일 테다. 그런 아이들에게 내가 웃으며 '여러분은 학교가 좋냐'고 묻자, 아이들은 말도 안 되는 소리라며 온갖 괴성을 쏟아낸다. 학교를 야유하는 아이들이 교사가 되고 싶어 한다 해서, 그들을 책망하거나 훈계할 생각은 조금도 없다. 그들만큼이나 학교를 싫어했던 내가, 지금 교사가 되어 있으니까.

나는 교사가 되고 싶지 않았다. 아름답게 추억할 선생님도 수업도 없었던, 내 학창시절 그 학교로 다시 들어가고 싶지 않았다. 그랬던 내가 교사가 되기 위해 기울인 시간과 수고라니! 이유는 단 하나, 마땅히 시도할 직업이 없었기 때문이라고 솔직히 말하겠다. 자랑스럽지 않지만, 그렇다고 부끄러워할 이유도 아니라고 본다. 대충 대학을 졸업하고 가까스로 직장을 구했던 것뿐인데, 이는 지금 교사가 되고 싶어 하는 아이들과 다르지 않은 이유일 테다.

그렇게 어렵게 교단에 섰을 때 나는 한 가지 다짐을 했다. 내 학창시절 기억에 비추어, 부실한 수업과 폭력으로 학생들에게 비난받지 말자는 것. 비난받지 않으면 성공이라 여겼다. 그래서 수업에 나름 충실했고 학생에게 비난 받지도 않았다. 그렇지만 행복해지지도 않았다. 학교에 있을수록, 잊고 지냈던 내 옛 학교의 억압과 고통이 다시 보이기 시작했다. 그 오랜 세월 동안 교실은 첨단의 교구로 바뀌었지만 학교는 전혀 변하지 않았다는 것이 신기했고, 나는 학교에서 행복할 수 없다는 것을 다시 학창시절처럼 절감했다.

한 학생이 교무실로 불려와 심하게 꾸중을 듣고 있었다. 교칙을 어긴 학생이 교사에게 대응하면서 언쟁이 격하게 이어졌다. 학생의 논리에 답변이 궁해진 교사는 갑자기 소리쳤다. "네가 뭔데 그걸 바꿔? 그냥 남들 하는 대로 따라가면 돼! 세상 바꾸려 하지 마! 너는 공부만 열심히 해"를 소리쳤다. 그가 반복하고 반복하는 말은 '세상 바꾸려 하지 말고 공부만 해라'였다. 학생은 교칙의 부당함을 말한 것인데, 교사는 세상에 대한 자기의 믿음을 말했다.

그것은 30년 전이나 지금이나 학생이면 항상 들어야 하는 훈계였다. '딴소리 하지 말고 공부나 열심히 해라. 공부 못하는 놈들이 꼭 불평하고, 사회에서도 말썽 피운다'며, 교사는 수업에 충실했다. 시간을 아껴 설명했고 판서를 빽빽하게 이어갔다. 그런데 다시 생각해보니, 교사의 그런 열성이 곧 교사의 아름다움이 될 것 같지는 않다. 수업에 충실한 만큼 불의한 권력에 충실한 교사도 있었고, 학생에게 자상한 만큼 억압자에게도 자상한 교사가 있었으니까.

예나 지금이나 학생에게 자상하고 열성적인 교사는 칭송받아 마땅하지만, 그것이 억압의 체제에서도 아름다울 수 있는가는 다른 문제로 여겨졌다. 권력이 주문하는 대로 '한국적 민주주의'를 열변하던 교사처럼, 자본이 지배하는 세상에서 '세상 바꾸려 하지 말라'는 교사야말로 억압자와 다르지 않기 때문이다.

읍내 강당에서 한진중공업 해고 노동자 김진숙의 강연회가 열린 적이 있었다. 뜻을 같이하는 몇몇 동료교사가 학생들과 정기적으로 한국사회를 공부하기 위해 마련한 자리 중 하나였다. 강당을 가득 채운 고등학생들이 처음 듣는 이야기에 열중했다. 노동의 고난과 불의한 자본에 분노하며, 아직 오지 않은 정의와 희망에 대해 생각했다. 사랑에는 얼마나 큰 용기와 고통이 따르는지를 지켜보며 아이들은 숙연해졌다. 강연회 저녁식사 자리에서, 한 학생이 이제야 부모님의 노동을 이해하게 되었다는 말처럼, 이제까지 아이들은 부모님의 세상을 몰랐던 것이다. 교과서가 말하지 않은 세상을 공부하기 위해, 이처럼 우리는 자주 열정적으로 학교 밖으로 나가야 했다. 이 강연회 개최를 학교강당에서 허락받지 못했던 것처럼, 말하자면 세상의 사랑과 진실을 알기 위한 배움은 학교와 불화하곤 했다.

그래서 '세상 바꾸려 하지 마라'는 그들 교사에게 내가 말하고 싶은 것은, 지금이 '세상 바꿀 필요가 없는 시대인지 아닌지'를 구분하기 전에, 가르치고 배운다는 것은 언제나 시대와 불화不和할 수밖에 없다는 것이다. 왜냐하면 가르치고 배운다는 것은, 지금보다 더 나은 세상을 향한 열망이며 아직 오지 않은 세상을 향해 함께 밀고 올라가는 작업이기 때문이다.

교사의 자리가 우리 사회의 희망을 말하는 자리라면, 교사는 언제나 현실과 불화할 수밖에 없다. 교사에게 '이제 이만하면 좋은 세상'이란 없다. 그럼에도 적지 않은 교사들이 잘 먹고 잘 입는 지금, 이만하면 좋은 세상 아니냐고 계속 항변한다. 옛 가난에 비하면 얼마나 배부르고 등 따신 세상이냐며, 이 좋은 세상을 불평하지 마라 한다. 배부른 돼지처럼 살지 마라며 우리를 훈계하던 교사가, 이제는 배부른 돼지처럼 살지 않는다고 훈계하고 있다. 그들 말처럼, 이제는 예전과 비교할 수 없이 풍요한 세상이다. 그런데 나는 이만하면 좋은 세상에서, 왜 수많은 아이들이 학교를 떠나고 왜 날마다 자살하는지, 왜 M처럼 가난한 학생은 학교에서 성공하기가 더 어려워졌는지를 묻는 것뿐이다.

자본의 폭력이 만연한 한국사회에서 교직은 그나마 안정적인 직업이다. 이른 퇴근과 긴 방학과 정년을 보장받으니, 이 신산한 시대에 이만한 직업이 어디 있겠는가. 단지 내 수업에 함께하는 아이들의 절반 이상이 비정규 저임금 노비로 살게 될 것이라는 진실을 말하지 않는다면 말이다. 내게 세상을 질문하는 아이들에게 교과서가 말하는 정의와 희망을 그대로 가르칠 수 있다면, 그것을 내가 먼저 믿고 힘껏 가르칠 수만 있다면 말이다.

성적우수 학생들이 교직으로 몰려든다. 나처럼 대충(!) 공부했던 학생은 이제 교사가 되기 어렵다. 그런데 그들 '성공한 학생들'이 교직을 희망한다 해서, 이 변화를 반길 수만은 없을 것 같다. 숙제조차 하지 않고 너무 일찍 삶에 실패하는 아이들을 이해하지 못하겠다는, 이들 승자의 논리로 무장한 교사의 출현이 위험할 수도 있다는 생각이 들었기 때문이다. 그래서 수십 년 전 '선생질' 하던 곳이 이들 영특한 교사들로 채워진다 해서, 그것만으로 학교의 희망이 될 것 같지는 않다.

그러나 처음에는 대부분 그냥 그렇게 시작한다. 나 역시 무슨 대단한 이유로 교직을 선택하지 않았듯이 '그냥 직장을 구하는 것'이다. 오래 교직에 있었지만 학생들 희망처럼 부자가 되지 못했고, 지금도 학교가 행복하지만은 않다. 억압과 갈등은 여전하고, 여전히 불편하다. 그러나 이제 이보다 더 멋있는 직업을 잘 알지 못한다.

M이 그토록 희망하는 교사의 자리에서 내가 깨달은 것은, 학생들이 나를 키웠다는 것이다. 그들로 말미암아 내가 배운 세상이 너무 많고, 내가 게으르지만 않다면 배움은 지금도 가능하다는 것이다. 그래서 숙제를 해오지 않던 학생을 몰아세우던 젊은 날의 나에게, 이제껏 학교에서 배운 것만으로 게으름 피우지 말라고 말해본다. 배우고 가르치는 자리는 다르지 않다고 말이다.

선거는 끝났지만… 아무 일도 없었다

장면 1: 우리는 민주주의의 무력함을 반복 학습했다

매년 총학생회장 선거가 치러지는 3월 중순, 학교는 아주 짧게 술렁인다. 기발하고 참신한 선거 문구와 포스터, 그리고 통통 튀는 구호가 웃음을 머금게 한다. 무리를 이룬 유세단은 어른들의 모습을 그대로 흉내낸다. 각 학급을 돌며 펼치는 유세는 숨 막히는 학교에서 아주 짧은 축제가 되곤 한다. 평소라면 말하기 불편했던 것들이 공약의 이름으로 이곳저곳에 나붙고, 회색의 학교가 일순간 색감을 갖는다. 물론 금권선거를 허락하지 않기에 후보자가 햄버거를 돌리는 등의 행위는 엄격히 금지한다.

그리고 선거일이 되면 강당에 모인 전교생은 후보자들로부터 출마의 변을 듣고 질서 정연하게 '주권'을 행사한다. 각 교실로 돌아간 아이들은 나름의 셈법으로 결과를 예측하느라 소란스럽고, 결국 당락에 따라 환호하거나 반대로 눈물까지 흘리는 아이도 생긴다. 어찌

됐든 자기가 학교의 대표를 결정하는 데 참여했다는 나름의 정치감각도 익힐 것이다. 학생들과 교사는 이를 민주주의의 학습으로 여긴다. 물론 이 모든 것들에 그냥 무심한 아이도 있지만, 그럼에도 민주주의를 학습한 것으로 여긴다. 이는 진정 아름다운 장면인가?

선거 이후, 아무 일도 일어나지 않았다. 매년 새로운 대표가 결정되었다는 것 외에 그 어떤 변화도 없다. 우리는 도대체 무엇을 한 것일까. 나는 언제부터인가 이 행사가 무척 불편하다. 왜냐하면 학생회장 선거는 민주주의의 무력함을 학습시키는, 가장 나쁜 교육이기 때문이다. 후보 학생이 제시하는, 학교 매점을 만들겠다거나 복장 규정을 개정하겠다는 공약들 대부분이 실현될 수 없다는 것은 모든 학생들이 아는 사실이다. "선거 때 무슨 얘기를 못하나! 그렇지 않은가. 표만 나온다면 뭐든 얘기하는 것 아닌가"라는 정치인들을 너무 자주 봐서인가? 표를 얻기 위해 불가능한 공약을 남발하는 아이가 영악한 것인지 모르겠지만, 그런 변화를 이끌어낼 권한이 학생에게 애초부터 없었다는 것을, 말하는 학생이나 듣는 학생 모두 잘 안다.

자기가 누구에게 투표하든 그것이 학교의 변화를 가져오지 못할 가짜놀음이라는 것을 이미 잘 아는 아이들은 선거의 무의미를 학습하는 것이다. 학교에서 체험한 이 놀이는 '선거는 실생활과 무관하다'는 정치의 무력화를 선행학습한 것이 되어 모든 선거를 혐오하게 만든다. 그런데도 왜 아이는 선거에 출마하고 대다수 아이들도 즐거워하는 것일까? 출마한 아이는 개인이력이 필요했을 뿐이고, 대다수 아이들은 교실수업을 대신하는 며칠간의 선거놀이가 마냥 좋아서일 뿐이다.

더구나 총학생회장으로 나서기 위해서는 이런저런 '배경'이 있어야 한다. 학업성적은 일정 수준 이상이 되어야 하고 언행이 방정方 正한 모범생이어야 하며, 무엇보다도 부모가 '학교 출입을 할 수 있을 정도의 형편'은 되어야 한다. 물론 이런 명시적 규정은 없지만, 학교를 다녀본 사람이라면 이 묵시적 규정이 작동함을 부인하지 못하리라. 누가 뭐라고 하지 않아도 아이들과 학부모들이 이 사실을 먼저 숙지하고 있다. 총학생회장의 부모는 교무실에 당선감사 화환이나 피자를 들이기도 하고 각종 학교행사에 동원되기도 한다. 교사들은 그 아이를 화제 삼아 피자와 화환을 작은 정성으로 받아들인다.

그런 것인가? 이것을 당연한 관례로 받아들일 때, 이미 대부분 아이들은 알고 있다. 성적이 우수하지 않은 학생이나 학교에 걸음할 수 없는 부모를 둔 학생, 또 피자 몇 판을 돌릴 형편마저 안 되는 학생은 결코 그 자리에 나설 수 없다는 것을 잘 안다. 피자 몇 판과 음료수를 뭘 그리 깐깐하게 말하는가 하겠지만, 부모가 그나마도 지원해줄 여유가 없는 아이들이 가질 소외를 교사들이 외면해서는 안 된다. 노골적인 촌지가 아닌 이상, 그 정도의 접대는 기본예의라는 인식이 교무실에 팽배하지만, 이는 '처음부터 뒤로 물러서는 아이들'에 대한 기본예의가 아니다. 간단하다. 왜 아이들의 행사에 부모가 개입하는가다. 만 원 정도의 선물도 뇌물성으로 여기는 독일 학교가 지나치다 할 수 있겠지만, 교사는 왜 그러해야 하는지 한 번쯤 생각해보았으면 한다.

결국 학교는 무엇을 가르친 것인가? 한국사회는 자본과 권력을 가진 소수가 현실정치를 좌지우지하는 과두체제로 접어든 지 오래인데, 이것이 낯설지 않은 것은 학교에서 그것을 이미 선행학습했기 때문인지 모르겠다. 더구나 교사들이 총학생회장이나 학급임원을 선출할 때, 일정 성적 이상이나 모범생으로 자격을 제한하려는 것은 결국 우리 사회의 과두체제를 더욱 강화하는 것과 다르지 않다. 학교는 비뚤어진 한국사회를 그대로 반영하고 있다.

학교의 각종 행사와 선거, 전교생 조회와 시상 등이 철저히 동원된 '그들만의 리그'에 불과한데도 모두를 위한 교육으로 선전되는 것이 불편하다. 민주주의의 실습으로 여겨지도록 배치된 듯한 이런저런 행사가, 내 눈에는 민주주의의 무력함을 학습시키는 가장 나쁜 교육으로 여겨진다.

장면 2: 우리는 내 몸의 억압을 반복 학습했다

많은 여학생들이 수시로 생리통을 호소한다. 학급당 30명 정도이니 산술적으로는 하루 한 명꼴이 된다. 배를 움켜쥐고 통증을 호소하는 아이에게 교사는 보건실에서 쉴 것을 권하거나 통증을 견디고 수업에 참가할 것을 지시한다. 아이의 평소 품행에 따라 강한 어조로 명령하기도 하는데, '모범생'은 대체로 견디는 데 비해 공부하기 싫은 아이들은 견디지 않는다고, 교사 나름의 경험론에 따라 구분하기도 한다. 학교규율을 철저히 내면화한 모범생은 대체로 교사의 지시대로 견디는 쪽을 선택할 것이기에 일견 맞는 구분이다.

그러나 당사자가 아닌 이상 생리통의 강도를 어찌 알겠는가. 확인할 수 없는 것에 대해 우리는 쉽게 선입관에 기댄다. 그래서 책상에 엎드려 시간을 보내게 할지언정 조퇴를 허락하지 않는 경우가 잦다. 대체로 교사는 아이들이 참고 견디는 것이 얼마나 큰 미덕인지를 설명하며 교실에 머물게 한다. 정해진 수업시간을 위해 자기 몸을 통제하라는 것이다. 학교란 단지 교과수업만 이루어지는 곳이 아니라 규범을 학습하는 곳이라는 '교육적 이유'였을 것이다.

그런데 '내 몸'의 주인은 누구인가? 혹은 내 몸의 통증은 누구의 것인가? 나 이외에는 아무도 말할 수 없는 내 몸 통증까지 교사는 '이해'하고 '개입'한다. 학교에서 자기 몸의 최종결정권은 학생 자신에게 없다. 생리통이든 몸살이든 책상 위에서 엎드려 견뎌보라며 오직 교사만이 내 몸의 통증을 관리할 뿐이고, 보건실에서 쉬든 집으로 돌아가든 그 결정은 온전히 나의 것이 아니다.

더구나 생리로 인한 조퇴나 결석을 출석으로 인정해주는 월 1회 '생리공결제도'가 있음에도, 대부분 교사는 시행하지 않았다. 내가 그 제도를 활용했을 때 오히려 주변 교사로부터 학생관리에 보조를 맞추지 않는다는 불만을 듣곤 했다. 특히 남교사보다 여교사가 '규정에 따른' 생리조퇴에 너그럽지 않은 경우를 보며 여러 생각이 든다. "생리는 너만 하지 않잖아! 그 정도는 견뎌야지, 모두 그 일로 수업 못 듣겠다 하면 어떻게 해?'라며 아이를 교실로 돌려보낼 때, 나는 생리하지 않는 남자인 까닭에 그 '남들 다 겪는 통증'에 참견하기 어렵다. 나도 참고 견뎠으니 너도 견딜 수 있다는 여성들이 어떻게 역사의 발자국을 앞으로 내딛을 수 있을까. 대한민국 여성들이 부러워하는 서구의 앞선 여성권이란 것이 참고 견뎌서 그냥 얻어진 것이던가.

지금 우리 여성들이 누리는 대부분의 정치적 권리들은 해방 후 서구에서 일거에 이식받은 것들이다. 그런데 서구여성들은 자기 권리를 쟁취하기 위해 지난한 투쟁을 벌여야만 했다. 부모로부터 상속받은 재산도 남편의 것이 되는 부당함에 맞서, 19세기 후반 재산권을 확보하기까지 그들은 무참히 싸워야 했다. 또 여성 참정권을 쟁취(미국 1920년, 프랑스 1944년, 스위스 1971년)하기 위해 많은 여성들이 남성에 맞서 피를 흘렸지만, 최근에야 여성에게 참정권을 허용한 사우디아라비아에서는 생리가 정치적 판단을 흐린다는 이유로 오랫동안 여성 참정권을 인정하지 않았다. 학생의 생리통을 온전히 자신의 것으로 돌려주지 않는 우리가 그들을 비웃을 수 있을까?

생리공결제를 제도악용이니 남성 역차별이니 하는 논쟁을 무릅쓰고 시행한 이유는 여성권의 확장이라는 시대정신 때문이었다. 그런데 자신들의 권리를 한 발짝 더 앞으로 내디뎌야 할 여교사들이 오히려 이 제도에 너그럽지 않은 것이 씁쓸하다. 어쩌면 억압을 깊이 학습했기에 지금 다시 억압을 교육하는지도 모르겠다. 자신이 받았던 억압을 인내와 도덕으로 여기면서 말이다. 그런데 여교사가 여학생을 이렇게 학습시키는데 여성이 직장에서 생리월차를 당당하게 사용할 날은 언제 올까. 생리통을 참고 견디라는 여교사의 가르침은 누구를 위한 것일까. 결국 교사는 학생에게 자기 몸의 억압을 학습시킨 것과 다르지 않다.

학생 선거와 생리공결제도의 근본취지는 모두 학생을 위한 제도다. 그런데 학생의 이익에 기여하지 못하는 학생 선거는 규정에 맞추어 엄격하게 실시하지만, 학생에게 큰 도움이 되는 생리공결제는 규정에 맞추어 실행하지 않는다. 두 경우 모두 학생통제만을 목적으로 하려는 교사의 의식적·무의식적 의도가 작동했기 때문이다. 전적으로 교사의 자의적 판단에 따라서 말이다. 그래서 아무리 좋은 제도를 갖추었다 하더라도 그 취지를 살리지 못하면 이는 하지 않음만 못하고, 오히려 기만과 억압의 학습으로 이어질 수 있다.

세상일을 마음으로만 변화시킬 수는 없다. 반드시 제도와 규정을 만들거나 바꾸는 수고를 해야 하지만, 그 제도라는 것도 사람의 발심發心에서 시작되는 것이다. 그리고 아무리 좋은 제도가 마련되어도 의식이 따르지 않으면 무용하다. 결국 의식이 변하지 않는 한, 어느 것 하나 한 발짝도 앞으로 나갈 수 없다. 이는 학교 안에서나 밖에서나 어디에서나 마찬가지다.

교사와 학부모는 왜 맨 얼굴로 만나지 못할까

1. "당신 돈 얼마 받았어?"

교무실 문을 쾅 열고 들어온 학부형이 내게 다짜고짜 고함쳤다. "당신! 돈 얼마 받았어?" 학생의 성적이 낮아 원하는 상급학교에 진학하지 못하자 아버지가 찾아와 행패를 부렸다. 학생은 물론 학생의 어머니와 충분히 협의한 선택이었지만, 아버지는 막무가내였다. 어찌 이뿐이겠는가. 언론에 오르내리는 학교 사건들이 결코 특별한 경우가 아니다. 교사들이 당하는 교권과 인권침해는 일상이 되었다. 그렇다고 여교사를 성희롱하는 학생, 교사에게 폭언과 위협을 마다하지 않는 학부모를 교사가 사건화하기란 쉽지 않다. 학생이나 학부모를 고발하는 교사란 그 자체로 실패한 교육자임을 자인하는 꼴이고, 부도덕한 선생으로 지탄받을 수 있기 때문이다.

그래서 학생인권만큼이나 교권의 제도적 보호도 필요하다. 분쟁을 조정할 제도적 기구를 만들거나, 학생과 학부모가 학교운영에 실질적으로 참여할 수 있도록 '학생·학부모회 법제화'도 필요하다. 지금의 학부모회처럼 수동적이고 일방적인 형태가 아니라, 서구의 그것처럼 실질적인 참여를 보장해서 학생과 학부모도 학교운영의 주체라는 인식의 전환이 필요하다.

이런 제도적 보완이 반드시 필요하지만, 이것으로 교육현장의 갈등을 모두 해결하지는 못할 것이다. 학부모와 교사의 상호신뢰가 없다면 어떤 제도든 빛을 발하기 어렵고, 새로운 제도조차 또 다른 힘겨루기의 장이 될 수 있다. 신뢰가 없는 학교는 교육을 말할 수 없다. 그런데 오늘날 학교는 학부모와 교사 사이에 고소, 위협, 폭력 같은 심각한 사건 못지않게 소소한 일상의 불신에 더 병들어 가고 있다. 일상으로 주고받은 상처로, 학교는 교육에서 멀어지고 있다. 광범위하게 상시적으로 가랑비에 몸이 흠뻑 젖어버리듯……

2. 그 학부모는 왜 교육청에 먼저 말했을까?

몇 년 전의 아주 씁쓸한 경험을 잊을 수 없다. 타지에서 전학 온 L 학생의 어머니가 학년 초 상담을 요청했다. 아이의 성적은 최상위권이었지만 언행은 많이 위축되어 있었다. 예전 학교에서 교우관계가 매끄럽지 못했다며 어머니는 많은 이야기를 했다. 어머니는 아이에 대한 염려를 안은 채 몇 번 더 방문했고, 나도 아이와 적지 않은 대화를 나누었다. 그런데 한 학기가 끝나갈 무렵 나는 교육청으로부터 뜻밖의 요청을 받았다. 바로 그 L 아이의 수행평가 채점 경과에 대해 보고서를 제출하라는 것이었다. 나는 민원 내용에 대한 접근이 허용되지 않았기에 구체적인 불만은 알 수 없었지만, 아이의 논술점수가 낮다며 교사의 공정성을 문제 삼았으리라 추측했다.

그 아이의 답지는 좀 별다른 면이 있었다. 나는 학생에 대한 선입견을 배제하기 위해 시험지를 무작위로 섞은 후, 이름이 적힌 맨 위 단을 접은 상태에서 채점을 했다. 채점 후 점수를 확인해보니 1, 2등을 다투는 그 아이의 논술점수는 최하위였다. 의아해서 그 아이의 답지를 다시 읽었지만 마찬가지였다. 아이는 문제를 이해하지도, 자신의 논지를 제시하지도 못했고, 문장도 특이했다. 마치 마른 나뭇조각을 이리저리 주워 모은 듯 의미는 서로 어긋났는데, 입체감이 느껴지지 않는 아이의 평소 표정과 묘하게 닮은 데가 있다는 느낌을 받았다. 그 아이를 한 단계라도 더 올려주면 다른 학생이 내려와야 하는 상대평가였기에 절대로 그럴 수 없었고, 학생들에게 점수를 확인시킬 때 각자 그 점수를 받은 이유를 설명해주었다.

나는 논술 수행평가의 목적과 방법 그리고 채점 이유와 함께, 이해 관계자들이 모두 입회한 가운데 채점의 근거를 제시할 용의가 있다고 답변했다. 답변서 제출 후 다른 이의가 없었기에 상황은 일단 마무리된 것 같았지만, 교사의 공정성을 의심하는 그 민원에 불쾌했다. 아이에게 쏟은 정성을 생각하니 배신감마저 느껴졌다. 하루 이틀이 지나 마음이 진정되자 궁금해졌다. 그토록 많이 대면했던 어머니가 왜 편하게 내게 먼저 물어오지 않았을까? 설명하면 충분히 이해할 것이라는 믿음은 나만의 착각이었을까? 그 많던 감사의 말 뒤로 어떻게 이런 식으로 교사를 대할 수 있는지, 학부모와 대화해도 무슨 소용이 있나 싶어 무력해지기까지 했다.

그리고 나를 슬프게 한 것은, 내 마음속에서 아이와 부모에 대한 서운하고 불편한 감정을 속일 수 없었다는 것이다. 그러지 않았다면 그건 거짓말이다. 그래서 예전과는 확연히 달라진 이 불편을 안고 어떻게 아이를 대해야 할지 난감했다. 어쩌면 이 사태는 내성적이고 유약한 아이의 문제라기보다는 어머니의 문제라는 생각이 들었기에, 아이에게는 물론 어머니에게 한마디도 묻지 않았다. 그러나 그 아이를 대할 때마다 평상심을 잃지 않기 위해 마음을 다잡아야 했다.

그런데 한 일주일쯤 후 아이가 전학을 요청했다. 아버지의 직장 이전에 따른 전출이었다. 그때서야 아, 어쩌면 그 민원은 전출을 예정했기에 '해볼 만한 것'이었는지도 모른다는 생각이 들었다. 아이가 전출 가는 날, 어머니와 아이를 현관 앞에서 배웅해주었다. 여전히 활기 없는 아이에게 측은한 마음이 일어, 아이의 어깨를 다독이며 어디에 가든 열심히 하고 좋은 친구 많이 사귀라는 덕담을 건네며 두 사람을 배웅했다. 그런데 아이와 함께 등을 보이며 교문을 향해 가던 어머니가 갑자기 혼자 돌아서서 내게로 왔다. 그러고는 "이렇게 되어서 무척 죄송하다"는 알 듯 모를 듯한 말과 함께, 내게 다시 인사를 건넸다. 우리는 그 사태에 대해 어떤 대화도 나누지 않았지만 서로 불신하고 경계했으며, 또 서로 아쉬운 마음을 남겼던 것 같다.

3. 내 아이의 일로 학교에 전화했다가

나는 학부모 입장에서 딸아이 학교에 전화를 한 적이 두 번 있다. 그러나 마음 같아서는 열 번은 족히 전화기를 잡았을 것이다. 대부분의 수업을 동영상으로 대체하는 교사, 또 학원에서 선수 학습한 것을 전제로 일 년 내내 무성의한 수업을 진행하는 교사로 아이가 힘들어했지만, 결국 전화하지 않았다. 선생님 나름의 수업방식과 이유가 있을 것이라는 '동업자 의식'에서 그 뜻을 존중하기로 했다.

그러나 어느 날, 졸업앨범 사진촬영 기사가 학교에서 학생들의 개인 사진을 찍으며 "너는 너무 뚱뚱하다", "너는 왜 그리 생겼냐?"는 등 온갖 인신공격성 폭언으로 여러 아이들을 울렸다는 말을 듣게 되었다. 많은 아이들의 원성을 확인했지만, 아무도 선뜻 시정을 요청하지 않는 것 같기에 내가 전화를 했다. 그런데 이 민원은 졸업을 앞둔 때에, 교사가 아닌 사진기사에 대한 것이었기에 '해볼 만한 것'이었으리라. 물론 나는 정중히 사정을 알렸고 전화를 받은 선생님도 잘 응대해주며 바로 시정 조치하겠다는 답변을 받았다.

그런데 교사는 굳이 내 아이의 이름과 연락처를 요구했다. 나 역시 이 요구를 예상한 바였기에 준비한 답변을 했다. '중요한 것은 사실의 확인이며, 이 문제의 시정 여부는 내 아이가 누구인지 알고 모르고와는 아무 상관없는 것이다. 학부모가 이런 일로 학교에 전화한다는 것이 얼마나 큰 용기가 필요한 것인지 양해해 달라'며 정중히 거절했다. 그러나 교사는 민원인의 신분이 정확해야 시정이 가능하다며 내 신상을 당당하게 밝히라고 집요하게 요구했다. 나는 그 말을 믿지 않았지만 번거로움을 피하기 위해 아이 이름은 밝히지 않고 내 전화번호를 남기는 것으로 타협했다. 이 경험은 나의 두 번째 전화에 비한다면 무척 '우아한' 것이었다.

그 후 아이는 중학생이 되었고, 수많은 교과 선생님과 만나야 했다. 그중 상식적으로 이해되지 않는 일(내용은 밝히지 않겠다. 지금 딸아이의 학교 선생님들을 의식한 자기검열이다!)로 몇 번을 망설이다가 전화를 했다. 그리고 '우악한' 경험을 하게 됐다. 물론 나는 정중하게 먼저 상황을 묻고 의견을 듣고 싶었지만, 교사는 자기 말만 반복했다. 학부모의 입장을 듣기는커녕 속사포 같은 말을 내게 쏟아부었다. 나는 교육을 모르는 무지한 학부모가 되었고, 학교방침에 따르지 않는 무례한 불청객 취급을 받았으며, 신분을 밝히지 않는 비겁한 양심으로 매도당하고 있었다. 나는 말할 기회조차 얻지 못한 채, 꾸중 듣는 아이처럼 5분, 10분, 20분, 그의 지도를 받으면서 모욕당한다고 느꼈다.

내 인내심이 약했던 탓일까. 전화기를 잡은 손이 부들부들 떨릴 지경에 이르자, 급기야 나도 언성을 높였다. '선생님과는 대화가 되지 않으니 학교장에게 문의해야 하는지, 아니면 교육청에 문의해야 하는지'를 항변하고서야 겨우 내 입장을 표명할 기회를 잡았다. 그러자 조금 후, 교사는 오해하지 말라는 말과 함께 학부모의 건의를 논의해 시정하는 방향으로 공지하겠다며 꼬리를 내렸다. 모르겠다. 그가 나와 타협하고 싶었던 것이 내 문제제기를 수긍해서인지, 아니면 학교장과 교육청에 대한 부담 때문이었는지.

그와 통화에서 내가 놀랐고 서글펐던 것은, 처음 그가 보였던 태도에 비해 너무나 유연한 입장변화 때문이었다. 학부모에게는 그토록 강고하던 자기의 교육관을 학교장과 교육청에 이해시킬 자신감은 없었던 것일까? 아니, 학교장과 교육청에는 당당하지 못할 것들을 왜 학부모에게는 그토록 당당하게 주장하고 냉소까지 할 수 있었는지 놀라웠다. 그래서 교사의 철옹성에 부딪힌 학부모들에게 학교장과 교육청은 이처럼 훌륭한 구원투수가 되는 모양이다. 더구나 학교장과 교육청의 관료적이고 비교육적인 행태를 누구보다 잘 아는 교사인 내가, 학부모로서는 기댈 곳이 그곳밖에 없었다는 것이 서글펐다.

학부모 입장에서 학교란 이토록 몸 사려야 하는 곳이다. 내 아이의 모든 것을 좌지우지할 것 같은 학교에, 이 땅의 학부모는 아이를 볼모로 잡혀둔 처지와 다르지 않다. 교사인 나도 딸아이의 학교에 맨얼굴로 나서지 못하는데, 이 땅 대부분의 학부모는 어떤 마음일까. 아니, 교사인 내가 교무실에서 봐온 것이 있기 때문에 내 아이의 학교에 더 몸을 사리는지도 모른다. 학부모의 요청을 간섭과 무지로 해석하고 냉소로 대응하는 교사를 적잖이 봐왔기 때문에 말이다. 학부모의 '무지와 무례와 비겁'이 어떻게 아이에게 묻어나는지를 봐왔고, 나도 거기에서 결코 자유롭지 못했기에 말이다.

4. 호가호위

그래서 우리는 여우가 호랑이의 힘을 빌려 위세를 떨친 것처럼, 서로 호가호위狐假虎威한 것이다. 나의 수행평가를 문제 삼은 학부모가 교육청의 힘을 빌린 것처럼, 나도 교육청의 힘을 빌려 딸아이의 교사에게 대적한 것이다. 그런데 우리가 등에 업은 그 호랑이는 진정 아이들의 고통을 해결해줄 수 있을까? 오직 권력행사만을 목적으로 하며 이 땅의 교육을 폐허로 만든 교육청과 학교장이 학교의 진짜 고통을 해결해줄 수 있을까? 무엇 때문에 교사와 학부모는 우리를 잡아먹는 호랑이를 자기 등에 업을 수밖에 없었을까?

누구의 입장이 옳은지는 잠깐 뒤로 물려놓자. 언제나 학부모가 옳을 수도 없고, 언제나 교사가 옳을 수도 없다. 중요한 것은 교사와 학부모는 왜 맨 얼굴로 대면하지 못하는가를 묻는 것이다. 여러 이유가 있겠지만, 나는 딱 한 가지만을 말하고 싶다. 이 불신의 틈은 교사가 먼저 메워야 한다는 것이다. 이는 학부모가 항상 옳아서가 아니라, 교사가 학부모에 대해 권력의 위치에 있다는 단 하나의 이유만으로 그러하다.

모든 권력은 본질상 비대칭적일 수밖에 없고, 그런 비대칭성이 해체되어 권한과 책임을 아래로 분산하는 것이 민주주의라고 생각해왔다. 나는 이것을 사랑의 확장이라고도 말하고 싶다. 그래서 어떤 사태에 대한 책임은 그 사태에 힘을 행사한 비대칭적인 정도에 따라 다르게 물어야 하지 않겠는가. 힘이 센 쪽에, 먼저, 더 많은 비판을 가하는 것이 옳다고 생각해왔다. 이 땅의 교육에 대해 내가 학교장과 교육청을 그토록 비판하는 것이 교사가 옳아서가 아니라 그들에게 더 큰 책임이 있기 때문인 것처럼.

마찬가지로 학부모와 교사 관계에서 권력의 위치에 서 있는 사람은 누가 뭐라 해도 교사다. 교사의 한마디 말과 행동이 학부모에게는 숱한 해석과 불안을 피어오르게 하는 것처럼 말이다. 다툼의 옳고 그름을 떠나, 이것이 교사가 더 많은 책임을 져야 하고 더 많은 노력을 해야 하는 이유다. 이 피폐한 교육에 대한 책임은 학부모보다는 교사에게 더 있기 때문에 교사가 먼저 자리를 마련해야 하는 것이다. 학교장과 교육청에 대적하는 것이 아이들에 대한 내 방식의 사랑이 되기 위해서는, 학부모를 향한 나의 교사권력도 해체되어야 한다고 생각했다. 이는 내가 아이들에게 가르치고 싶은 것이 민주주의와 더불어 사는 세상이라는 것을 알았을 때 문득 깨닫게 된 것이기도 하다.

그런데 학교장과 교육청의 권력행태를 비판하는 우리 교사들이 학부모에게 고스란히 그것을 재현하고 있었다. 학교장과 교육청이 교사에게 지시 명령하고 순종할 것을 요구하는 바로 그 방식대로, 교사도 학부모에게 그렇게 하고 있었다. 우리는 욕하면서 배운 것일까. 또 그러면 교권을 침해하는 학부모는 무엇이냐는 반문도 하겠지만, 지시와 명령으로 보호되는 교권이란 어떤 모습일까. 우리가 진짜 물어야 할 것은 더 나은 배움을 위해 학부모와 교사가 어떻게 하면 맨얼굴로 만날 수 있는가다.

살펴보면 곳곳에 반듯한 학부모와 반듯한 교사가 더 많다. 이들은 계속 서로 반듯할 것이다. 그래서 이들 교사와 학부모가 함께 대적해야 할 상대는 서로를 불신하게 하는 이 폭력적인 교육시스템이어야 하고, 이 교육제도를 발판으로 권력을 확장하는 자들이어야 하지 않겠는가.

학생이란 일 년간 내게 찾아온 손님이다. 학부모도 당연히 그러하다. 학부모가 손님의 마음으로 학교를 방문하는 것처럼 교사도 학부모를 손님으로 맞이하면, 이렇게 서로의 집을 방문하는 마음이면 그것으로 교육은 이미 시작된 것이다. 무례와 불신으로 이루어지는 교육이란 애초에 있을 수 없기 때문이다. 이것이 상식이다.

지금 이곳의 세월호를 말하라

"이게 뭐야? 이렇게밖에 못해?" 날카로운 소리가 교무실을 갈랐다. 교사의 고함에 학급 반장 학생은 고개를 푹 숙이고 있었다. "이렇게 지저분하게 할 거야? 다시 해와!" 계속되는 담임교사의 질책 때문에, 종이를 만지작거리던 반장은 교실로 올라갔다.

한 시간 뒤 옆 반에 수업이 있어, 조금 전 교무실을 시끄럽게 했던 그 반의 상황을 학생들에게 물어보자 봇물 같은 질문이 쏟아졌다. "선생님, 서명은 다 해야 하는 거예요?" "하기 싫다는데 왜 하라고 해요?" 일인즉, 담임교사들이 각 학급에 서명지를 돌려 학생들의 서명을 받고 있었다. 교사는 그 서명의 의미를 말했다 하고, 학생은 담임교사가 자세한 설명도 없이 일괄 서명하라고 했다 한다. 언제나처럼 교사와 학생은 서로 다른 말을 했다.

한자로만 된 서명지에 의미도 모른 채 자기 이름을 적어 가다가, 한자를 잘 아는 학생이 서명의 취지를 알게 되었다. 초등학교 교과서 한자병기를 찬성한다는 서명이었고, 다수 학생들이 '이건 아니다'라며 서명을 멈추었다. 이미 서명한 학생들 중 상당수가 수정테이프로 자기 이름을 지웠다. 서명지는 얼룩덜룩해져버렸다. 담임교사는 자기지시를 깔끔하게 처리하지 못했다고 학생을 책망하며 다시 하라 했던 것이다. 이에 학생들이 다시 깔끔하게 서명 제출했는데, 서명하기 싫었지만 서명한 것에 화가 났던 것이다.

학생들의 질문에 내가 답했다. "서명은 어떤 경우든 본인의 뜻에 따라 하는 겁니다. 교사라 하더라도 여러분의 서명을 강제할 수 없어요. 자기 판단과 책임하에 하세요." 그리고 물었다. 하기 싫었다면서 왜 했느냐는 물음에, 학생들은 "선생님이 하라고 해서요!"라고 했다. 이미 예감한 답, 선생님이 하라고 해서 했단다. 선생님이 하라고 해서……

나는 잠깐의 침묵을 두고 말했다. '여러분 모두 저번 세월호 침몰 사건을 안타까워했다. 가만히 있으라는 선장의 말에 함께 분노했고 그 결과를 안타까워했다. 그런데 지금은 바로 여러분이 그 세월호의 학생들과 다르지 않다. 시키는 대로만 했다는 점에서 그렇다. 우리는 먼 곳의 비극을 안타까워하지만, 사실 그 배는 어디에나 있다. 여러분은 눈앞의 세월호를 볼 수 있어야 한다'고 또박또박 말했고 학생들은 깊게 침묵했다. 고작 그 서명이 세월호에 빗댈 만한 일인가 하는 불만이었는지도 모른다.

세월호 사건에서 '가만히 있어라' 했다는 선장의 말을 접했을 때, '그랬구나! 그곳에서도 그랬구나'라며 나는 숨이 막혔다. 그리고 곧 궁금해졌다. 교사가 가만히 있으라 한다 해서 학생들이 항상 가만히 있는 것만도 아닌데, 그들은 왜 가만히 있었을까······. 내가 경험한 수학여행에서 학생들은 집합이나 취침 시간은 지키지도 않고, 야밤에 술과 담배와 숙소이탈로 교사를 초긴장시키는데, 왜 그들은 그때 마냥 따르기만 했을까······. 학교에서 순종을 익혔다지만, 그래도 배가 기울어 몸을 가눌 수 없고 곧 물이 차오를 생사의 순간에, '평소와 달리' 왜 그리 온순했을까 하는 의구심이 한동안 내가 풀어야 할 숙제가 되었다.

아마도 수학여행에서 교사의 지시를 어기는 것은, 그 정도로는 삶이 어찌되지 않는다는 자기 믿음이 있기 때문일 테다. 그에 비해 배가 기운 상황에서는, 자기 믿음보다는 어른들에 대한 믿음이 우선했기 때문일 테다. 어른은 자기보다 더 많이 알고 더 잘 판단하고 그래서 세상에 대한 책임감이 있으리라는 믿음에, 자기 삶을 그들에게 의탁했을 테다. 그런데 그 믿음은 배신당했고, 아이들은 가라앉았다. 우리가 고통스러운 이유 중 하나가, 세상에 대한 믿음이 이토록 쉽게 배반당하는 현실 때문이다.

돈에 눈먼 채 침몰한 여객선 '사고'가 무능하고 무책임한 국가적 '사건'으로 변하면서, 주변에는 각자도생의 생존법이 떠돌았다. 수영을 배워야 한다느니, 자기 눈으로 확인하고 그 누구도 믿지 말라느니 하며 곳곳에서 불신의 훈육이 강조되었다. 이에 가깝게 지내는 선생님이 통탄했다. '선생도 아무도 믿지 말라는 가르침이야말로 교육의 종말이다. 그렇게 말하는 부모 자신도 불신의 대상이 되는 모순에서, 이제 어떻게 교육이 가능하겠는가!' 라며 불신을 가르치는 사회에 깊은 우려를 표했다. 그는 세월호에서 숨진 교사의 희생과 신뢰를 말하지 않는다면 교육은 붕괴할 거라 했다.

참으로 묵직한 지적이었지만 나는 동의하지 못했다. 그가 말하는 교육이, 세월호 전부터 내가 품었던, 가르치고 배운다는 것에 대한 고민에 답이 되지 못했기 때문이다. 교사로 오래 있을수록 커지는 물음. 가르치고 배운다는 것은 도대체 무엇일까, 우리의 가르침이 옳다는 확신은 어떻게 생길까 하는 물음이 다시 떠올랐다.

교사인 내가, 내 가르침의 옳고 그름을 경계 지을 수 있을까? 불가능할 테다. 적어도 내가 스스로 사악한 교사가 되기로 작정하지 않은 다음에야, 어떻게 나 스스로 옳지 않다는 것을 '알면서도' 가르치겠는가. 그래서 이 세상 모든 교사와 부모는 자기가 옳다고 여기는 것만을 가르치는 셈이다. 학생 앞에 선 교사인 '나'도 그러하고, 세월호를 조롱하는 '당신' 역시 그러하다. 우리는 모두 자기 믿음 위에서 항해할 뿐이다.

이것이 이제껏 내가 봐온 세상이다. 학교장은 항상 자기의 교육적 소신으로 교사들의 입을 틀어막았다. 그 가운데 내가 의견을 말했다(나는 결코 소리치지 않았다. 그냥 조용히 말했을 뿐이다)고, 일요일 새벽 술에 취한 교장이 지금 한 잔 하자며 내게 전화했다. 이른 이 시간에는 곤란하니 다음에 제가 한 잔 받겠다는 말에, 교장은 '지금 바로 한 잔 하자는데 너는 왜 고분고분하지 않느냐 며 소리치기 시작했다. 평소에도 교장이 하자는 대로 하지 않는 너는 피도 없는 놈이라고, 너 같은 교사는 학생들에게 교육적이지 않다고 소리치더니, 급기야 내게 욕설을 퍼붓기 시작했다. 그럴 수 있다. 그에게 나는 이제껏 자신이 봐온 교육자가 아니었으리라. 시키는 대로만 하지 않는 나를 보고, 그는 진심으로 학생의 교육을 걱정했을 게다. 그래서 그 새벽 취중에도 학생의 교육이 걱정되어 내게 전화했을 테고, 그가 내게 하는 훈시는 진심이었을 게다, 자기 믿음 위에서.

서명지는 깨끗해야 하고 교사가 시키는 대로 하는 것이 학생의 자세라고, 그 담임교사도 자기 믿음으로 훈시했을 테다. 외부 단체가 협조 요청한 서명조차 무조건 따르는 충직함, 무엇이든 시키는 대로 해온 자기의 믿음대로 말이다. 내가 학교 현장에서 숱하게 봐온 장면에 비추어 말하면, 교사가 학생을 분류하는 기준은 오직 한 가지, 충직함이다. 자기 말을 따르면 모범생이고, 따르지 않으면 문제 학생이 되는 간단한 구분법이다. 이 가운데 자기 가르침이 옳은가 고민하는 교사는 내가 경험한 바로는 소수다. 교사는 자기 믿음을 의심하지 않는다. 매일매일 학생들에게 지시하고 판결하는 교사의 전능은 여러분이 상상하는 것보다 두껍고 무한하다.

그렇게 모두 자기 믿음 위에서 항해하듯, 나 역시 내 믿음에 따라 항해한다. 예를 들면 이런 거다. 학교가 가르치는 것이 누구를 위한 것인지 생각해보자고 한다. 모두 열심히 학교에 다니지만 왜 모두 행복해지지 않는지 생각해보고, 우리의 고통은 우리의 게으름 때문인지 살펴보자고 한다. 그리고 지금 내 앞의 학생들 대부분 노동자로 살아가게 되리라는 내 믿음에 따라, 그들에게 노동의 가치와 노동자의 권리를 알아두자고 한다. 자기가 노동자인지조차 모르도록 학교가 어떻게 비틀어왔는지 속지 말자고 한다. 이 모든 것이 내 믿음에 기초한다. 다른 교사가 마뜩찮아 해도 내 믿음을 의심하지 않고 학생들에게 말한다.

공부를 못한다고 자기를 멸시해서는 안 된다고, 사회에서 어떤 일을 하게 되든 자기 몫을 주장하고 곳곳의 사람들과 함께하라고, 지금 내가 여러분에게 행하는 이 수업이 바로 연대의 사례라고, 내 믿음으로 말한다. 학생들은 졸지 않고 반짝이며 듣는다. 학교에서 한 번도 들어보지 못했던 언어들에 세상의 속살을 안 것처럼 살짝 흥분하기도 하며, 부푼 표정으로 내게 웃는다.

그리고 항상 질문하라고 요청한다. '선생님이 옳아요' 라며 나를 무조건 따르지 말고, 교사인 내게도 질문하고 반론하고 비판하라고 주문한다. 이는 학생들에게 제시하는 내 믿음을 의심해서가 아니다. 지금 눈앞에 있는 권력(교사)의 언어에 환호한 학생은 다른 시간 다른 장소에서 다른 권력에도 쉽게 환호하기 때문이다. 한국사회 곳곳에 포진한 자본과 권력의 언어에 대항해 자기 이익을 배반하지 않고 스스로 판단할 수 있으려면, 타인의 언어에 쉽게 휘둘려서는 안 되기 때문이다.

내가 바라는 것은 환호가 아니라 비판이다. 누구에게 의지하지 않고 스스로 판단할 수 있는 자가동력 엔진을 만드는 것, 이것이 진짜 공부라고 학생들에게 말해왔다. 스스로 생각, 비판, 판단할 능력이 없다면 이야말로 노예니까! 나를 맹신하는 학생이란 나의 노예가되어, 진짜 내 가르침을 배반할 가능성도 크니까. 그래서 지금 교실의 눈앞에 있는 권력인 나(권력)도 비판의 대상으로 보라고, 그것까지 내 가르침으로 삼겠다고 말한다.

그래서 끝내 나를 대적하고 핍박한다면? 그럴 수 있다. 어찌 내가 원하는 대로만 되겠는가. 나의 언어에 물든 학생이 내 믿음의 배에 승선하기만을 고집한다면, 가르침과 배움의 열린 자세를 부정하는 것이리라. 나와 언어를 나눈 학생이 내게 대적할 수도 있지만, 이를 두려워할 이유는 없다. 그것조차 열린 교육이 성공했다는 반증으로 삼고 싶으니까 말이다.

이런 나의 호기가 마뜩찮아 받는 선홍빛 질문. '당신은 타인의 언어에 휘둘리지 않는 비판 정신을 줄곧 말하지만, 당신 역시 학생에게 당신의 언어를 휘두르는 모순을 범하는 것 아니냐. 또 타인의 언어에 휘둘리지 않아야 한다는 당신의 생각도 세상 언어로부터 배운 것 아니냐. 이렇든 저렇든 당신은 모순이고, 당신의 말대로라면 교육의 방향조차 사라지는 것 아니냐.'

맞다. 나의 생각과 나의 언어 역시 누군가로부터 감염되어, 내 믿음 역시 순수하지 않다. 지금 내가 사용하는 모든 언어는 세상 언어의 흔적의 흔적이고, 모두 베끼고 베껴지는 사본일 뿐이라고 프랑스의 철학자 자크 데리다처럼 말해보자. 그러니까 순수와 기원, 절대와 중심은 처음부터 없었다고 말이다. 그렇기에 교사의 가르침은 절대적이지도 독점적이지도 않다고, 지금 내가 말하는 것이다.

마찬가지로 내 앞의 권력인 당신도 절대와 중심은 아니라고 말하는 것이다. 누가 내 삶을 대신하지 못하듯이 당신이 내 삶을 구조하지는 못한다고, 교사든 학생이든 모두 자기 믿음으로 항해할 수밖에 없다고 말이다. 그래서 가르치고 배우는 일이란 서로의 언어가 만나 충돌하고 스며들어 단련되는 과정이라고, 의심과 질문으로 중심과 절대에 대적하며 자기 언어를 구축하는 과정, 오직 이것이 부표가되어 나의 항해를 도울 뿐이라고 말해본다. 세상의 숱한 언어들, 의견과 주장과 비판 사이를 항해하기 위해서는 오직 나의 언어를 단련할 수밖에 없다고 말이다. 결국은 '나의 믿음'으로 항해할 수밖에 없다고.

또 학생이 교사의 가르침에 충직하지 않는다면 결국 교육은 방향을 잃을 것이라는 충고에 옹색하지만 이렇게 답하겠다. 내가 학생들을 부풀게 했듯 학생들도 나를 부풀게 했다고. 우리는 교실에서 서로 베끼고 서로 감염되면서 즐거움을 느꼈다고. 교사는 가르치고 학생은 배운다는 '교육의 순수'를 비웃으면서도 우리는 유쾌했다고. 교사가 학생이 되고 학생이 교사가 되는 '자리바꿈', 이것이 내가 경험한 교육의 경이로움이라고.

술 취한 학교장이 내게 소리치자 나도 소리쳤다. "말 함부로 하지 마시라! 어떻게 이런 행패를 부리느냐!"는 맞고함에 전화기 너머 그는 입을 다물지 못하는 듯했다. 지금 그는 내가 복종의 의무를 바쳐야 할 학교장일까? 가만있지 않는다고 소리치는 그는 술주정뱅이에 불과한데, 내가 술주정뱅이에게 충직할 필요는 없지 않는가! 한바탕 소동이 끝나고, 다음 날 학교에서 그가 먼저 나를 교장실로 불렀다. 술에 취한 실수였다며 사과를 받아 달라 했다. 나는 흔쾌히 받아들였다.

그리고 이번엔 내가 훈시했다. '사과는 받아들이지만 기억은 하겠다. 당신은 줄곧 술을 핑계대지만, 교사를 함부로 대하는 당신의 평소 태도가 문제다. 다시는 이런 일이 없도록 경계하라' 며 훈시했고 그는 무안하게 듣고 있었다. 학교장도 교사에게 배워야 할 때가 있는 법이다. 처음부터 절대와 중심은 없었기에, '자리바꿈' 은 언제 어디서든 가능하니까. 이것이 교육의 기본이라고 믿기에 말이다.

여름이 되자 세월호 피해자는 한국경제의 가해자가 되어 있었다. 세월호는 선정煽情으로 변질되다가 예상했던 것보다 훨씬 더 흉측하게 세상을 쪼개버렸다. 이제 분노를 드러내는 것조차 정치적 선동으로 읽혔다. 교무실에서도 자식 키우는 부모가 자식 잃은 부모에게 차마 할 수 없는 흉흉한 말들이 버젓이 떠돌았다. 그만큼 돈 받으면 충분하지 않느냐며 또다시 돈이 앞섰다. 가만있으라는 선장의 말에 분노했던 교사는 이제 피해자 가족이 가만있지 않는다며 분노했다. 시키는 대로 하지 않는다며 학생에게 여전히 소리쳤고, 고분고분하지 않다며 문제 학생을 만들어내고 있었다. 학생들은 여기저기 생선 내장처럼 피 흘렸고, 여전히 거기 세월호가 있었다.

우리 모두의 책임이라는 것은 사태를 비껴가는 것이다. 결국 아무도 책임지지 않게 되고 변하는 것도 없다. 자본의 탐욕과 무능한 국가라고 뭉툭하게 정리할 수는 있겠지만, 선장과 선주와 해경과 관료와 언론과 대통령이 사태를 키우고 비튼 몫을 구체적으로 적시해야 한다. 그것이 책임이고 그래야 변한다. 모든 사태는 구체적이다.

그리고 세월호 사태에서 책임과 양심을 말하고 싶은 교사는 구체적으로 지금 이곳의 세월호를 말해야 한다. 언제나 가만있으라 말하는 학교, 여기에 세월호 선장이 있다고 학생에게 소리쳐야 한다. 시키는 대로만 하라는 교사가, 왜 내 말에 고분고분하지 않느냐는 학교장이 우리를 침몰시키는 것이라고, 자리바꿈을 참지 못하는 교사 혹시 당신이 바로 그 선장일 수 있다고, 지금 내 앞의 세월호를 지적해야 한다. 세계를 항상 질문하며 자기 언어를 찾으라고 지금 눈앞의 학생들에게 가르쳐야 한다. 그 질문이 나를 향하게 되더라도 두려워해서는 안 된다. 우리가 진짜 두려워해야 할 것은, 질문을 잃어버리고 노예가 되어 사라지는 것이니까.

한자교육 서명 한 달쯤 후에 또 다른 서명지가 돌았다. '원자력해체연구센터'를 유치하자는 서명을 한 학급이 단체로 거부했다. 자세한 내용도 모른 채 서명할 수 없다며 대부분 학생이 담임교사의 지시를 거부했단다. 그렇지! 우리는 서로 감염되고 있었지! 감염되고 감염되고 감염된 언어들이 또 하나의 세상text을 만들 것이라는 믿음에, 나는 가만히 웃었다.

텅 빈 서명지를 받아든 담임교사는 '아무것도 아닌 서명을 정말

별나게 거부한다'며 학생들 앞에서 서명지를 **쫙쫙** 찢어버렸단다. 이 무지와 폭력이라니! 그런데 아무것도 아니라면서 왜 그리 화를 낼까? 설렁탕 기름덩이에만 분개하던 시인처럼, 옹졸하고 비겁하게 진짜 아무것도 아닌 것에 분개하는, 그건 아니지……. 그래, 아무것도 아니었지. 당신은 아무것도 아니었어, 당신은…….

질문 없는 사회,
우리 학교의 확장판

이 세상에 질문하는 몇 가지 방법

1. 이것은 누구의 언어인가?

"배려가 있는 주장은 아름답습니다." 정부정책에 반대하는 사람들이 전경들에게 꽃을 내밀고 삼보일배하는 장면과 함께, 이 문구가 화면을 가득 채운다. 그런데 공익광고를 표방하는 이 텔레비전 광고가 나는 무척 불편하다. 자기주장을 펼칠 때에도 상대를 배려하라는 말인데, '배려'와 '주장'이란 말이 현실에서 함께할 수 있는지 모르겠다.

가령 이 문장을 안중근에게 적용시키면, 그는 일본제국주의를 배려하지 않은 테러리스트가 될 것이다. 아마도 이 광고는 이제 우리 사회가 안중근이 살았던 폭력과 억압의 사회가 아니라, 타인을 배려할 수 있을 만큼 성숙한 사회가 되었다는 메시지를 전달하려는 것일 게다. 그러면 그 배려는 누구에게 먼저 요청되어야 할까?

장애인들이 기초적인 이동권조차 보장받지 못하자 온몸에 쇠사

슬을 감고 철로를 점거했다. 그런데 여기에 "배려가 있는 주장"이라는 문구가 함께 배치됨으로써, 이 장면은 장애인이 비장애인의 출퇴근을 배려하지 않은 것이 되어버렸다. 도대체 "배려가 있는 주장"은 누가 누구를 배려하라는 것일까? 사회적 약자가 강자에게 베푸는 배려가 어떤 것인지, 그것이 굴종과 어떻게 구분되는지 설명할 수 있겠는가? 결국 이 공익광고는 국가권력이 공영방송을 동원해 사회적 약자의 권리 주장을 매도罵倒해버린 것과 다르지 않다. 얼핏 아름다워 보이는 말을 내세워 지배계급의 정치적 선전(프로파간다)으로 사용한 것이다. 그래서 아름다울 것 같아 보이는 이 광고문구의 의미는, 결국 누구를 향한 것인가가 핵심이다.

이처럼 언어는 그 사용자가 누구냐에 따라 의미가 달라지기에, 언어의 생산과 사용은 언제나 편향적이다. 그래서 모두에게 아름답고 객관적인 언어, 누구에게나 적용되는 보편적이고 중립적인 언어는 태초부터 없었다.

2. 이것은 어떻게 발생한 언어인가?

"네 이웃을 사랑하라"는 예수의 말은 아름답다. 그런데 '사랑'과 같은 추상어일수록 의미의 스펙트럼이 너무 넓어 오히려 말의 현실감이 느껴지지 않을 때가 많다. 과연 예수에게 이웃은 누구이며 사랑은 어떤 것일까? "오른쪽 뺨을 때리거든 다른 쪽 뺨마저 돌려대시오. 누가 당신을 재판에 걸어 속옷을 가지려 하거든 겉옷까지 내어주시오. 누가 천 걸음을 가자고 강요하거든 함께 이천 걸음을 가시오"(마태 5:40)라고 한 것에서, 예수의 사랑은 무조건적이고 순종적인 희생을 의미하는 것일까? 적어도 내게 예수의 사랑은 그런 것이 아니다.

내 오른쪽 뺨을 치기 위해 상대는 왼손을 사용해야 하는데, 왼손으로 뺨을 때리는 것은 상처를 주기 위한 행위가 아니다. 예수 시대 왼손은 더러운 일에만 사용했기에 공공장소에서는 사용할 수 없었다. 그래서 모욕의 의미로 왼손을 사용한 상대방에게 다른 쪽 뺨을 돌려댄 것은, "이번에는 오른손으로 상처 날 만큼 힘껏 내리쳐봐라" 하는 것이다. 상상해보라. 모욕당했던 유대인이 '이번엔 진짜 때려봐라' 하는 것은 맞아 쓰러진 사람이 벌떡 일어나 '또 때려봐라!' 하는 것처럼, 순종이 아니라 저항에 가깝다. 그리고 겉옷이 아니라 남이 입던 더러운 속옷을 달라는 것도 어딘가 이상하지 않은가? 당시 사회는 맨몸을 드러내는 것이 금기사항이었기에, 힘 있는 자가 속옷을 빼앗으려 할 때 겉옷까지 벗어주는 것은 끝까지 가보자는 것이다. 또 로마인이 유대인을 천 걸음까지 부역시키는 것은 허용되었지만 그 이상은 역시 금지되었다. 그래서 이런 행동들은 규정과 금지를 위반하도록 상대를 유도해, 강자를 당혹에 빠뜨리려는 예수시대 약자의 저항이기도 했다.

예수는 당시 식민지배를 일삼던 로마인과 자기만의 율법을 주장하던 바리사이들에게 분노하고 저항했다. 성전을 뒤엎거나 "이 독사의 자식들아!"라고 소리치는 예수는 배려를 모르는 사람이었을까? 나는 곳곳에서 이런 예수의 분노를 읽는다. 특히 그의 분노는 이웃사랑을 말할 때 두드러지는데, 그에게 이웃은 지배권력에게 핍박받던 가난한 자와 이방인과 병자와 여인과 아이들이었다. 즉 예수의 이웃사랑은 지배계급을 향한 분노와 짝패를 이룰 때 그 의미가 가장 분명해진다. 이것으로 예수는 사회적 약자에게 폭력을 행사하지 않는 것이 사랑인 것처럼, 강자의 폭력과 불의에 저항하는 것 역시 사랑이라고 가르친 것이다. 그래서 나는 '올바르게 분노하는 법'을 예수사랑의 핵심으로 알고 있다.

이처럼 텍스트는 그 텍스트가 생성된 사회역사적 맥락인 콘텍스트context를 함께 읽어야 의미가 온전해진다. 그때 예수의 언어는 줄곧 약자 편향적이었고, 그렇게 약자의 언어로 현실과 갈등하는 것이 곧 사랑의 실천이라는 것을 보여주었다.

3. 이것은 현실의 언어인가?

모든 사람은 태어나면서부터 하늘이 준 자유와 평등, 행복의 권리를 가진다는 '천부인권天賦人權'은 과연 현실의 언어인가? 19세기 노동자들은 16시간 일하고도 생존을 보장받을 수 없었고, 여성의 참정권은 목숨을 건 투쟁으로 20세기에야 현실화되었다. 오늘날에도 약 2억 명의 아동이 가혹한 노동에 내몰리고, 이 땅에서도 장애인, 동성애자, 양심적 병역거부자, 이주노동자 등에게 인간다운 권리는 간단히 배제되어 있다.

노동자/여성/아이/장애인/동성애자/이주노동자는 자본가/남성/

비장애인/이성애자/국민에 의해 간단히 인간권리의 범주에서 제외되어왔다. 과연 하늘이 모든 인간에게 부여한 기본적 권리가 있기나 한 것일까? 슬픈 일이지만 그냥 하늘로부터 받은 인간권리는 하나도 없었다. 세상은 언제나 갈등과 타협의 과정이었듯, 인간권리가 배려로 주어진 경우를 나는 알지 못한다. 그래서 어느 시인의 노래처럼 자유에는 피 냄새가 섞여 있는 것일 게다.

'천부인권'은 지배세력이 그들만의 법과 정의를 앞세워 폭력을 자행할 때, 피지배자들이 만든 저항의 언어다. 억압받던 사람들이 싸움을 시작할 때, '나도 당신과 같은 인간'이라는 선언적 명분이 필요했던 것이다. 언뜻 성聖스럽게 여겨지는 이 말은 피와 투쟁의 역사적 산물이었고, 현실과 갈등한 언어였으며, 앞으로도 미완의 언어일 것이다. 인권이라는 말이 발명되어 오늘날 광범위하게 사용된다고 해서 곧 인권이 실현된 것은 아니다. 사랑한다는 말의 사용이 곧 사랑의 구현은 아니듯이 말이다. 그런데 우리는 어떤 언어의 사용이 그것의 실현이라고 잘못 이해하는 경우가 다반사다. 현실을 담보하지 못하는 언어의 사용은 현실이 부재하는 텅 빈 기호일 뿐이다.

언어는 현실과 부딪히며 세계 속으로 진격할 때 비로소 의미를 갖는다. 그래서 언어(기표)가 현실(기의)에 뿌리 내리는 고정점을 찾아내는 것이 언어의 올바른 사용법이다. 이때 고정점의 좌표를 두고 현실과 언어는 긴장하고 갈등한다. 말하자면 현실과 갈등하지 않는 언어는 진짜가 아니다.

4. 언어의 해방 없이 현실의 해방이 가능한가?

오랫동안 국어 교과서의 지문을 대하면서, 그것이 누구의 언어이며, 어떻게 발생한 언어인지, 또한 현실의 언어인지 성찰하지 않는 독해를 참을 수 없었다. 가령 교과서에 가장 많이 변주되어 실리는 "행복은 마음 안에 있다"라는 지문을 접할 때마다 불편하기 그지없다. 이러한 내용이 끊임없이 반복됨으로써, 마치 인간 삶을 마음 안과 밖으로 나눌 수 있을 것처럼 하거나, 더 나아가 마음 밖의 문제를 살피는 것은 천박한 삶의 방식으로 느끼게 한다는 점에서 불편하다. 공적 교육에서는 행복을 위해 어떤 사회를 구성할 것인가도 함께 성찰해야 하지만, 우리 교육은 이를 철저히 외면하고 있다. 이는 다분히 의도적이다.

국어 교과서는 한용운과 이육사의 투옥상황과 시를 수십 년 반복 수록하지만, 더 나은 사회를 고민했다는 죄로 그들보다 더 가혹한 세월을 감당한 김남주에 대해서는 언급조차 하지 않는다. 왜냐하면 "낫 놓고 ㄱ자도 모른다고/주인이 종을 깔보자/종이 주인의 목을 베어버리더라/바로 그 낫으로"(「종과 주인」 전문) 같은 그의 시를 교과서에 절대로 실을 수 없기 때문이다. 그 언어가 누구의 것인지, 그의 분노와 사랑과 치욕이 어떻게 생겨났는지를 학교에서는 가르쳐서는 안 되기 때문이다. 학교는 박제가 된 '안전한 저항'은 가르치지만, '살아 있는 정신'은 절대로 가르치지 못하는 곳이다. 200년 전 저 먼 땅 프랑스혁명의 단두대는 가르치더라도 30년 전 이 땅 광주의 학살은 가르치지 않는 것에서, 교과서는 이미 정치적이다.

이런 언어의 정치화는 일상의 미세한 부분에까지 뻗쳐 있다. 예를 들어 '가정은 휴식의 공간'이라는 말이 가부장적 남성에게는 적절하겠지만, 가사노동에서 자유롭지 못한 여성에게 가정은 여전히 노동의 공간일 뿐이다. 그래서 이 말은 성별권력을 내포한 정치적 견해가 된다. 또 여학생에게 '생리'라는 말을 사용하지 못하도록 하는 것을 예절교육으로 여길 때, 우리는 이미 여성의 몸을 억압하는 정치적 행위를 한 것이 된다. 언어의 해방 없이 현실의 해방이 가능한지 모르겠다.

교과서는 정치적으로 선별한 언어만 사용한다. 가장 일상적인 것이 가장 정치적이듯, 교육은 정치적 자장에서 결코 벗어날 수 없다. 그래서 지금 이 언어를 누가, 어떤 목적으로 선택했는가를 묻지 않을 때, 그 언어는 우리를 억압한다.

5. 이 세상에 물음을 제기하는 가장 기본적인 방법

그럼에도 불구하고 '나는 정치에 관심이 없으며 중립적이다'라는 것은 명백한 허구다. 일상의 언어가 이미 정치적 재현이기에, 세계 자체가 정치적이고 편향적이다. 여기에서 중립을 지키겠다는 것은 무지다. 인간은 언제나 상황 속에 던져진 존재로서, 이것이냐 저것이냐라는 선택에서 벗어날 수 없는 실존적 존재로서, 그리고 언어를 편향적으로 사용할 수밖에 없는 언어적 존재로서, 정치적 동물이다. 우리가 어떤 선택을 하든 바로 그 선택으로 현실에 개입하기에, 우리는 결코 정치적 행위에서 벗어날 수 없다. 매몰차고 안타깝지만 이것이 바로 중립 없는 현실이고, 이 사실을 일상에서 깨닫는 것이 정치의식이다.

그래서 고백하자면, 나는 현실과 갈등하지 않는 언어를 사용하는 사람을 믿지 않는다. 자신이 아름답고 보편적인 언어를 사용한다는 믿음은 헛되다. 그것은 무지이거나 위선일 가능성이 크다. 언어는 항상 누군가의 언어로, 그 의미를 획득하기 위해 현실과 갈등한다. 언어는 그래서 또 편향적일 수밖에 없고, 자기 언어의 편향성을 깨닫는 이것이 바로 정치의식이다. 더 나아가, 약자편향의 언어를 이해하려는 것이 예수가 우리에게 가르치고 싶었던 사랑이라고 나는 믿고 있다. 말하자면 이것이 세상을 이해하는 몇 가지 방법 중의 하나라고, 꽃 핀 나무의 속살을 지금도 기다리며, 믿고 있다.

이 교과서를 만든 그들은 누구인가?

연달아서 세 번째다. 아무리 그래도 이 건 너무 지나치다. 국어 교과서에 일제 강점기가 자주 등장하지만, 역사 교과서도 아닌데 이렇게 세 단원에 연속해서 나오면 참으로 답 답해진다. 내가 담당하는 네 학급에서 네 번씩 반복하다보면, 우리는 아직 일제 강점기에 사는 것 같은 기분이다.

한 달 내내 가르친 내용 중에 처음 나온 한용운의 시는 이렇다. "나는 나룻배/당신은 행인//당신은 흙발로 나를 짓밟습니다./나는 당신을 안고 물을 건너갑니다. …… 만일 당신이 아니 오시면 나는 바람을 쐬고 눈비를 맞으며 밤에서 낮까지 당신을 기다리고 있습니 다." 연애시로도 읽힐 이 시에서 학생들은 '눈비'와 '당신'을 일제억 압과 조국광복의 이분법으로 암기한다. 다음 과에 제시된 차범석의 희곡 「새야새야 파랑새야」는 친일로 변절해서 출세를 누리는 오세정 과 독립운동으로 험난한 개인사를 이어가는 기천석이라는 두 인물을 대비시키고, 또 그다음 과는 김은국의 소설 「잃어버린 이름」으로 일

제시대 창씨개명의 비통함을 서술한다.

물론 이 모든 주제는 위기에 처한 조국 앞에서 개인이 취해야 할 바람직한 자세를 말하고 있다. 그래서인지 교과서에 '어둠, 바람, 눈비'처럼 부정적 의미로 해석될 수 있는 단어만 나오면 학생들은 자동적으로 '일제 식민지배'로 해석해버린다. 이렇게 고민도 상상력도 작동하지 않는 기계적 해석을 학생들은 공부로 알고 열심히 암기하고 있다. 이처럼 교과서는 국가의 절대성을 강조하지만, 정작 국가를 배신한 자들에 대한 진실은 서술하지 않는다.

독립운동가를 토벌하고 고문하던 수많은 친일부역 세력들이 해방 후 한국사회 곳곳에 주류로 변신하는 과정은 한마디도 하지 않는다. 조선 최고 대부호였던 이회영 가문과 대표적 세도가였던 김가진 일가처럼, 보수주의자였던 그들이 조국독립에 재산과 가족 모두를 희생하고도 해방 후 오히려 몰락의 길을 걷게 된 역사도 말하지 않는다. 친일부역자와 독립운동가의 후손들이 거꾸로 살아가는 이 반역의 역사를 '그들'은 결코 서술할 수 없을 것이다.

그러면서 교과서는 단지 독립운동과 친일 중 어떤 삶이 정답이냐고만 묻는다. 교과서는 정당한 국가와 반듯한 국민을 답으로 제시하지만, 학생들이 그렇게 반듯하지만은 않다. 이런 본문에 따라 나오는 학습활동은 '당신은 친일하며 개인부귀를 누리겠는가, 조국독립의 대의를 따르겠는가'를 상투적으로 묻는다. 그런데 학생들은 개인영달을 위해서라면 오세정처럼 얼마든지 친일하겠다고 한다. 우리의 뒤집힌 역사를 모름에도 불구하고, 많은 학생들은 국가보다는 출세와 돈을 선택하겠단다. 그것도 아주 당당하게 외친다. 대체로 절반가량이 이런 답을 쓰는데, 고난의 독립운동을 하겠다는 학생들 중 상당수도 '교과서적인 정답찾기'에 충실한 것이라 본다면, 거의 실제 다수는 교과서가 바라는 삶을 살지는 않을 것 같다. 조금의 머뭇거림이나 부끄럼도 없이 교과서 훈육을 배반해버리는 학생들의 모습이 서글프기도 하지만, 어쩌면 학생들은 이 불의한 사회에서 살아남는 방법을 본능적으로 아는 것일 테다.

이렇게 한 달 내내 일제의 억압을 공부하면 교과서 두께만큼 애국심이 쌓여야 할 텐데, 오히려 점점 더 공허해지는 이유는 무엇일까. 그 공허함을 견디지 못할 때쯤 5월이 오고, 나는 학생들에게 준비한 자료를 제시하며 계기수업에 들어간다. 계기수업이란 공식적인 교과 과정에는 없지만 특별한 사회적 의미를 수업하는 것을 말한다. 교육청은 계기수업 공문을 각급 학교로 발송하는데, 교육청이 권장하는 특별한 날로 삼일절, 광복절, 제헌절, 개천절, 한글날, 설날, 한식, 단오, 추석, 어버이날, 스승의 날, 현충일, 독도의 날, (1929년 광주)학생 독립운동 기념일을 지정해주었다.

그렇다. 삼일절과 광복절은 당연히 배워야 하고 단오와 독도의 날도 시간을 내어 배우면 역시 좋을 것이다. 그런데 교과서에서 지겹게 반복하는 일제강점기는 다시 가르치라면서, 국가 기념일인 5·18 민주화운동 기념일과 6·10 민주항쟁 기념일에 대해서는 한마디도 하지 않는다. 역사나 사회 교과서도 아닌 국어 교과서에 5·18과

6 · 10의 배경조차 나오지 않는다고 투정할 일은 아니지만, 국어 교과서에서 70년 전의 일제 강점기가 배경과 주제로 숱하게 반복되는 것과 비교해보면 그 차별의 이유가 궁금할 수밖에 없다.

나는 이 답을 교육청이 각 학교에 친절하게 확인시켜주는 공문, '교육기본법 제6조 ① 교육은 (중략) 정치적 · 파당적 또는 개인적 편견을 전파하기 위한 방법으로 이용되어서는 아니 된다'에서 추론해본다. 매년 몇몇 학교에서는 5 · 18과 6 · 10을 가르치던 교사가 교장의 제지로 갈등을 빚곤 하는데, 아마 그 학교장은 이 공문을 들이밀면서 수업을 막았을 게다.

그렇다. 학교장이 가르치지 말라는데 굳이 가르치겠다는 교사는 정치적이고 파당적이다. 마찬가지로 국가 기념일로 지정되어 달력에도 떡하니 표기된 5 · 18과 6 · 10을 매번 생략하는 교육청 역시 정치적이긴 마찬가지 아닌가? 수십 년 학교에 있으면서 5 · 18과 6 · 10의 기념식은 고사하고 한 번도 교직원 훈시를 전달받은 적이 없다. 헌법 전문에 명시된 "대한국민은 …… 불의에 항거한 4 · 19 민주이념을 계승"한다는 그 4 · 19조차도 누락시킨 그들의 지독한 정치적 파당성에, 이제 나는 분노하지도 않는다. 너무나 오랫동안 너무나 자주 마주했던 교과서의 편향성에 분노하는 대신, 나는 준비한 자료를 펼치며 익숙하게 수업을 시작할 뿐이다. 그들이 누락한 역사 속으로 학생들을 끌고 들어감으로써 나는 그들과 대적한다.

준비한 자료와 동영상을 옆에 두고 학생들에게 물어본다. 해방 70년이 지난 지금 왜 국어 교과서에서도 일제강점기가 무수히 반복

되느냐는 물음에, 학생들은 '그만큼 일제가 나빠서, 그리고 지금도 잊어서는 안 되는 중요한 일'이기 때문이란다. 학생의 말처럼 일제 강점기는 결코 잊어서는 안 되는 역사다. 그렇다면 가장 가까이 한국 사회를 뒤흔든 5·18과 6·10은 잊어도 되는지 물으면, 대부분 학생들은 그게 뭐냐고 되묻는다. 학생들은 그것을 질문할 언어조차 갖지 못했다.

예비설명을 충분히 했건만, 5월의 학생들은 눈을 동그랗게 뜨고 묻는다. "선생님 저거 영화예요?" 총칼에 피흘리며 마지막 숨을 헐떡이는 시민을 보며, 학생들은 또다시 묻는다. "우리나라 군인이 그랬단 말이에요?" 민주화운동 기념사업회에서 학생교육용으로 제공한 15분짜리 5·18 동영상을 보며 학생들은 숨을 죽인다. 총검으로 무장한 군인의 학살, 자식의 주검에 울부짖는 어머니, 새벽 전남 도청의 흔들리는 영상들로, 상당히 '순화된' 자료지만 '순진한' 그들은 한 번도 상상하지 못했던 장면일 게다.

그리고 6월이 오면, 박종철 고문 은폐와 전국을 뒤덮은 최루가스를 보며 학생들은 처음으로 6·10의 역사성을 확인한다. 거리를 뒤덮은 학생들과 방패에 찍혀 내동댕이쳐지는 시민들을 함께 보며 나는 민주주의의 고난과 성취를 설명한다. 권력의 폭력과 우리의 저항을 말한다. 봄마다 반복하는 수업이지만, 나는 화면 속의 그 장면들에 익숙해지기보다 다시 솟는 분노로 매번 고통스럽다.

내가 매년 그 수업을 하는 이유는 학생들에게 생략된 역사를 단순 복원시키기 위해서가 아니다. 그 수업에서 말하고 싶은 것은, 한국사회를 가장 크게 변화시킨 이 역사를 학교는 왜 가르치지 않는가 하는 질문이다. 학교는 왜 가르치지 않느냐는 것이 나의 첫 번째 질문이다.

대중의 저항은 언제나 불법이었다. 당연하지 않겠는가. 1919년의 지배권력은 3·1만세운동을 불법으로 규정하며 학살했다. 그 뒤 1980년의 지배권력은 광주의 저항을 불법으로 규정하며 학살했다. '그들'은 1919년에도 1980년에도 총을 쏘았고, 권력에 저항하는 대중은 죽어야 했다. 그런데 학교는 1919년은 반복해 가르치라면서 왜 1980년은 가르치지 않는 걸까.

교과서는 일제억압이 우리 모두의 고통이었다고 설명한다. 일제에 대한 적대와 증오를 반복하며 국익을 말한다. 그래서 지금-여기의 억압과 모순이 눈에 보이지 않기를 바란다. 마치 우리 모두의 이익이 있었던 것처럼 말하며 우리 안의 수많은 진짜 갈등의 경계는 흐릿해져버리기를 바란다. 그래서 대중이 진짜 저항을 학습하는 것을 그들은 두려워한다. 저항을 학습한 대중이 지금 이곳의 진짜 억압에 저항할까봐 두려워한다. 그래서 나의 두 번째 질문은, 그들이 누구인가 하는 것이다.

오래전 밖의 적을 불러들여 지금 이곳의 폭력을 감추려는 그들은 누구인가. 지배권력에 저항하는 법을 배울까봐 5·18과 6·10을 통째로 누락시킨 자들이 누구인지 학생들에게 살펴보자고 한다. 왜냐하면 우리가 그들을 찾지 못하면, 다시 그들이 우리를 거리에서 피 흘리게 하고 헐떡이게 할 테니까!

교과서는 이 물음에 답하지 못한다. 교과서를 만들 때 이를 질문할 언어조차 사라지게 한 자가 바로 그들이 아닌가. 질문이 사라지면 답도 사라진다. 수십 년 교과서를 반복한 내 경험에 따르면, 교과서는 언제나 정당한 국가, 반듯한 국민만을 말해왔을 뿐 진짜 세상은 말하지 않는다. 그들이 만든 교과서를 밤낮으로 암기해도 교과서가 말하는 것처럼 세상이 반듯해지기는커녕, 억압과 고통은 우리에게 지속되었고 우리는 행복해지지 않았다. 그들은 더 이상 총을 쏘지 않는다지만, 우리는 비정규직으로 또는 산업 예비군으로 유령처럼 거리를 배회하며, 살아남기 위해 곳곳에서 다시 헐떡이게 되었다.

그래서 더 이상 피 흘리지 않기 위해서라도, '그들의 교과서' 밖으로 나오자고 학생들에게 말해왔다. 저 먼 일제의 폭력보다 가까운 그들의 폭력을 먼저 기억하고, 진짜 저항을 다시 배우자고 했다. 지배권력에 저항하는 이 학습을 누가 두려워하는지, 권력의 폭력에 저항한 역사를 가르치겠다는 교사를 누가 핍박하는지 구분하자고 했다. 그런 나는 적대와 분열을 가르치는 교사인가?

정치철학자 샹탈 무페는 인간은 필연적으로 정치적이며 적대 없는 세계는 불가능하다는 '적대로서의 정치'를 말한다. 그녀는 '정치적 구별이란 적과 동지의 구별'이라는 카를 슈미트를 승계해서 공동선이 불가능하다는 것을 강조한다. 우리가 보통 말하는 하나의 주체 하나의 이익이라는 보편주의는 환상일 뿐이고, 이런 보편주의에 바탕한 만장일치나 합의가 가능한 민주주의 사회가 성숙한 사회라고 여기지만, 이는 진정한 민주주의를 위험에 빠뜨릴 만큼 공허할 뿐이라고 지적한다. 그녀에게 민주주의는 "적대가 일어나는 방식을 이해"하고 "그들의 경계를 설정해 '우리'를 창조하는 것"이며, 이것이 정치이고 인간의 존재론적 조건이라 한다.

하나로 묶이는 국익이란 처음부터 없다. 여성과 천민을 억압한 조선조 사회가 국익을 말하며 남성/양반의 이익만을 앞세웠듯이, 지배권력은 언제나 자신의 이익을 국익이라 말해왔을 따름이다. 그들의 교과서는 현진건의 「운수 좋은 날」을 반복 수록하며 일제의 억압이 가난과 비참이라고 강조하지만, 김첨지가 설렁탕 한 그릇 구할 수 없었던 그 시대에도 고관대작들의 술잔은 마르지 않았다. 우리 모두의 가난이 아니었다. 김첨지가 아내의 죽음을 속절없이 감당한 그 비참의 시대가 친일부역자들에게는 '운수 좋은 날'들이었고, 지금도 운수 좋은 날의 연속인 것이 뒤틀린 우리 역사다. 그 뒤틀린 역사의 승자들이 5·18과 6·10의 학살과 저항을 통째로 생략했고, 또다시 그들의 교과서가 우리를 겨누고 있다.

20년 교직 생활에서 내가 가장 크게 깨달은 것은 학교야말로 가장 정치적인 공간이라는 것, 그리고 모두를 위한 교육은 불가능하고 중립의 교육도 불가능하다는 것이다. '그들의 이익'을 위해 '우리의 저항'을 철저히 삭제했다는 점에서, 그들의 교과서야말로 철저히 정치적이고 파당적이라는 것이다. 그러니까 학교가 정치적이냐/아니냐라는 질문은 무의미하다. 단지 누구의 정치적 이익, 누구의 파당성인가를 묻는 것이 진짜 물음이다. 마찬가지로 교육적으로 옳으냐/그

르냐라는 갈등은 위장된 갈등이고, 사실은 누구의 이익을 가르치느냐로 갈등할 뿐이다.

학교가 항상 말해온 정당한 국가, 반듯한 국민, 모두의 이익이란 그들만의 부와 권력을 위한 환상의 언어라는 것, 갈등 없는 세상이라는 환상을 걷어내고 적대가 일어나는 방식을 이해하는 것이 민주주의를 이해하는 올바른 방식이다. 그래서 그들과 우리 사이의 경계를 찾는 것, 말하자면 누가 우리에 속하느냐는 불편한 질문이 진짜 민주주의다. 이제껏 이 물음을 놓치고 적과 동지의 구분법을 익히지 못했기에, 우리에게 고통이 지속되었을 게다.

다시 거리를 둘러보라. 이 봄날 거리에서 그 누구도 민주주의를 부정하지 않는다. 그런데 민주주의와 정의가 부정되지 않는 이 땅에서, 고통은 왜 '우리에게' 오래 지속되는 걸까. '나는 민주주의자다'라는 추상적 자기진술은 무의미하다. 언제나 구체적인 것이 진짜다. 여러분이 누구인지 구체적으로 보여 달라. 5·18과 6·10의 역사 앞에서 여러분의 진짜 위치가 어디냐고 묻는 것을 나의 세 번째 질문으로 하겠다. 민주와 정의를 부정하지 않는다는 여러분에게, 이것이 슬픈 질문이 되지 않기를 바란다.

대중에게 쉽게 살해되는 교사

1. 정치의 바깥은 없다

전두환 군사정권 시절, 대학생의 거리 시위에 대해 그가 반복한 말이 아직도 귀에 생생하다. '정치는 정치인에게 맡겨두고, 학생은 학업에, 국민 여러분들은 생업에 종사하기 바란다'는 그의 하교가 어린 나에게도 단지 흰소리에 지나지 않았다. 마치 정치란 것이 어떤 자격증이 필요한 직업인 양 하는 것도 우스웠지만, 자신의 말대로라면 군인이기를 멈추고 정치를 하는 자신이 바로 자기 말에 반역反逆한 것이 아니던가. 직업정치인의 자격이 따로 있는 것도 아니기에, 군인이든 코미디언이든 노동자든 대의 받은 그 누구든 직업정치인이 될 수 있지만, 대의 받지 않은 자신이 마치 정치전문가인 양 행세하는 게 역겨웠다.

이처럼 정치자격을 말하는 것이야말로 가장 혐오스러운 정치논리다. 축구나 야구를 전공하지 않았다고 경기분석에 침묵하지 않는 것처럼, 누구나 정치적 견해를 밝히는 것을 머뭇거려서는 안 된다. 정치는 그냥 우리 모두의 일상일 뿐이다. 그런데 일상에서 '당신은 정치적이다'라는 말은 '당신은 음흉한 술수를 부리고 있다'는 의미처럼 주로 부정적으로 사용된다. 이처럼 정치적이라는 말에 부정적인 것은 아마 현실정치의 혼탁함 때문이겠지만, 기본적으로 이 말에 대한 오해 때문이라는 생각이 강하게 들었다.

2008년 촛불정국 때 수백만 시민들이 거리로 나온 것은 단지 쇠고기 문제만이 아니라 한반도 대운하, 의료 민영화, 영어몰입교육 등 정부정책의 일방성에 대한 시민들의 항의였다. 너무나 평화적이어서 오히려 시위가 맞나 싶을 정도였음에도, 정부는 시민의 폭력을 과장하며 오히려 국가폭력을 휘둘렀다. 정부는 촛불시위에 대해 먹을거리를 핑계 삼은 정치적 공세라고 했다. 먹을거리 불안 때문에 거리로 나선 '순수한' 시민이 아니라, 어떤 정치적 의도를 가진 세력이라 했다.

그들이 말하는 순수가 무엇을 말하는지 모르겠지만 이 세상에 순수한 것이 있기나 한 것일까? 현실은 언제나 여러 층위가 함께 섞여 있을 수밖에 없기에, 하나로 순수하게 수렴되는 것 역시 없다. 우리의 삶은 넝쿨이 섞여 혼재하는 것처럼 언제나 서로 몸을 섞고 있다. 그래서 순수에 대한 집착은 세상에 존재하지도 않는 무결점을 상정하는 일종의 망상일 뿐이다. 어쩌면 순수를 들먹이는 자들이야말로 현실을 왜곡하는, 가장 불순한 자들이다.

밥상의 쇠고기든 의료든 교육이든 그 무엇이든, '나'의 일상과 순수하게 분리할 수 있는 것은 이 땅 어디에도 없다. 그래서 일상의 요구와 욕구를 담은 말들은 당연히 정치적 언어가 된다. 대기업 슈퍼가 동네 골목으로 진출하느냐 못하느냐는 것이 정치적 문제이고, 의무교육인 학생의 급식비를 누가 지불하느냐가, 또 세금을 강바닥에 사용할지 말지를 결정하는 것이 바로 정치 아니던가. 이 모든 것이 정치의 이름으로 이행되는 것이고, 직업정치인들이 입만 열면 외치는 민생이라는 것일 테다. 민생정치라는 것이 따로 있는 것이 아니기에, 정치는 '나'의 일상과 꽈배기처럼 꼬여 함께 진행되는 것이고, '나'가 의식하든 하지 못하든 일상에 편재한다.

그래서 때로는 우습지만, 고기 한 점을 취하느냐 마느냐도 정치적 행위가 되어버리기도 한다. 애초에 미국산 쇠고기는 단지 먹을거리였지만 이를 둘러싼 해석의 차이가 정치적 대립으로 전이되었기에, 이제는 미국산 쇠고기를 먹느냐 먹지 않느냐는 단순히 식품의 선택을 넘어 새로운 정치의 장으로 이동해버렸다. 미국산 쇠고기 정책에 촛불을 들었던 시민이 술자리에서 미국산 쇠고기를 안주로 삼는다면, 촛불의 의미를 부정하는 일종의 퍼포먼스가 되어버린다. 미국산 쇠고기는 이미 정치적 해석을 통과했기에, 우습게도 '정치적 안주'라는 독특한 메뉴가 발생한 그 술자리가 바로 정치적 장場이 되는 것이다.

평소에 주목하지 않던 일상의 평면에서 한 점이 사건으로 솟아오르면, 전체 평면이 변형되면서 새로운 의미망網이 형성된다. 축구공이 이동하면 모든 선수의 좌표 값이 변해버리는 것과 같다. 즉 새로운 사건이 발생하면서 내가 서 있는 좌표 값도 변화되기에, 나는 항상 새로운 의미망(정치) 속으로 휘말려 들어갈 수밖에 없다. 의미는 항상 변형되고 생성되는 것이다. 그래서 삶은 언제나 선택의 연속이다. 이 선택이 다시 삶의 조건을 결정하기에, 우리는 결코 정치적 자장磁場을 벗어나지 못한다.

적지 않은 사람들이 상대방을 정치적이라 칭하며 자기는 정치성을 띠지 않는 것처럼 여기는 것은 그래서 지독한 착각이다. 또 혼탁한 정치에 자기의 청정함을 뽐내듯 기권을 떠벌리기도 하는데, 이는 현실사태를 이해조차 못하는 헛소리에 불과하다. 기권 역시 어떤 정치적 결과를 초래한 정치적 행위일 수밖에 없기에, 정치를 초월한 자리는 어디에도 없다. 텍스트의 바깥이 없다고 하듯, 정치의 바깥도 없다. '세계-내內-존재'라는 하이데거의 말을 빌려서 말하자면, 우리는 '정치-안-에서만 존재'할 수 있는 것이고, 그래서 '당신은 정치적이다'라는 말은 언제나 타당하다. 순수를 내세우며 폭력을 일삼는 권력의 정치성에, 그들과 말의 함의는 다르지만 '당신은 정치적이다'라는 말에 나 역시 전적으로 동의하는 것이다.

2. 어긋난 계산법으로 최종 정산하다

그래서 정치적이냐 아니냐라는 말은 무의미하다. 중요한 것은 어떤 정치인가 하는 문제, 즉 누구의 정치적 이익을 선택했는가다.

우리는 모두 자기의 정치적 이익에 따른 행동을 한다고 생각하지만, 현실은 그렇게 간단하지만은 않다. 오히려 자기의 이익과 반대되는 선택을 서슴지 않는 경우가 더 많다.

가령 몇 년 전 한국사회를 떠들썩하게 했던 '사립학교법 개정' 사태를 다시 살펴보자. 당시 야당이던 한나라당은 사립학교법 개정안을 두고 국회 밖에서 촛불집회를 가지며 저항했고, 많은 국민들이 이에 동조했다. 그들이 말하길, 사립학교법은 사유재산의 부정이자 자율성의 침해이며, 특히 종교학원과 손잡고 종교의 억압이라고도 했다. 참으로 통탄할 노릇이었다. 공공재산인 학교법인을 사유재산이라 하는 이 천박한 발상도 놀랍지만, 사립학교법은 사학의 자율성 침해나 종교억압과는 무관했고 다른 차원에서 논의되어야 하는 문제였다. 사립학교법의 가장 핵심은 개방이사제도의 도입인데, 이는 사립학교 운영의 투명화를 담보하여 교육공공성을 확립하려는 최소한의 장치일 뿐이었다.

우리나라 99퍼센트의 사립학교가 교직원 임금, 건물 신축비와 증축비, 각종 교구와 운영비 등 학교예산의 거의 100퍼센트를 국민세금에서 지원받지만, 폐쇄적 운영으로 상상을 초월하는 숱한 일들이 벌어지고 있다. 그 피해는 고스란히 학생들에게 돌아가는데, 아마 그 실태를 낱낱이 들여다본다면 상식을 가진 사람은 누구나 분노를 느낄 것이다. 사립학교법으로 한두 명의 개방이사가, 그것도 아주 양심적이고 강직한 개방이사가 성공적으로 진입한다 하더라도 학교운영을 좌우할 수 없는 노릇인데도 불구하고, 전국의 사립학교 재단이 그렇게 똘똘 뭉쳐 퇴로 없는 투쟁을 벌인 이유는 무엇일까?

아마도 그들만의 비밀스러웠던 학교운영이 개방이사에 의해 공개되면 예전처럼 손쉽게 '영업이익'을 올릴 수 없기 때문일 것인데, 이는 그들에게 목숨을 걸 만한 가치였을 것이다. 부실공사로 학교시설비를 빼돌리려면, 아이들의 난방비나 급식비 그리고 스쿨버스비까지 어떻게 해보려면, 또 부패한 재단에 저항하는 교사를 내쫓으려면 더 많은 어려움이 따를 것을 잘 알기 때문이리라. 그래서 이런 모든 영업을 일사분란하게 처리하기 위해서는 재단 친인척의 학교장 임명 금지 같은 조항은 반드시 삭제되어야 했던 것이리라. 덧붙여 당시 종교의 자유를 앞세운 종교단체들의 극렬한 저항을 보며, 이제 이 나라 종교는 천박함을 넘어 반사회적 부패권력이기를 공공연하게 표방한 것으로 여겨졌다.

이 모든 일들이 교육의 이름으로 행해진 정치투쟁이었다. 결국 사립학교법은 여야합의라는 아름다운 이름으로 재개정되어 누더기가 되어버렸다. 시민사회단체가 10년을 노력하여 개정한 사립학교법은 불과 몇 달 만에 재개정되어 힘을 잃고 말았다. 그럴 수 있다. 사학재단-종교단체-(사학재단의 후원을 받는)한나라당은 겉으로는 교육 지키기를 내세웠지만, 속으로는 철저히 자기들의 이익을 수호했다. 자신들 자본과 권력의 재생산을 교육의 이름으로 위장했는데, 또 그런 것이 직업정치인의 생리이기도 하다. 그렇기에 나는 그들의 정치동맹을 비판하고 반대했지만, 그들이 왜 그러는지 이해도 한다.

내가 묻고 싶은 대상은 수많은 학부모 대중이다. 당시 그 사태에 대한 학부모 대중의 입장이 무엇이었는지, 그때의 정치적 계산법은 무엇이었냐고 꼭 묻고 싶다. 여러분의 아들딸이 학교에 왜 그리 불만이 많은지 살펴는 보았는지, 왜 낡은 화장실 문짝은 교체되지 않고 비누 한 장 놓이지 않는 것인지, 교실 형광등은 어째서 침침하고 어째서 낡은 책걸상은 그렇게 오래도록 놓여 있는 것인지, 왜 상장에 상품은 딸려오지 않고 수업 준비물은 모두 각자 해결해야 하는지, 그리고 왜 자기의 믿음과 무관한 종교행사까지 강요받아야 하는지, 우리 아이들이 다니는 학교가 어떤 모습인지 살펴본 적이 있는지 궁금했다. 그 당시 자신의 정치적 이익을 어떻게 계산했는지 묻는 것이다.

정치적 선택은 언제나 여러 이유가 섞여 있기에, 사립학교법에 반대한 이유 역시 여러 정치적 고려라고 말할 수도 있다. 더 큰 정치적 이익을 위한 나름의 속 깊은 계산법이 있었다고 근엄한 표정을 지을 수도 있다. 그렇다면 우리의 이익은 언제 어디에서 최종 정산되는 것인지, 다시 묻는다. 정치란 것이 일상의 삶과 다르지 않을진대 그 일상의 이익을 훼손하면서까지 정산을 미루는, 우리의 진짜 이익은 어디에 있는지 묻는 것이다. 어쩌면 학부모 여러분은 자기 이익을 계산하는 법을 몰랐던 것은 아닌지, 지금 살짝 물어보는 것이다.

이렇게 집요하게 묻는 이유는, 아이들이 학교의 구석구석에서 매일매일 겪는 부조리를 지켜보는 교사로서, 왜 수많은 학부모 대중이 이 부조리가 유지되기를 바라는 것인지 그 이유를 알고 싶어서다. 수많은 대중의 정치적 선택에 아이들의 고통은 더해갔고, 교사인 나는 대중의 이 자해적 선택을 이해할 수 없었다. 대중의 이런 자해행위가 한두 번이 아니기에 학교의 고통이 더해갔고, 이해되지 않는 고통이야말로 견디기가 더욱 어려운 법이기에 이렇게 묻고 또 물어보는 것이다.

종합부동산세에 대해 공시지가 9억 원 이상의 집을 가진 사람들이 저항하는 것은 당연하다. 그들에게 공정한 한국사회를 위해 종합부동산세를 받아들이라는 것은 순진한 일이다. 그런데 이 정책을 세금폭탄이라며 비난한 자본-언론에 부자들만 동조했던가? 집을 갖지도 못한 숱한 대중조차 왜 그 비난에 동참했을까(앞으로 상위계층이될 것 같아서 미리 분노했거나, 부자들의 고통을 내 것으로 함께 아파했기 때문이라면, 이야말로 대~단한 공동체의식이다). 노동조합이란 말만 나와도 알레르기 반응을 보이는 사람은 자본가들뿐인가? 대부분 임금노동자로 살아가는 우리 사회에서 노동조합에 대한 이 엄청난 적대감을 어떻게 이해해야 하는가. 노조파업 때마다 자본-언론이 자신들의 이익을 위해 시민불편과 국가경제 손실이라고 몰아가는 것은 그럴 수 있다 하더라도, 왜 대다수 노동자들도 자본-언론-국가의 언어를 착하게 따라하는 것일까.

3. 자기 이익을 표현할 자기 언어를 배운 적이 없다

자기의 계급적 위치가 노동자인지조차 모르는 사람들에게 이런 질문은 이해되지 않는 물음일 뿐이다. 자신이 노동자임에도 불구하고 오직 자본의 논리만을 내면화한 사람에게, 자신의 정치적 계산법이 무엇이냐고 왜 자기 이익에 반대되는 행동을 하느냐고 묻는 것은 그래서 공허하다(그러면서 자신은 그냥 회사원이고 근로자란다. 1886년 하루 8시간 노동을 쟁취하기 위해 시카고 노동자들의 총파업을 기념한 메이데이May Day를 우리는 '노동절'이라 하지 않고 '근로자의 날'이라 부른다. 그러면 '근로자 파업'이라고 해야지 왜 '노동자 파업'이라고 할까? 국가-자본이 '당신은 성실한 근로자다. 파업같이 나쁜 짓은 노동자나 하는 거야'라며, 한 사람을 두 인격으로 분열시키는 대단한 언어 사용법 아닌가!).

사실 이 어이없는 정치적 자살은 어제 오늘의 일도 아니고, 언제나 도처에 즐비했다. 무상교육 · 무상의료를 누가 조롱하는지, '부자에게 세금을 서민에게 복지를'이라는 구호를 누가 외면하는지, 이런 숱한 어긋남은 밤을 새워 나열할 수 있을 만큼 일상적이다. 지금 이 땅에서나 역사 속에서나 언제나 있어온 일들이기에, 나의 호들갑 역시 새로운 것도 아니다. 그래서 또 정치적 배반을 실행하는 대중을 설명하는 수많은 학술언어 역시 오래전부터 있어왔다.

그런데 그런 세밀한 언어들이 정작 대중에게는 아무런 소용이 없다. 정작 자기의 배반을 알지 못하는 대중이 그 배반의 이유를 궁금해하겠는가? 더구나 대중이 쉽게 이해할 수도 없는 '세밀한 학술언어'가 그들에게 무슨 소용이란 말인가. 자기의 구체적 삶을 건드리지 않는 추상의 언어는, 처음부터 대중의 것이 아니었다. 언제나 구체적인 것이 우리 삶을 끌고 간다. 그래서 자기 이익을 배반하지 않는 언어는 반드시 자기 삶의 구체성과 연결될 때만 학습할 수 있다.

대중은 자기 이익을 표현할 자신의 언어를 배운 적이 없다. 사립학교법, 세금, 무상교육, 무상의료, 노동자, 파업, 계급, 자본, 국가, 인권 등 이런 언어의 실체와 사용법, 즉 이들 언어의 정치적 의미를 학교에서 배운 적이 있던가? 이 언어들이 누구의 현실과 어떻게 결합하는지, 이 언어들의 정치적 좌표가 어떻게 설정되는지 학교 밖에서라도 따로 공부한 적이 있던가. 대중은 학교와 언론으로부터 익힌 언어를 자기 삶의 정답으로 받아들이지만, 그 학교와 언론이란 것이 바로 대중을 억압하고 지배하는 권력의 몸통이지 않던가. 그렇게 국가-자본이 제시하는 언어로만 한국사회를 학습한 대중은 자기의 진짜 언어, 진짜 이익과 멀어지게 되었다.

자기의 언어를 익히지 못한 사람은 언제나 타인의 언어로만 생각할 뿐이고, 타인의 언어로는 결코 자기 이익을 찾을 수 없다. 우리는 언제나 타인의 욕망을 내 것으로 학습받아왔다. 그래서 '나'의 정치적 이익을 배반한다는 사실조차 모른 채, 누군가 의도하는 대로 정치문맹으로 남게 되었다. 극진한 자비를 베풀 위대한 지도자 타령을 반복할 뿐, 스스로 찾아보고 생각하고 참여하는 정치의식은 부족하다. 권력의 언어를 암송하며 '모범학생-착한 국민'이 되었다. 아마도 나의 이런 진단이 불쾌하고 무례하다 하겠지만, 내가 학교에서 매일 마주하는 '선명한 불쾌와 무례'에 비하면 결코 지나친 말이 아닐 것이리라.

4. 모든 교사는 정치적이다

공손하지 않다는 이유로 동료교사에게 손찌검을 당한 아이가 경련을 일으키며 손가락을 펼치지 못했다. 나는 아이를 데리고 병원에 갔고, 아이는 펴지지 않는 손을 움켜쥐고 두려움에 온몸을 떨고만 있었다. 전후 사정을 들은 나는 교사의 손찌검이 폭행에 가깝다는 것을 알고, 아이에게 네 잘못이 아니라고 말해주었다. 그런데 아이는 "제가 그 선생님 기분을 상하게 했기 때문이에요, 제 잘못이에요"라며, 자신이 맞은 이유를 교사의 입장에서 교사의 말을 빌려 설명하고 자책했다. 자기의 고통마저 타인의 언어로만 설명하는 아이가 갑자기 낯설어졌다. 아이는 자기 고통의 이유조차 모른 것이리라. 두려움에 빠진 아이를 지켜보며 나는 우울해졌다.

아이들은 언제나 교사의 말을 지시받으며 자신의 것으로 받아들여야 한다. 교문에서부터 복장점검에 따라 벌점을 받고 등교한 아이는 다시 교무실 문을 열고 "준비물을 깜빡했는데 교문 밖에 나갔다와도 되나요?"라고 묻는다. 외출증을 발급해주고 몸을 돌리는 순간 또 다른 아이가 "추운데 왜 이 가디건은 못 입게 해요?", "이런 색깔은 안 되나요?", "이런 머리는 안 되나요?", "치마 길이 내렸는데 왜 또 잡아요?", "화장실 갔다 와도 돼요?", 이거 되나요? 이거 안 되나요?, 아이들은 하루 종일 묻고 묻고 또 묻고, 허락받고 또 허락받고, 제 몸 하나 움직이는 것도 스스로 어찌하지 못한다.

이 모든 것이 교육의 이름으로 지시하고 지시받고, 허락하고 허락받는 학교의 일상이다. 자기 생각과 몸과 욕망은 비워놓고, 오직 타인(권력)의 말에 맞추기만을 학습받아온 이 아이들이 학교 밖으로 나가기만 하면 온전히 자기 생각과 말을 되찾는 것일까? 이들이 권력과 자본이 펼쳐놓는 온갖 달콤한 말들이 기만임을 깨닫고, '아니오'라고 자기 말을 할 수 있을까. 자기 이익을 계산하고 주장하고 거부하고 저항할 수 있을까.

정치의 바깥은 없기에, 우리는 정치적 교육을 받지 않은 것이 아니다. 학교는 중립성을 가장하지만, 사실은 누군가의 이익을 위해 모든 것을 선별적으로 주입하고 강요하고 제어해왔다. 누군가의 이익을 위해 학생은 자기의 생각과 언어를 금지 당한다는 점에서 학교야말로 가장 정치적인 공간이다.

살펴보면 학교란 원래 그런 목적으로 생긴 것이다. 근대교육의 발생은 자본주의 생산양식에 맞는 노동력 공급에서 시작되었다. 학교는 시간과 공간을 쪼개어 행동을 통제하고, 위계적 감시와 규율로 공장노동자를 주조鑄造하는 것이 목적이었다. 그래서 경제적으로는 노동력을 가졌으면서도 정치적으로는 복종할 수 있는 인간을 훈련시키는 곳이 근대적 학교의 기원이다. 그러다가 점차 증대하는 노동자의 욕구와 충돌하게 되었고, 이제 학교는 그 두 힘이 교차하는 공간이 되었다.

우리의 교육 역시 국가주의와 시장주의의 강력한 지배 아래 놓여 있다. 우리의 교육은 한 번도 주체적 민주시민교육을 한 적이 없고, 대중을 국가의 충실한 마름이나 자본의 소모품으로 의식화시켰다. 국가-자본은 자신의 힘을 확대재생산하기 위해 그들의 언어인 '복종과 경쟁'의 논리를 학생들에게 강제해왔다. 이때 교사에게 허락된 선택은 두 가지다. 국가-자본의 최말단 전도사가 되어 학생들에게 복종과 경쟁을 충직하게 반복 이식하거나, 또는 이를 거부하다가 핍박받는 것뿐이다.

여기에서 교사는 자신의 정치적 좌표는 어디인가 하는 회피할 수 없는 물음과 마주친다. 학생들에게 민주주의와 인간권리를 가르치는 교사는 국가-자본의 권력에 대적하는 '정치적 교육'을 실행하는 것이 된다. 반면 민주주의와 인권에 대해 침묵하며 주어진 교과서만 충실히 가르치는 교사 역시 국가-자본 권력의 충실한 대리자로서 '정치적 교육'을 수행하는 것이다. 이렇든 저렇든 모든 교사는 학생들에게 정치적으로 개입할 수밖에 없다.

모든 교사는 정치적이다. 어느 쪽을 선택하든 정치적 역할을 수행하는 것이기에, 중간은 없다. 말하자면 정치의 바깥은 없는 것이다. 이것을 깨닫지 못하는 교사는 '정치적 존재로서의 인간Homo Politicus'을 깨닫지 못한 것이고, 자기를 둘러싼 세계를 전혀 이해하지 못한 교사이기도 하다. 그래서 교육의 기능과 교사의 역할은 본질적으로는 정치문제였고 정치문제이고 앞으로도 정치문제일 것이다. 교육과 정치는 뫼비우스의 띠처럼 서로서로 물려 있기에, 결코 따로 존재한 적이 없다.

5. 학생들의 구체적인 일상 언어로 번역하자

이것이 파울로 프레이리가 끊임없이 강조하는 '교사로 존재한다는 것은 본질상 정치적으로 존재함을 의미' 하는 것이리라. 그래서 가르친다는 것의 진정한 의미는 학교가 정치적 공간이라는 깨달음이 없으면 알 수 없다. 교사가 학교의 정치성에 대해 질문하기 시작할 때 대중은 사회적-정치적 존재로 각성하게 된다. 자신이 민주공화국의 가치를 옹호한다고 스스로 믿는 교사라면, 이 질문을 학생들과 공유해야 한다.

학교에서 발생하고 유통하는 모든 언어가 누구에 의한, 누구를 위한 것인지 학생과 질문을 공유할 수 있어야 한다. 학교가 올바른 것으로 내세우는 언어가 과연 올바른 것인지 다시 생각해볼 수 있어야 한다. 공부만 잘하면 그것으로 온전한 사람이 되는지, 공부를 못하면 자존감을 훼손당해도 되는지 생각해볼 수 있어야 한다. 한때 공부 못했다고 평생 가난하게 사는 것이 당연한지, 너의 가난은 너의 책임이라는 말이 정당한지 의심해볼 수 있어야 한다. 교사의 언행은 언제나 올바른 것인지, 교사에게 '아니오' 라고 말하는 것이 무례한 것인지 질문할 수 있어야 한다. 또 국가와 정의와 진실 같은 말들이 교과서 밖에서도 그대로 아름다운 말인지, 교과서가 말하는 것들이 학교 밖에서 어떻게 실행되는지 끝까지 질문할 수 있어야 한다.

이것이 정치학습이다. 학교가 교육의 이름으로 내세운 언어들이 어떻게 '나' 의 의식을 통제하는지를 통찰하는, 이것이 바로 자기의 언어를 익히는 정치학습이다. 자기를 둘러싼 구체적인 세계를 자기의 언어로 구체적으로 질문하고, 자기의 언어로 다시 해석하는 이것이 진짜 정치학습이다.

교칙은 누구의 욕망에 맞춘 것인지, 문제아는 누가 어떻게 규정하는지 다시 질문해보자. 자기 머리카락조차 마음대로 하지 못하게 하는 진짜 이유가 무엇인지, 학생은 차가운 시멘트 바닥에 꿇어앉아도 되는 것인지, 왜 한두 명 상을 받는 자리에 전교생이 동원되어 박수를 쳐줘야 하는지, 학교장은 왜 높은 교단 위에 올라서고 모든 학생들은 뙤약볕 아래에서 견디어야 하는지, 당연하게 여겼던 것들을 의심하고 질문하고 성찰하지 않는 순간 자기 이익과 언어를 배반하게 된다. 학교에서 익숙하게 여겼던 것들을, 그렇지 않을 수도 있다고 다시 질문해보자. 질문 없이, 지시받고 주입받은 언어에 충실할수록 '나'는 타인의 언어에 지배당하게 된다.

그렇게 학교에서 타인의 언어를 자기 언어로 주입받아온 대중이 자기 이익을 계산하지 못하게 된 것은 당연하다. 말하자면 교사는, 대중의 정치적 배반을 설명해온 관념적이고 전문적인 언어를 '아이들의 일상언어'로 번역해주어야 한다. 그래서 아이들이 '자기 삶의 구체성과 연결' 지어 자신의 언어를 찾을 수 있도록, 교사는 학생들과 함께 매일매일 학생들의 언어로 실습해야 한다.

대화 가운데 가끔 아이들이 교육감이나 대통령 선거에서 '누구를 뽑아야 하느냐'고 내게 묻는다. 그럴 때마다 '내가 추천하는 후보가 여러분에게도 이익이 되는지 어떻게 장담하느냐, 그리고 나중에는 또 누구에게 물을 것이냐고 되묻는다. 답을 기대했던 아이들은 뚱한 표정을 짓는다. 나는 천천히 분명하게 말한다. 자기 이익을 스스로 판단하라고. 정답을 스스로 찾지 않으면 평생 남의 이익을 따라갈 것이라고 말한다. 정치적 주입은 정치적 노예를 만들 뿐이기에, 오히려 해롭다. 정답을 찾아가는 능력을 기르는 것, 매번 자기 이익을 스스로 판단할 수 있는 자가동력엔진을 갖추게 하는 것이 진짜 정치교육이다. 이는 구체적 일상에서 일상의 언어로 학습하는 것이다.

나는 왜 이런 교사의 역할을 말하는가? 교실에서 절대권력을 휘두르는 교사도 한국사회에서는 이 아이들과 마찬가지로 권력에 쉽게 침해받고 억압당하기 때문이다. 한국사회에서 나와 이 아이들이 정치적 좌표를 공유할 가능성이 크기 때문이다. 말하자면 나는 나의 이익을 위해 그러하다. 나는 그 누구를 위해 나를 희생할 만큼 이타적이지 못하다. 나는 단지 '당신이 말하는 교육이 누구를 위한 교육이냐'며 질문을 멈추지 않는 교사일 뿐이고, 모두를 위한 중립의 교육이 가능하지 않다는 것을 깨달은 교사일 뿐이다.

그런데 중립을 가장하지 않는 교사를 누가 싫어하겠는가! 교과서 안에만 머물지 않고 교과서 언어 자체에 의문을 제기하며, 학생들에게 자기 언어를 되찾으라는 교사를 누가 싫어하겠는가. 권력에 순종하지 않은 수백 명의 교사들이 정치적이라는 이유로 교단에서 '정치적으로' 쫓겨났다. 자본주의 체제에서 노동자의 해고는 곧 살인이라 하듯이 수백 명의 목이 뎅겅뎅겅 잘려 인터넷 저자거리에 돌림을 당했다. 그렇지만 수많은 대중은 어느덧 '이웃의 살해'를 조롱거리로 삼고 있다. 사실관계를 확인하거나 법적 공정성을 따져볼 마음도 없이, 이들 효수당한 교사들에게 오직 돌 던지기에 바쁜 대중을 보라! 그들은 누구의 언어로 누구에게 돌을 던지는가?

대중의 정치적 각성을 촉구하려는 교사는, 바로 그 대중에 의해 살해되는 것이다. 이 역시 어제 오늘의 일도 아니고, 대중의 각성이 없는 한 앞으로도 계속될 것이다. 아, 누구를 탓하겠는가! 그들 대중에게 국가-자본의 언어를 충직하게 이식시킨 자들이 바로 우리 교사가 아니던가. 정치적으로 올바르게 질문하는 법은 결코 쉽게 학습되지 않는다. 또 그렇기에 교사는 젊은 브레히트가 그랬던 것처럼, 질문하는 법을 잊어서도 안 되고 질문하기를 멈추어서도 안 되는 것이리라.

독서하는 노동자의 질문

베르톨트 브레히트Bertolt Brecht

성문이 일곱 개나 되는 테베를 누가 건설했는가?
책에는 왕들의 이름들만 나와 있다네.
왕들이 바위 덩어리를 끌어 날랐는가?

그리고 몇 번이고 파괴된 바빌론,

그때마다 그 도시를 재건했던 것은 누구인가?

황금빛 찬란한 라마에서 건설 노동자들은 어떤 집에 살았는가?

만리장성이 완성되던 날 밤에 석공들은 어디로 사라졌는가?

위대한 로마제국에는 개선문들이 참으로 많다네. 누가 그것들을
세웠는가?

시저는 누구를 상대로 승리를 거두었는가?

수많은 찬양을 받은 비잔티움,

그곳에 있던 것은 궁전뿐이었는가?

전설의 아틀란티스에서조차

대양이 도시를 삼켜버린 날 밤에 사람들은

물에 빠져서도 자기 노예들에게 고함치고 있었다네.

청년 알렉산더는 인도를 정복했다네.

그는 혼자였는가?

시저는 갈리아 사람들을 무찔렀다네.

그의 옆에는 요리사도 없었는가?

스페인의 필립 왕은 자기 함대가 물속에 가라앉았을 때 눈물을 흘
렸다네.

눈물을 흘린 사람은 그 혼자뿐이었는가?

프리드리히 2세는 7년 전쟁에서 이겼다네.

그 말고 누가 이겼는가?

역사의 페이지마다 등장하는 승리.

승리자의 연회를 위해 누가 요리를 만들었는가?

10년마다 등장하는 위인.

그들을 위해 대가를 치른 자들은 누구인가?

너무나 많은 이야기.

그만큼 많은 의문.

(1939년)

지금 힘써 싸우는 사람을 비웃다

그 가을의 어느 날, 저녁식사를 마치자 아내가 동사무소에 함께 가보자고 했다. 중학교를 배정할 때 근거리 배정이 아니라 학생이 희망학교를 지원하는 방법으로 바뀐다고 했다. 지원학교 정원에 초과된 학생은 추첨을 해서 원거리라도 강제 배정한다는 정보에 주민모임이 있다고 했다. 중학교는 당연히 집 근처로 배정받는다고 알았기에, 그 말이 이해되지 않았다.

동사무소는 발 디딜 틈이 없었다. 교육청은 주민들을 배제한 채 형식상의 공론화를 거쳐 이미 일을 상당히 진척시켰다. 모임은 성토의 자리가 되었지만, 성토가 방책이 되지는 못했다. 그러다 나도 마이크를 잡고 발언을 한 연유로 장소를 옮겨 논의하는 자리에 끼었고, 그 자리가 대표들의 구성으로 이어졌다. 나는 사태의 추이를 알아보기 위해 참석했다가 이 일의 중심으로 들어가게 되었다.

주민 대표들이 교육장을 면담했다. 그런데 교육장은 정책변화를 기정사실화한 채, 주민을 함부로 대했다. "어디 해볼 테면 해보라", "원거리 통학이 억울하면 배정받는 중학교 근처로 이사 가라"며 주민을 냉소했다. 교육청이 평소 교사들의 전화 받는 태도까지 감시하고 평가해온 것에 비하면, 정작 교육장이 민원인을 대하는 태도는 가히 엽기적이었다. 자기 지위의 '대단한 권력'을 과신하지 않고는 그렇게 학부모를 비아냥댈 수는 없으리라. 이 땅에서 한 줌 권력이라도 가진 자들은 왜 이토록 거만한 것일까. 결국 주민들은 대화가 불가능하다는 것을 깨닫고, 교육청과 한판 싸움을 시작했다.

우리는 싸움의 경험이 없었지만 그것이 문제가 되지는 않았다. 예전에 관청을 상대로 분쟁을 경험했던 학부형이 조직을 기획했다. 학부모 대표들은 연락책을 맡았고, 피켓이나 물품을 담당할 사람을 정했다. 경리경험이 있는 주민은 회계와 문자발송을 맡았고, 컴퓨터 수리점을 하는 주민은 홈페이지를 개설하고 관리했다. 인쇄소를 운영하는 주민은 선전물을 찍어주었고, 동네 청년회는 전단을 집집마다 뿌려주었다. 동네 시의원은 시의회를 상대했고, 특출한 입담으로 대중을 휘어잡는 학부모가 대중집회를 이끌었다. '대단한 조직'이 구성된 것이다. 교사인 나는 '이론투쟁'을 맡아, 선전물을 제작하고 교육청과 논쟁을 벌였고 언론을 상대했다. 아내도 주민집회를 함께 이끄느라 많은 날들이 바빠졌다.

온 동네에 현수막이 내걸렸다. "가까운 중학교 놔두고 원거리 배정이 웬 말이냐", "우리 모두 연대하여 끝까지 투쟁하자!" 주민들은 사태의 비합리성을 인식했고, 동네는 순식간에 꿈틀거렸다. 교육부와 국민권익위원회에 민원을 넣고 도교육감을 면담하고 언론의 조명을 받았다. 그런데 이것이 교육청의 오만을 멈추지는 못했다. 그들은 계속 학부모를 우습게 대했고 이에 화가 난 수백 명의 학부모가 교육청과 시청에서 연일 시위를 벌이자, 그들은 사태를 조금 심각하게 여기는 듯했다. 권력은 부드러운 사람에게는 징그럽게 날뛰지만, 힘 앞에서는 온순해지고 비굴해지기까지 한다. 권력은 대화하지 않는다. 권력은 권력과만 협상할 뿐이다.

교육청은 무책임하고 안이했다. 문제의 발단은 내가 사는 곳의 이웃 동네인 A동네의 A중학교의 과밀학급이었다. A중학교는 이 도시에서 가장 부촌이어서인지 학업성적이 우수하다는 평판에 위장전입이 발생할 정도로 학생이 몰렸다. 교육청은 도심공동화空洞化 현상으로 학생이 부족한 학교를 비워둔 채, 과밀지역에 학교를 증축하는 것은 예산낭비라 했다. 과밀지역 학생을 과소지역으로 강제 배정하는 것이 효율적인 해결이라 했다.

나는 이에 반박했다. 한 학교의 과밀 때문에 도시 전체 학생이 이동해야 한다는 것은 너무나 비상식적인 정책이고, 특히 3, 4년 후면 학생감소로 과밀학급이 자연 해소됨에도 불구하고 왜 이런 어이없는 정책을 강행하려는지 이해할 수 없다고 항변했다. 교육청은 예산의 효율을 내세웠지만, 학생들의 원거리 통학으로 발생하는 차비와 시간비용, 그리고 도시 전체의 혼잡성 증가로 사회적 비용은 오히려 증가할 것이라고 지적했다. 이는 단지 교육청 예산을 줄이기 위해 그 비용을 학생과 학부모에게 전가하는 것일 뿐 아니라, 교육을 효율의 가치로만 접근하는 철학의 부재라고 비판했다. 그리고 학교 중심으로 학생을 배정하겠다는 것은 의무교육으로서의 기본권을 침해당하는 것이라 했다. 교육청이 정책변화를 고집하는 진짜 이유는, 중학교를 선택하도록 해서 결국 학교 간 서열 경쟁을 강화하려는 의심이 든다고 지적했다.

교육청은 설득력 있는 답변을 하지 못했다. 교육청은 대학의 전문 연구기관에 의뢰해 수천만 원의 용역 보고서를 작성했는데, 전문가들은 교육청의 결론에 맞추려고 현실조차 왜곡했다. 전문가들은 거짓 지식을 당당하게 팔아먹는다. 온갖 수치와 그래프와 통계자료로 가득한 수백 쪽의 보고서는 대중을 겁박하기에 충분했지만, 우리는 그것을 꼼꼼히 읽고 조목조목 반박했다. 수많은 학부모들이 원거리 통학시간 데이터를 실제 '몸으로' 추출하여, 그들의 결론이 전문적으로 꾸며진 것임을 증명했다. 그들의 전문언어는 현실과 너무 동떨어져 있었다. 그들 전문가의 이유란, 우리와는 무관한 그들만의 이유일 뿐이었다.

마을 개천에 다리를 세우는 일은 건설전문가의 몫이겠지만, 그 다리가 필요한지 아닌지의 판단은 주민들의 상식에 따르면 된다. 그 다리가 마을주민을 위한 것이라면서 주민을 겁박할 수 없는 것처럼, 시민을 냉소하고 무시하면서 시민을 위한 정책을 펼 수는 없다. 전문가의 낯선 언어를 믿어서는 안 된다. 전문가의 언어는 정밀한 수사와 복잡한 공식을 사용하지만 그것은 대개 그들의 편의와 이익을 감추기 위한 장식일 가능성이 크다. 중요한 것은 상식이다.

　　그리고 염려했던 일이 결국 일어났다. 교육청의 정책은 시내 전체 학생들의 이동을 초래하기에 우리는 여러 동네 주민들과 함께 협의체를 구성했다. 그런데 바로 옆 동네인 A동네는 함께 연대하자는 우리의 제안을 거절했다. 다른 지역은 원거리 강제배정을 하더라도 자기들은 A중학교에 그대로 배정받기로 교육청과 협의되었다는 것이다. 자기 동네 자기 학교 과밀 때문에 불거진 이 사태에, 자기들만 예외대접을 받을 것이라는 이 대단한 착각이 어이없었다. 이리저리 설득했지만 소용없었다. 연대를 위해 방문했던 우리 동네 대표는 선민의식에 눈먼 그들에 의해 질질 끌려나오는 수모까지 당했다.

　　그들은 "우리 동네는 다르다", "집회하는 무식한 당신들과는 함께 못한다"는 말을 우리 면전에서 할 만큼 특권의식에 젖어 있었다. 크지도 않은 이 도시에서, 그들 부와 권력을 앞세우며 그들 똑똑한 방식으로 이웃을 냉대했다. 나는 그들에게 혐오감을 느꼈다. 언제나 아름답기만 한 이야기는 없는 법이다. 어디에든 구질구질한 일이 끼어들기 마련이고, 또 바로 그것에서 우리가 오래 기억해야 할 교훈을 찾아야 하는지도 모른다. 눈곱만한 이익을 선취하기 위해 이웃을 배제하는 그들을 보며, 이 땅의 숱한 억압과 모멸이 어떻게 가능한지 알 듯했다.

　　그리고 교육청도 나쁜 방법을 사용했다. 학력수준이 낮은 지역의 주민들을 상대로, 학력이 우수한 중학교를 지원해서 배정받으면 학생들의 성적이 상승할 것이라 했다. 그러나 이 역시 기만이었다. 학력우수 중학교라는 것이 학부모의 환경과 사교육에 따른 학력편차일 가능성이 큰 상황에서, 저학력 학생이 우수학교로 오는 것만으로 성적향상을 기대하기는 어려우며, 원거리 통학의 이중고통까지 떠안게 되는 것이라고 나는 논박했다. 교육청이 진정 학력편차를 해소하겠다면 낙후지역을 중점지원하는 역차별 방식이 되어야 한다고 지적했다. 그러나 교육청은 우리를 기득권을 지키려는 이기적인 주민으로 매도하면서 주민들을 분열시키려 했다.

우여곡절 끝에 열린 공청회 자리에서 교육청 쪽 패널로 참가한 학부모의 말은 가슴 아픈 것이었다. 그는 교육청의 논리를 자기 것으로 하여, 낙후한 시설과 학력이 낮은 자기 동네의 학생들도 우수한 학교를 배정받는 것이 공정하지 않느냐고 했다. 나는 그 학부모에게 "당신이 주장하는 균등한 교육기회에 우리도 전적으로 동의한다. 그것을 위해 당신이 해야 할 일은 우리와 대적하는 것이 아니라, 당신네 학교를 위해 더 많은 지원을 교육청에 요구하는 것이다. 그런 진짜 개선을 위해서 당신과 우리는 손을 잡아야 한다"라는 취지의 발언을 했고, 청중의 박수를 받았다. 교육청은 주민들이 이해관계로 서로 다투는 것처럼 하며, 정책을 추진한 자기들은 뒤로 쏙 빠지려 했다. 교육청은 주민을 내세워 다른 주민을 제어하려는, 분할지배를 구사한 것이다. 이런 분할지배는 역사의 페이지마다 있어온 익숙한 전법이었는데, 이 작은 동네에서도 어김없이 힘을 발휘했다.

이 일은 어차피 명분으로 해결될 일도 아니었고, 몸을 움직이는 것에서도 우리는 그들의 상대가 되지 못했다. 우리는 직장 일을 마친 후에 피곤한 몸을 이끌고 모였다. 서로 연락해 늦은 밤 회의에 참가했고 현수막과 선전물을 제작하고 또 돈을 각출했다. 피켓을 만들고 사람을 모아 구호와 팔뚝질로 집회를 개최했다. 재능 있는 대표가 집회를 열성과 축제의 장으로 변모시켰지만, 그럼에도 힘들었다. 우리는 겨울밤 농성도 하지 않았고 단식도 점거투쟁도 하지 않았지만, 그러나 '고작' 그 일로도 우리는 힘들었다, 솔직히.

그런데 교육청은 상황이 달랐다. 우리가 직장을 어렵게 빠져나와 모인 교육청이, 교육청 직원들에게는 출근 장소였다. 우리가 수많은 날 수많은 노력으로 시위를 조직하면, 그들은 서류 한 장으로 수백 명의 전투경찰을 배치하곤 했다. 그들은 따뜻한 곳에서 커피를 마시면서 한참 지쳐 있던 우리와 대적했다. 우리의 열정이 그들의 일상을 쉽게 넘어서지 못하는 이유다. 그런데 그들의 커피와 전투경찰은 우리의 세금으로 충당된 것이 아니던가. 우리 주머니에서 돈을 꺼내 간 그들이 우리에게 맞서는 꼴이었다. 이런 비대칭적인 진지 안에서 관료들은 우리가 지치기를 기다렸다. 그들의 일상이 우리의 열정을 냉소하고 있었다.

해가 바뀌고 봄이 왔을 때, 교육청으로부터 주민 의견을 수용하겠다는 비공식적 답을 받았다. 그럼에도 그들은 공청회를 개최해서 '전문가다운 형식적 완결성'을 남기고 싶어 했다. 우리는 다시 버스를 대절하고 피켓과 현수막을 준비하고 어깨띠를 두르고 교육청에 모였다. 천 명이 훌쩍 넘는 주민들 속에 A동네 주민들도 있었다. 자기들만의 몫이 따로 없다는 것을 뒤늦게 깨닫고 우리와 함께했다. 얼마 후, 문제의 발단이 된 A중학교를 증축하는 것으로 사태는 마무리되었고, 딸아이는 예정했던 대로 집에서 가까운 B중학교로 걸어서 다닐 수 있게 되었다.

어쩌면 몇 년을 끌 것이라 예상했던 일이 반 년 만에 해결된 것에 안도했다. 잘못된 정책 하나를 되돌리기 위해 수많은 주민들이 엄청난 수고를 치렀지만, 그렇다고 동네주민 모두가 함께했던 것은 아니었다. 어떤 이유에서든 한 번도 거리에 나오지 않고 비용을 치르지도 않았던 사람이 훨씬 더 많았다. 언제 어디에서나 그래왔듯, 무관심과 냉소로 응대하는 사람들도 많았다.

일이 끝난 후, 앞장서 고생했던 주민이 말했다. "갖은 고생으로 일을 이루었지만, 우리를 냉소하고 비난까지 하던 사람들은 너무 편하게 혜택을 누리지 않는가?"라고 했다. 맞는 말이다. 그런데 그렇다면 누가 이 일을 했겠는가? 그들 냉소하는 사람들이란 아무것도 이룰 수 없는 자들이기에, 그들에게 기대할 것은 처음부터 없었다.

세상을 바꾼 것은 그들이 아니었다. 몸을 움직인 소수가 세상을 변화시켰지만, 그 열매는 모두가 누려왔다. 그런데 만약 지금 내 수고에 따른 지분을 주장하고 싶다면, 오늘날 내가 누리는 숱한 권리들을 위해 앞서 피 흘린 사람들에게 내가 먼저 지분을 치러야 할 것이다.

그 가을의 싸움에서 내가 깨달은 것은 지금 우리가 익숙하게 누리는 숱한 권리들이 누군가의 목숨 값이었던 것처럼, 연대는 옆으로뿐 아니라 아래로도 가능하다는 것이었다. 오늘 나의 싸움은 내 딸이 살아갈 세상과 연대한 것이기도 하다. 그래서 '지금 힘써 싸우는 사람'을 비웃는 것만큼 어리석은 일은 없다. 왜냐하면 그것은 지금 자기가 누리는 권리와 자기 아들 딸이 누릴 권리마저 비웃는 것이기에 말이다.

아름다운 말이 부족해서가 아니다

"말을 하면 어긋나고, 말을 안 하면 잃고, 말을 하지도 않고 안 하지 않아도 십만 팔천 리나 멀어졌다. 그러나 자기의 자성自性을 바르게 본 본분도인本分道人은 말을 해도 무방하고, 말을 안 해도 무관하고, 말을 하지도 않고 안 하지 않아도 옳은 것이다." 경봉鏡峰 선사처럼 말에 매이지 않는 경지를 우리 같은 범인凡人들이 흉내낼 수 있을까?

한 경지에 이르면 이처럼 된다지만, 대체로 전통적 입장에서 말이란 진리를 왜곡하는 저급한 것으로 취급된다. 잘해야 본전이라며 조심하고 삼가는 것을 미덕으로 여긴다. 그렇다. 언어란 오해와 왜곡을 동반할 수밖에 없기에 진리를 그대로 포획하지 못한다. 그래서 불립문자不立文字니 이심전심以心傳心이니 하며 언어 이전이나 언어 밖을 기웃거리기도 하고, 혹은 선문답으로 고매와 초월을 말하기도 한다.

그러나 불립문자나 이심전심이라는 언술 자체가 바로 언어행위인 것을 부인할 수 없는 것처럼, 결국 우리는 어떻게든 언어를 통해서 세계와 관계 맺을 수밖에 없다. 선사들은 깨달음의 경지를 왜 게 송偈頌으로 읊었을까? 그들이 깨달음을 문자로 추인 받는 형식을 취한 것처럼, 진리란 언어로 사건화됨으로써 재현되는 것이 아닐까 생각해본다. 요컨대 우리는 세계의 의미를 추적하기 위해 어쩔 수 없이 언어의 기표에 올라탈 수밖에 없는 것이 아닌지, 언어가 진리를 재현하지 못한다지만 이는 언어의 문제가 아니라 진리라고 불리는 것의 문제가 아닌지 생각해본다. 말하자면 언어란 결코 무용하지 않은 것이다.

그래서인지 또 한편에서는 말이 중요하다며, 아름다운 말을 미덕으로 여기는 사람들이 적지 않다. "오늘도 좋아 보이십니다!", "좋은 아침입니다!"라며 미소를 머금고 덕담을 건넨다. 이렇게 상대를 치켜세워주는 말이나 인사를 굳이 뭐라 할 것은 없다. '가는 말이 고와야 오는 말이 곱다' 거나 '혀는 몸을 베는 칼이다' 처럼 세 치 혀를 함부로 놀리지 않는 것을 미덕으로 여기는 사회통념에도 부합할 것이다.

그런데 줄곧 이런 아름다운 말을 앞세우는 사람들에게, 나는 뭔가 산뜻하지 않은 느낌을 받곤 한다. 대체로 그런 사람들의 행동 역시 나긋하고 친절하긴 한데, 바로 그 나긋함에 명료하지 않은 뭔가가 묻어나는 것이다. 나는 그들을 오래 지켜보면서 그들 친절하고 아름다운 말이 진짜 아름다운 것인지 의문을 갖게 되었다.

말하자면 사랑을 말한다 해서, 그것이 사랑을 실현하는 것일까?

예를 들어 우리가 흔히 사용하는 '사랑한다'는 말이 그 자체로 의미를 가질 수 있을까? 자식을 위해 목숨을 버리는 부모도 사랑을 말하고, 돌아서는 연인의 등에 칼을 꽂으면서도 사랑하기 때문이라고 하듯, 말이란 '어떤 맥락에서 어떤 용도로 사용하는가'에 따라 그 의미가 규정될 뿐이다.

그래서 언어철학자인 비트겐슈타인은 말의 의미란 "쓰임의 문제"라 했다. 언어는 그 자체로 의미를 갖는 것이 아니라 그 언어가 사용되는 맥락에 의해 규정된다. 그런데 언어 사용자의 욕망과 감정, 생활태도 등의 차이 때문에, 하나의 언어가 모든 사람에게 똑같은 용도로 쓰이지는 않는다. 그렇기에 언어의 이해와 효용은 언어 사용자가 어떤 맥락에서 그 언어를 사용하고 행동하는가의 문제가 된다.

말하자면 언어의 의미는 언어 사용자의 마음 안에 있지 않다는 것이다. 그래서 동네 어귀에 우뚝 서 있는 '바르게 살자'라는 돌비석은 아무런 의미가 없다. 어떻게 사는 것이 바르게 사는 것일까? 어떤 구체적 맥락도 없이 제 혼자 서 있는 그 우람한 구조물은 '착하게 살자'라는 조폭들의 자기과시 혹은 독백과 다를 바 없다. 이처럼 언어란 그 자체로 고유한 의미를 내포하지 않는다. 그래서 현실 맥락 없이 사용하는 아름다운 말은 아름다움의 실현이 아니다.

그런데 누구에게나 항상 아름다운 말만 사용하며 성인군자인 척하는 사람들이 주변에 적지 않다. 자공이 스승인 공자에게 물었다. 마을사람들이 모두 좋아하는 사람이 되는 건 어떻겠느냐는 물음에 공자는 안 된다고 답한다. 자공이 그러면 마을사람들이 모두 미워하는 사람이 되는 건 어떻겠느냐고 하자, 공자는 역시 안 된다며 "마을의 선한 사람한테서는 칭찬을 받고 악한 사람한테서는 욕을 먹는 사람이 되어야 한다"고 답한다.(『논어』, 제13편 자로:24) 공자는 모두를 좋아하거나 모두에게 좋은 사람으로 불리는 것이 무엇을 의미하는지를 말한 것 같다. 이 대화에서 나는, 모두를 사랑한다는 사람이란 사실은 단 한 사람도 진심으로 사랑할 능력이 없는 사람이 아닐까 생각해 본다.

이는 예수도 그러했다. 예수는 자신만 정결하다는 바리사이와 식민 지배를 일삼는 로마인에게 송곳 같은 비난을 퍼부으며, 분노해야 할 대상을 분명히 했다. 예수가 그들에게 보낸 분노는 핍박받던 가난한 자와 병든 자와 여자와 이방인들에 대한 극진한 사랑과 구분되었다. 예수는 모두에게 아름다운 말만 하지 않았다. 마찬가지로 우리가 모두에게, 언제나, 미소를 짓는다 해서 모두를 사랑한 것도 아닐 것이고, 옳은 것은 더더욱 아닐 터다. 말하자면 언어란, 내 눈 앞의 세계를 의미로 분절하는, 그러니까 세계를 이것과 저것으로 '구분' 하는 기능을 기본으로 한다.

몰상식한 교장의 반복된 행동을 지적했다는 이유로, 나는 수업 중에 교장실로 불려갔다. 교장은 '상대방의 잘못도 감싸주지 못하는 당신이 어떻게 학생을 사랑할 수 있으며 학교를 변화시키려 하느냐'며, 낮술에 취해 고함쳤다. 그는 무조건적인 예수의 사랑을 연설하며 나를 사랑을 모르는 사람이라 질타했다. 남을 배려하는 아름다운 마음을 가지라고 훈시했다. 아, 자기의 잘못을 부끄러워하지도 않는 자에게서 듣게 된 예수의 사랑이라니! 나는 '당신은 예수의 사랑을 알지도 못하는 사람이고, 지금 내가 당신에게 대적하는 이것이 바로 학생에 대한 내 방식의 사랑'이라고 맞받아쳤다. 우리는 언성을 높였다. 그와 나는 모두 사랑이라는 아름다운 말을 마음에 품었지만, 그 쓰임의 맥락은 달랐다. 우리는 서로의 사랑을 이해하지 못했다.

학교는 언제나 아름다운 말로 가득했는데, 바로 그것 때문에 나는 슬펐다. 학교장은 언제나 '남을 배려하는 사람이 되라', '남을 탓하기 전에 자신을 돌아보라'며 사랑과 겸손을 연설했고, 그 아름다운 말로 자신의 인격을 치장함과 동시에 교사를 제어하려 했다. 권력은 언제나 그런 말을 앞세워 폭력을 행사해왔다. 그런데 왜 핍박받는 사람들조차 그 말을 아름답게 여기는 것일까?

아름다운 말로 현실을 은폐하는 학교장은 그렇다 하더라도, 평소 그의 독단에 불만인 교사들마저 왜 그 말을 따라하는 것일까. 교사들은 언제나 웃음을 머금고 아름다운 말만 사용하고 있었다. 급식은 엉망이 되고 교실 난방이 되지 않아도, "웃어야 행복합니다!", "우리 모두 사랑해야죠!"라며 부드럽고 나긋한 말을 입에 달고 살았다. 경쟁정책이 학교를 휩쓸어 아이들이 살인적 학습노동에 지쳐 쓰러져도, 그들은 아름다운 말로만 세상을 이야기했다. 내가 만약 슬픔을 그려야 한다면 언제나 아름다운 말에 취한 사람을 그릴 것이다. 술에 취한 교장실을 벗어났지만, 내 슬픔이 멈추지 않는 까닭이다.

아름다운 말만 하는 사람을 나는 믿지 않는다. 자기의 아름다운 말이 곧 자기 인격의 표현이라 믿고 싶겠지만, 이는 "차카게 살자"처럼 자기과시에 불과하다. 더구나 모두에게 베푸는 아름다운 말이란, '구분하지 않고' 모두에게 아첨하는 것과 다르지 않다. 그래서 불의한 현실과 부당한 권력 앞에서도 아름답기만 한 말이란 알랑거리는 낯빛으로 권력의 비위나 맞추는 교언영색巧言令色일 뿐이다. 또 자기의 아름답고 절제된 말이 불의한 현실을 완화하거나 갈등을 초월한 것으로 여기지만, 이는 현실을 비껴가는 언어의 비루한 타락에 불과하다. 이 세상이 아름답지 않은 것은 아름다운 말이 부족해서가 아니다.

권위적인 교사는 복종을 좋아해요

교실의 나무책상들은 수십 년은 훌쩍 넘은 듯했고, 군데군데 너무 깊게 움푹 파여 무엇을 받치지 않고는 필기가 불가능할 정도였다. 내가 처음 부임했을 때부터 책상은 눈에 띄게 낡아 있었는데, 우연히 학교에 들른 아내가 이 책상을 보고 놀란 나머지 "어떻게 이런 책상을 그냥 사용하느냐"며 나를 힐난했다.

그런데 어느 날 학교장은 사포를 1장씩 주며 책상 표면을 밀어 깨끗하게 사용하자고 했다. 그것이 절약이라고 했다. 그렇게 한다고 상판이 수리될 것 같지 않았지만, 일단 해보기로 했다. 그때 나는 중학교 1학년을 맡았는데, 아이들은 여린 손으로 열심히 사포질을 했다. 교실에 가득 날리는 미세한 가루와 그것에 캑캑거리는 아이들을 보며, 아이들에게 미안했고 학교장의 방침에 화가 났다.

보름쯤 후 학교장은 책상 면이 깨끗해지지 않았다며 한 번 더 밀자고 했다. 그것도 사포를 절약해야 한다며 1명당 4분의 1장씩을 주고 사용한 것도 회수해서 다시 사용하는 절약정신을 가르치라고 했다. 나는 어이가 없었고 모욕감마저 들었다. 그렇다고 공식적으로 발언하지도 않았다. 단지 그 지시를 따르지 않는 것으로 내 불만을 해소했다. 그런데 학교장은 한 달쯤 후 또다시 한 번 더 밀라 했고, 다수 교사들도 이건 아니라며 헛웃음 치기도 했지만, 그럼에도 교장의 지시를 따랐다.

학교장은 유난히 절약을 강조했지만 그 절약한 돈으로 어떤 교육활동을 보충하는지는 말하지 않았다. 당시 사립학교법에 의하면 교사가 예산상황을 확인할 방법도 없었다. 그런 학교장의 행태에 교사들의 불만이 쌓여갔는데, 그러던 어느 날 또 다른 일들이 겹친 끝에 나는 교무회의에서 몇 가지를 발언했다. 그 가운데, 저번 사포질에 대해서도 '우리 책상은 사포질로 수리될 게 아닌데도 세 번씩이나 지시하는 것은 비교육적인 처사였다. 예산을 확보해 교체하는 것이 우선이다'라고 항의했다.

그로부터 한두 달 만이던가? 얼마 있지 않아 전체 학생의 책상이 1, 2, 3학년 순차적으로 교체되기 시작했다. 어찌된 영문인지 교감에게 물어보니, 교육청에 예산을 요청하고 지원을 받았다고 했다. 진즉에 그렇게 했어야 할 일이었지만, 학교장도 교감도 교사도 무심했던 것이다. 그때 확연히 든 생각은 '먼저 요청해야 한다'는 것이었다. 물론 내가 발언했기 때문에 학교가 교육청에 요청했던 것인지는 모르겠지만, 그것과 무관하지만은 않을 거라고 내 마음대로 생각하기로 했다. 꼭 필요한 것이 있으면 알아서 해주기를 기다리지 말고 먼저 요청해야 한다는 교훈을 얻은 것으로 여겼다. 학교든 교사든 자기 의견을 밝혀야 논의도 협의도 시작된다는 것, 요청하지도 않았는데 자동적으로 이루어지는 일은 없다는 것을 새기게 되었다. 이 경험으로 나의 학교생활은 크게 변하기 시작했다.

그와 함께 내가 지닌 물음은, 반복된 사포질에 거부감을 가졌던 그 당시에 왜 의견을 말하지 못했던 것일까 하는 것이었다. 왜 우리는 자기 의견을 제시하고 주장하지 못할까. 그러니까 왜 우리는 부당한 지시에도 충직하기만 한 것일까. 그런데 생각해보면 그 누구도 저항하는 법을 가르쳐주지 않았고, 그래서 우리는 한 번도 배운 적이 없지 않던가! 우리는 나서지 않고 순종하는 것을 미덕으로 학습받아왔다. 자기 의견을 주장하거나 거부하거나 저항하는 것은 부도덕한 것으로 교육받아왔다. 저항이 어떻게 정의가 되는지, 저항이 어떻게 민주주의가 되고 평화가 되는지를 배운 적이 없었다.

기껏 교과서로 배운 몇몇 '역사 속의 저항'은 죽은 활자를 암기한 것일 뿐, 현실에서 익히고 실행할 사항이 아니다. 국어 교과서는 '비판하며 말하기와 읽기'를 위해서는 상대방을 대등한 입장에서 비판해야 한다고 가르치지만, 이는 단지 시험을 위한 암기사항일 뿐이다. 비판과 저항은 바로 '지금 이곳' 학교나 사회에서 감행될 수 없는 한갓 추상의 언어에 불과했다. 그렇게 우리는 학교와 사회에서 온화와 융화와 통합의 미덕만을 주입받아왔고, 타인의 마음을 불편하지 않게 하는 것을 후덕厚德하다 여겼으며, 오직 연하고 부드러운 언어의 사용만을 아름답다 교육받아왔다. 불의한 현실이나 부당한 권력과는 무관하게 말이다.

인간은 왜 이다지도 쉽게 복종할까? 정신분석가인 에리히 프롬은 『자유로부터의 도피』에서 줄곧 이에 대해 말했다. 인간은 본질적으로 고립에 불안을 느끼는 존재다. 그래서 프롬은 이 고립감 때문에 발생하는 인간 심리의 두 측면을 강조했다. 인간은 고립감을 견디려고 자기 스스로 외부의 힘에 복종하는 마조히즘적 성향과, 다른 사람을 자신에게 의존시켜 그 사람을 자기 마음대로 지배하려는 사디즘적 성향이 있다.

물론 이 두 성향의 공통점은 타인에게 의존해서 고독감으로부터 도피하려는 심리적 특징이다. 즉 자기가 외부의 힘에 의존-복종하든 다른 사람을 자기에게 의존-복종시키든, 이는 자기 혼자 있을 수 없는 고립감 때문이라는 것이다. 특히 마조히즘적 성향인 복종은 외부의 힘을 경배하여 자신이 그 힘의 일부가 되고, 그 힘에 의해 안전하게 보호받는 느낌을 갖게 한다. 이때 외부의 힘이란, 어릴 때 경험한 '원초적 보호자로서의 어머니와 명령자로서의 아버지'가 전이 투사된 '현실권력'이 되는 것이다. 그래서 부모를 대리하는 선배, 직장상사, 배우자, 정치인 등에게 의존하며 동질감과 안전감을 느끼게 된다.

인간은 자유를 갈망한다고 모두 쉽게 생각하지만, 사실은 자신을 외부의 힘에 옭아매 '자유로부터의 도피Escape from Freedom'를 본능적으로 감행한다고 에리히 프롬은 지적했다. 어릴 때 부모의 품속에서 보호받은 느낌을 성인이 되어서도 본능적으로 외부에서 찾는 것이다. 프롬에 따르면 이런 사도-마조히즘적 성격은 특별한 인간의 감정이 아니라 고독을 참지 못하는 인간본성의 문제다. 그런데 이는 흔히 사랑과 혼동되기도 한다. '자기부정'의 마조히즘적 성향을 자신을 희생하는 사랑으로 여기거나, '상대방을 지배'하려는 사디즘적 성향을 열렬한 사랑으로 착각한다. 이것은 본질적으로 의존적인 성격일 뿐이며, 개성과 자유의 상실을 말한다. 독립과 자유에 기초한 인격적 결합으로서의 사랑과는 완전히 대립되는 것이다.

이런 사도-마조히즘적인 성격은 '권위주의적 성격'으로 발현된다. 권위란 다른 사람을 우월한 존재로 보는 것인데, 그래서 권위주의 성격이란 외부에 존재하는 힘(권력)에 순종하여 힘의 원칙을 그대로 받아들이는 것을 말한다. 즉 권력을 행사하는 것뿐만 아니라 외부 권력에 복종하는 것도 권위주의적 성향이라는 것이다. 프롬은 특히 이 권위주의적 인간을 전면적으로 비판했다. 그런 인간은 외부 힘을 자기 삶의 가치로 받아들여 결국 자아를 포기한 "자동인형"이 되어, 진정한 자유를 체득할 수 없기 때문이다.

또 프롬은 『불복종에 관하여』에서, 인류 역사에서 복종은 선善과 동일시해왔고, 불복종은 악惡과 동일시해왔다 한다. 즉 사람들은 자신이 복종하는 것은 그것이 선이기 때문이고, 불복종을 혐오하는 것은 자신이 비겁해서가 아니라 불복종을 악으로 여기기 때문이라는 것이다. 이는 인류 대부분의 역사에서 소수가 다수를 지배하기 위한 방식인데, 이처럼 소수권력에 의해 조직화된 인간은 불복종의 능력을 잃게 되고, 결국 자기가 복종한다는 사실조차 모르게 되었다. 그렇지만 이브와 프로메테우스의 불복종이 인간 자유와 문명의 시작이었듯이, 인간은 불복종을 통해 진보를 거듭해왔다고 말한다.

몇 년 전 학교급식 때문에 여러 가지로 시끄러웠던 적이 있다. 지금은 자체 급식으로 전환하여 양질의 급식이 가능해졌지만 당시에는 외부업체에 맡긴 위탁급식이었다. 한때 사회문제가 된 것처럼 우리 학교도 음식의 질이 너무 낮아 도저히 식사를 할 수 없을 지경에 이르렀다. 점심시간이면 교사들은 학교 밖 식당으로 향할 만큼 급식은 모두에게 고충이었다. 그런데 공식적으로 어떤 논의도 없었다. 이 저질의 급식은 급식업체의 비양심이 문제였지만, 감독을 제대로 못한 학교장과 교사들의 책임이기도 했다. 학생들은 학교에 급식개선을 지속적으로 건의했지만 어떤 개선도 없자 급식을 거부하기 시작했다. 당연한 반응이었다. 학생들은 도시락을 싸오기 시작했다.

그런데 다수 교사들은 이렇게 말했다. "아이들의 말이 아무리 옳다 하더라도 저렇게 집단행동하는 것은 용납할 수 없다"며 학생들의 단체행동 자체를 비난했다. 교사들도 외면하는 급식을 우리 교사들이 먼저 해결했어야 함에도 불구하고, 뒤늦게 나선 학생들의 저항만을 불편해했다. "저런 식의 집단항변을 들어주면 아이들은 그걸 배워서 계속 더 심한 요구를 할 것"이라며 교사에게 공손하지 않다는 것만 크게 문제 삼았다. 참으로 서글픈 진단이었지만, 우리 사회에서 쉽게 볼 수 있는 반응이기도 하다.

저항과 불복종은 공손과 함께할 수 있는 것이 아니다. 상대방을 편안하게 하거나 마음을 다치지 않게 하는 저항이란 없다. 저항은 상대의 불의와 맞서는 것이고, 불의한 권력의 수치를 건드리는 것이다. 당연히 상대와 적대하는 불편을 감당하며 자기 권리를 확보해가는 것이다. 지금 우리가 익숙하게 누리는 민주주의란 것이 그냥 얻어진 것은 하나도 없고 모두 피 흘린 투쟁의 산물인 것처럼, 적대성이야말로 저항의 속성이고 권리의 확장이다.

사람들은 간디의 비폭력 저항을 그냥 참고 견디는 수동성으로 오해하지만, 간디는 "비겁과 폭력 중에서 하나를 선택하라면 나는 폭력을 선택하겠다"고 했다. 즉 그는 '비폭력'보다는 '저항'을 중요하게 여겼는데, 그 본질은 상대의 의지에 반하는 적대성의 표출이었다. 그러니까 비폭력적인 적대는 가능할지라도, 공손한 저항은 가능하지 않다.

왜 교사는 학생들의 정당한 요구조차 들어주지 않을까? 왜 교사는 학생의 요구가 옳은지 그른지를 논의하기보다 학생이 공손하냐 아니냐에 민감할까? 이들 교사는 학생의 요구를 들어주면 교사 자신의 독립과 자유가 훼손된다고 느끼는 것 같다. 학생의 요구와 저항을 학생 인격의 독립적 성장으로 바라보지 못하고, 교사에 대한 공격으로 받아들이는 것 같다. 갓난아기를 사랑스러워하던 부모도, 아이가 '싫어, 안 해'라는 말을 하기 시작하면 자기를 공격한다고 여기는 것처럼 말이다. 아이가 독립적 인격으로 성장하기보다는 '말 잘 듣는 강아지'로 남아 있기를 바라는 부모처럼 우리 교사도 학생에게 복종만을 요구한다.

그러니까 에리히 프롬에 따르면 인간이 인격적으로 만나기 위해서는 모든 외부적 권위로부터의 독립과 자유를 체득해야 한다. 결국 독립성의 문제다. 독립하지 못한 의존성이 권력을 행사하거나 권력에 복종하는 권위주의적 성향으로 나타난 것이다. 말하자면 학생의 저항 자체를 불편하게 여기는 교사는 자신이 독립적이지 못하고 얼마나 의존적인지를 모르는 것이기도 하다.

결국 학생들에게 권위적인 교사의 태도는 교육관에 대한 차이가 아니다. 그것은 '홀로 있을 수 있고 부모로부터 독립한 인격체로서의 성장'을 이루지 못한, 무의식적 두려움에 바탕을 두고 있다. 그런 교사는 학교장이나 어떤 권력에 비판도 저항도 불복종도 하지 못한다. 성인이라고 하지만 사실은 '어머니의 보호와 아버지의 명령'으로부터 벗어나 충분히 성장하지 못한, 유아적인 불안이 있기 때문이다. 외부의 힘으로부터 독립한 자유를 견딜 힘이 없기 때문에 자기의 진정한 자유를 회피하는 것이다.

어쩌면 불복종이란 눈앞의 대상권력과 투쟁하는 것이라기보다는, 자유를 감당하기 위해 자기 고독과 투쟁해야 하는 개오開悟의 차원에 가깝다. "그렇지 않습니다! 반대합니다!"라는 발화는 전존재全存在의 각성과 변혁이 따르지 않는 한 불가능하다. 그래서 불복종은 근원적 고독을 정면으로 응시하고 감당할 수 있는 힘과 관련되어 있다. 말하자면 복종의 대척점에는 고독이 있다. 그 고독을 받아들일 때라야 진짜 자유를 얻을 것이다.

고독을 감당하지 못하는 교사가 학교장에게는 마조히즘적 성향으로 복종하고, 아이들에게는 사디즘적 성향으로 복종을 강요한다. 마치 자기를 부정하며 의존하는 것을 사랑으로 착각하는 연인처럼, 학교권력에 자신을 완전히 귀속시키는 것을 올바른 교사의 자세로 착각하고 있다. 자신이 복종에 충실한 것은 선善하기 때문이지 비겁해서가 아니라는 위안을 삼으면서 말이다.

바로 그 권위적인 교사가 학생에게는 온갖 규율과 교칙을 내세워 '선善한 복종'만을 요구한다. 그렇게 복종을 내면화한 학생들도 권위주의적 인간이 되어, 부당하고 불의한 권력에 저항하지 못하게 된다. 어쩌면 이것이야말로 연기緣起와 윤회輪廻의 한 모습이기도 할 것이다. 그래서 나는 이 굴종의 교육이 무섭다.

학력 우수생의 나라에서 교사로 살아가기

연말마다 각 학교는 서울대에 몇 명 보냈는지를 경쟁적으로 과시한다. 학교 담벼락이나 동네 광고판에 '축! 사법고시 합격', '축! 의대 입학' 같은 현수막이 나부낀다. 혹은 장관이나 장군에 취임했다거나 심지어 무슨 회사 부사장에 올랐다는 내용까지 버젓이 거리에 내걸리곤 한다. 졸업한 초등학교 담벼락에서부터 중고등학교를 거쳐 문중이나 각종 친목단체 이름으로 곳곳에 내걸리고 있다. 이른바 '출세한 위세'를 떠는 것이다.

그것을 보고 동네 사람들은 누구네가 장관이 되었고 누구 자녀가 사법고시에 합격했다는 것을 화제 삼는다. 그들이 법조인이 되고 장관이 되어 무엇을 하는가에 대해서는 살피지 않고, 그 자리만을 칭송하기에 바쁘다. 그들의 출세가 그 가족에게는 축하할 충분한 이유가 되겠지만, 정작 우리가 물어야 하는 것은 그들이 사회에서 무엇을 하는가가 되어야 하지 않겠는가. 그런데 사회와 학교는 그런 질문까지는 하지 않는다.

학교는 공부 잘하는 학생을 상찬賞讚하기에 바쁘고 공부 못하는 학생은 찬밥 신세이기 십상이다. 그래서 공부 잘하는 학생은 과도한 자부심으로 가득 차 있고, 공부 못하는 학생은 누가 뭐라 하지 않아도 자존감에 상처를 입게 되어 있다. 매년 이를 지켜보며 학생들에게 공부 잘하는 것만으로 훌륭해지는 것은 아니고 또 공부 못한다고 자기 존중감을 훼손해서는 안 된다고 말해왔지만, 이런 몇 마디 말로 학생들이 건강해진다면 교육이란 얼마나 쉬운 일이겠는가. 학교의 목적이 공부인 것은 분명하지만, 공부만이 학교의 전부가 되면 그 사회는 이미 병든 사회다. 더구나 그 공부란 것도 대학입시와 출세로만 측량한다면 교육은 이미 실패한 것일 수밖에 없다. 우리 사회에서 공부 잘한다는 것은 어떤 의미이며, 그들은 칭찬받아 마땅한지를 다시 물어야 한다.

　군사정권 시절, 법정에서 많은 민주인사들이 고문에 의한 자백이었음을 호소해도 법관들은 무시했다. 바짓가랑이만 올려보게 했어도 확인할 수 있었던 고문을 법관들은 모르는 척했다. 한국 현대사에 관한 이런저런 자료를 접할 때마다 법조계에 대한 나의 불신과 분노는 커져만 갔다. 민주주의를 위해 목숨을 담보로 저항하는 사람들에게 그들 법관과 검사들은 어떻게 했던가. 그들 법조인들이 지배권력의 충견을 마다하지 않은 이유가 더 높은 출세를 위한 것 외에 다른 이유가 있었는지 모르겠다.

　그때 법관들이 법정신에 조금만 더 충실했다면, 우리 사회가 좀 더 건강해졌을 거라는 상상을 하곤 한다. 그들이 판결을 거부하고 변호사 개업을 하더라도 이 사회의 상층부일 거라는 상상은 '현실'을 모르는 나의 낭만일지 모르겠다. 나는 지금 불의한 권력에 던져야 할 분노를 힘없는(?) 사법부에게로 잘못 향한 것일까? 피고의 인생을 자기의 승진과 맞바꾸고도 '합당한 판결이었다', '어쩔 수 없었다'는 법관들을 보며, 많이 배웠다는 사람들에 대해 다시 생각하게 되었다.

교사들이 양심에 따른 교육활동을 할 수 없을 때 어떻게 하는 것이 교사의 올바른 자세일까? 군사정권 시절 중고등학교를 다닌 내 기억에, 대부분 교사들은 독재정권을 찬양하고 민주주의를 폄하했다. 하지만 참다운 교육을 위해 목이 잘리는 '순교'의 길을 자청한 교사들도 1,500명이나 있었다. 직업적 양심을 지키기 위해 이토록 처절하고 장엄했던 장면이 있었는지 모르겠다. 어느 누가 그 길이 두렵지 않았겠는가. 그냥 가만히 있으면 월급 나오고 무탈했을 텐데, 그들은 왜 가시밭길을 선택했을까. '민족, 민주, 인간화'라는 참교육을 모토로 했다지만, 그것만이 이유가 아닐 것이라고 내 마음대로 상상해본다.

후배교사인 내 경험에 따르면, 교사를 가장 비참하게 하는 것은 교단에서 뱉은 말을 스스로도 감당 못하는 교육현실에 있었다. 교사가 정의와 양심 혹은 아름다움에 대해 말하지만, 정작 학교장과 교육청과 정치권력은 교실 안의 정의도 양심도 아름다움도 허락하지 않았다. 그 굴종과 모멸을 거치며 나도 질문하기 시작했다. 도대체 나는 무엇을 가르치는가? 나의 아름다운 말이 진짜 가르침이 될 수 있는가 하는 의문이 들었다. 이는 가르치는 자가 던져야 하는 물음이었고, 또 가르치는 자로서 느끼게 된 부끄러움이기도 했다.

그래서 수많은 교사들이 몸을 던져 지키고자 했던 것이 사실은 부끄러움의 회복과 다르지 않다고, 내 마음대로 생각하기로 했다. 그 양심의 회복이란 개인윤리로만 될 일이 아니었다. 촌지 거부를 선언했을 때, 다른 교사는 어떻게 하든 자신만은 받지 않겠다는 개인 다짐이라기보다, 촌지에 대한 제도적·문화적 변화까지 아우르겠다는 집단의지의 표명이었다. 학생을 때리지 않겠다는 다짐은 폭력 없는 사회를 만들겠다는 다짐이고, 민주주의를 가르치겠다는 결의는 민주주의를 압살하는 제도에 맞서겠다는 결의와 다르지 않다. 그래서 양심을 지킨다는 것은 단지 개인윤리를 말하는 것이 아니다. 직업윤리를 훼손하는 정치권력과 싸우는 것이었고, 더 많은 개인의 양심이 숨 쉴 수 있도록 제도를 변혁하는 투쟁이기도 했다.

내가 사는 이 도시의 대형종합병원에 류마티스 전문센터가 있다. 그런데 한 의사가 퇴행성관절염을 의도적으로 난치성인 류마티스성 관절염으로 진단해, 환자에게 6, 7년간 약을 복용하도록 처방했다. 한두 명이 아니라 몇 년간 이루어진 일이라 집단소송을 당하게 됐다고 지역의 뉴스가 전했다. 왜 그랬을까? 병원경영을 위한 것이라고 하기에는 너무 비열하지만, 영업이익을 앞세우는 의사들이 한둘이 아닌 것이 의료계의 현실이기도 하다.

의사들이 병원수익을 맞추기 위해 과잉진료와 약물남용을 관례로 여길 때, 그들은 이미 직업윤리를 말할 수 없다. 보험공단의 비현실적인 규정 때문에 양심적인 의술을 펼칠 수 없다며 제도 탓으로 돌린다 해서 의사의 결백이 성립하지도 않는다. 의사의 직업윤리는 그 제도의 비합리성을 바꾸는 것까지 포함해야 하는 것이다. 그 불합리한 제도에는 맞서지 않고 단지 환자에게 처방을 남발하는 것으로 수익을 보전하겠다는 것은, 오래전 교사들의 월급이 적다 해서 학부모에게 촌지를 요구한 것과 다르지 않다. 그래서 의사들의 직업적 책무는 국민건강을 위해 모순된 제도와도 맞서야 하는 것이고, 의료의 사회적 차별을 개선하고 의료공공성으로 나아가는 것까지 포함한다.

판사들도 양심적 판결을 위해 불합리한 제도나 외압에 맞서지 않았다. 그들은 고문에 의한 자백과 죽음의 공포로 떠는 시민에게 사형과 수십 년 징역형을 기꺼이 선고했다. 이들에게 기대할 양심은 없다. 더구나 전관예우라는 기괴한 관습으로 한국사회를 끔찍하게 타락시킬 때, 그들은 제거되어야 할 암적 존재와 다르지 않다.

이를 깨닫지 못한 전문가들이 '왜 우리 의견을 존중하지 않는가'라며 대중을 힐책하고 대중을 무지하다 한다. 대중은 그들에게 무엇을 요구했던가? 단지 각 직업의 사회적 책무를 요구했을 뿐이다. 그런데 전문가들이 자기 이익을 위해 대중을 희생양으로 삼을 때, 대중도 전문가들을 이용할지언정 존중하지 않기는 마찬가지다. 그래서 전문가와 대중은 함께 타락해가고, 이것이 우리 사회의 슬픈 자화상이기도 하다.

미국의 실천적 지식인 하워드 진은 교육을 많이 받고 전문지식을 갖춘 사람일수록 거짓말과 사회모순들을 기꺼이 수용한다고 비판했다. 그의 지적대로 교육을 많이 받은 사람은 사회상층부에 진입하여 체제의 수호자가 된다. 그들은 이미 권력의 욕망을 내면화했기에 부끄러움을 가르치기가 더 어렵게 되었다. 검찰총장 청문회에 나온 모 후보가 수천만 원을 떡값이라 우기는 뻔뻔함을 보면, "애야, 그냥 떡값이란 게 있기나 하니? 그게 바로 뇌물이란다. 그건 부끄러운 짓이란다"라는 말은 그에게 아무런 가르침이 안 된다. 출세를 위해 무고한 사람의 목숨을 요구하는 법조인처럼, 환자의 몸에서 돈을 긁어내는 의사처럼, 그리고 학생의 영혼을 압착하는 교사처럼, 말하자면 한국사회는 많이 배울수록 부끄러움을 모르는 사회가 되었다.

그들이 학창시절 공부를 못해서 그런 행태를 보이는가? 그들 모두 학력 우수 학생으로 교사의 칭찬을 달고 살았을 것이다. 공부 잘하는 것만을 최고로 여겼을 그들에게, 공부 잘한다는 의미가 무엇인지를 우리 사회가 다시 질문해야 하는 이유다.

공부 잘한 학생은 교수가 되지만, 출세를 위해 거짓 지식을 팔아먹으며 권력의 나팔수를 자청한다. 공부 잘한 학생은 법조인이 되고 고위관료가 되지만, 전관예우로 한국사회의 공정성을 통째로 흔들어버린다. 이들이 서로 몸을 섞어 공생의 카르텔을 형성한 지 오래다. 직업적 책무는 내팽개치고 최상층을 향한 욕망의 관성에만 몸을 맡긴 그들이 한국사회의 '엘리트'를 자처한다. 조금이라도 더 출세하려고 사회 공공성을 아무렇지 않게 짓밟는다. 이들 한때 공부 잘했던 학생들이 한국사회를 병들게 하고 있다. 이 땅에서 많이 배웠다는 자들은 왜 이처럼 염치가 없는지, 우리 사회에서 출세했다는 것이 도대체 어떤 의미인지 다시 물어야 하지 않겠는가.

그들의 모습을 보고도 우리 교사들이 교실에서 무엇을 해야 하는지 깨닫지 못한단 말인가! 당신이 받은 그것이 바로 뇌물이며 그것으로 인해 또 누군가는 눈물짓게 될 것이기에, 그것이 얼마나 부끄러운 짓인지 정도는 가르쳐야 하지 않겠는가. 오직 공부 잘하는 것만을 최고로 치켜세운 교사들의 책임은 없는지 생각해보자는 것이다. 자기의 출세를 위해 기꺼이 대중을 수탈할 자들을 교사들이 키워내지 않았는가 묻는 것이다. 인간에 대한 예의가 탈색된 그런 괴물의 탄생이 전적으로 교사들의 책임만은 아니지만, 그렇다고 교사들에게 책임이 없다고 말해서도 안 된다는 것이다.

어쩌다 교과서와 관련된 사회문제를 이야기할라치면, "선생님 진도 나가시죠!"라며 냉소하는 아이들에게 한국사회는 교과서 암기만으로 충분히 이해되는 곳이다. 그 시간이 아깝다며 영어단어장이나 수학문제를 펼쳐드는 성적 우수 학생들에게 잘못이 있다면, 한국사회는 시험성적이 지배한다는 것을 너무 일찍 깨달은 것밖에 없다. 그 아이들은 "당신이 내 인생을 책임질 수 있느냐?"고 내게 항변하는 것일 테다. 맞는 말이다. 그런데 나는 또 다른 책임도 말하고 싶은 게다.

그 아이들이 수험서를 달달달 외워 출세를 욕망할 동안, 지금 네가 이렇게 평온할 수 있는 것은 수많은 목숨이 앞서 피 흘렸기 때문이라고, 자신의 안락이 누구의 희생과 연결되어 있는지 정도는 말해주어야 하지 않겠는가. 왜 지금도 노동자는 가족을 뒤로 두고 목숨을 건 투쟁을 해야만 하는지, 역사란 어떻게 해석하며 우리는 어떤 사회를 희망해야 하는지 한 톨 고민이라도 해야 하지 않느냐고 말이다. 개인 영달만을 자랑하는 한국사회에서, 우리 교사가 아니면 누가 한 번이라도 말해줄까 하는 노파심에서라도 말이다.

모든 변호사가 조영래 같은 인권변호사가 될 수도 없고, 모든 의사가 장기려가 될 필요도 없다. 단지 자기 직업의 윤리와 책무 정도는 고민하도록 가르치자는 것이다. 나아가 '민주사회를 위한 변호사 모임' 과 '인도주의 실천 의사협의회' 처럼 한국사회의 공공성을 위해 일하는 아름다운 전문가에 대해서도 함께 말해주자. 아이들이 살아가다가 한번쯤 최소한의 직업윤리와 양심을 환기해볼 수 있도록, 어떻게든 우리 교사가 한번이라도 씨앗을 뿌려 두자. 어린 날 체득한 여린 감수성이, 그들 혈관 속에 유동하다가 한 번씩 그들 양심을 툭툭 건드리기를 희망하자는 것이다. 툭툭 스치는 기억이 어느 날 어떤 계기와 만나면 그 사람을 각성케도 할 것이고, 또 부끄러움의 의미를 체득할 것이라는 희망으로 말이다.

그래서 교사들이여, 이제 시선을 돌리자! 지금 공부는 좀 못하지만 친구와 함께할 줄 아는 아이도 주목하자. 학교권력에 순치당하기를 거부하고 자기의 고통을 발산한 죄로 이른바 '문제아' 가 된 아이, 그래서 자존을 훼손당하고 패배감에 젖어 신음조차 지르지 못하는 아이에게(도) 시선을 돌리자. 한 번도 교실에서 주목받지 못한 아이들을 앞으로 불러내자는 것이다.

그리고 말해주자! 한때 공부 못한 것이 굴종의 삶을 강요당할 이유가 되지는 않는다고, 그리고 한때 공부 잘한 것이 이웃을 함부로 대할 권리는 아니라고 말해주자. 공부 못하고 반듯하지 못하더라도 '틀린 것'은 아니라고, 결코 자기를 멸시해서는 안 된다고 말해주자. 이 작은 말들이 씨앗이 되어 언젠가 이 땅에 뿌리내릴 거라는 희망으로, 한번이라도 던져두자. 이것이 우리가 그들에게(도) 말을 건네야 하고, 우리의 수업이 그들에게(도) 향해야 하는 이유다.

그래서 교사는 무엇을 가르치는가 못지않게, 그 가르침이 누구를 향하는가도 중요하다.

질문이 우리를 움직이게 한다

1. 할머니는 어떻게 남자가 되었나?

학생체벌을 금지한 서울교육청의 방침 때문에 인터넷이 소란스럽다. 논란의 와중에 많은 언론들이 학생에게 폭행당하는 교사와 무법천지의 교실풍경을 쏟아내고 있다. 체벌이 금지됨으로써 교권이 추락한 것처럼 호들갑이다. 몇 년 전 초등학생을 무차별 폭행한 '오장풍 교사 사건'으로 교사들을 매도하던 때가 격세지감일 지경이다. 그들 언론이 언제부터 교권을 이토록 염려했는지 모르겠다. 학생들의 그런 일탈은 체벌이 허용될 때에도 있었고, 더구나 몇몇 신문은 서울 교육청 방침 이전의 사건까지 마치 지금 발생한 것처럼 왜곡 보도하는 데에는, 분명 의도적인 무언가가 있다.

수업 중에 학생들과 체벌에 대해 이야기를 나누고, 학생들이 좀 더 명확한 언어로 정리했으면 좋겠다 싶어 논술 문제로 제시했다. 이른바 몇몇 모범생들은 (자기들의) 학습권을 보장받기 위해서라며 체벌을 옹호했다. 그들에게 체벌은 타인의 고통일 뿐이었다. 그런데 체벌을 당하던 아이들마저도, 체벌은 학생을 바른 길로 이끄는 교육이라고 주장했다. 평소에는 자기가 맞은 것에 분노하던 아이들도 막상 글쓰기에서는 '어긋난 주장'을 한 것에 나는 당혹스러웠다. 그 아이들은 왜 자신이 맞아도 된다고 주장했을까?

　나는 영화에 별 취미가 없어 그야말로 문외한이다. 그런데 우연히 본 워쇼스키 남매 감독의 영화, 〈매트릭스〉는 대단히 인상적이었다. 컴퓨터 프로그래머인 '토마스 앤더슨'은 '네오'라는 해커로도 활동한다. 그는 전설적인 해커 '모피어스'로부터 자기가 사는 세상이 실제 세상이 아니라 컴퓨터로 프로그래밍된 가상공간Matrix이라는 말을 듣게 된다. 인공지능 컴퓨터가 인간생체에서 에너지를 추출하기 위해 매트릭스로 인간을 재배하지만, 대중은 전혀 깨닫지 못한다는 것이다. 따뜻한 음식, 옆의 동료들, 이렇게 생생한 감각이 가짜세계라니? 더구나 세계를 인식하는 자기 주체성을 어떻게 허위라고 의심할 수 있겠는가.

　혼란스러워하는 네오에게 파란약과 빨간약이 주어진다. 파란약을 먹으면 지금처럼 믿고 싶은 것만 믿게 되어 앞으로 아무 일도 없었던 것처럼 지낼 수 있지만, 빨간약을 먹으면 진실을 보게 된다고 했다. 네오는 매트릭스 밖의 진짜 세계를 보려고 빨간약을 선택한다. 그리고 기계에 의해 인간이 제작되는 끔찍한 진실을 체험하지만, 너무나 고통스러워 쉽게 받아들이지 못한다. 그러다가 고통 끝에 진실을 받아들이고, 가짜에 속지 않는 자유로운 인간 즉 매트릭스 시스템과 싸우는 전사戰士로 거듭나고자 한다.

그런데 매트릭스 시스템 입장에서 네오는 시스템을 교란하는 바이러스다. '스미스 요원'은 시스템을 지키기 위해 네오와 모피어스 일당을 제거하려 한다. 스미스는 시스템의 유지를 위해 대중을 철저히 감시, 통제, 제어하는 비밀요원인데, 자기를 무한 복제하여 누구에게든 옮겨갈 수 있는 거의 불멸에 가까운 능력을 가졌다. 그런데 네오가 매트릭스의 지배방식을 깨닫는 순간, 스미스도 한낱 프로그램일 뿐이라는 것을 통찰하고 그들을 가뿐하게 제압한다. 날아오는 총알도 가짜임을 깨닫고 무력화한다. 네오는 각성한 것이다. 진실은 아름답지 않았지만, 그에게 자유를 주었다.

이 영화를 감상하는 방법은 다양하다. 장자莊子와 프랑스 철학자 장 보드리야르가 말한 가짜와 진짜의 혼재, 불교적 세계관과 기독교 신학, 그리고 온갖 철학적 논제를 버무려놓았다. 다양한 해석의 충돌이 일어나기도 하고, 영화 자체의 모순도 지적된다.

나는 이 영화를 '대중이 지배당하는 방식'에 대한 시각적 은유로 자주 인용한다. 모피어스가 매트릭스를 '인간이 노예라는 진실을 못 보도록 눈을 가리는 세계'라고 규정했듯이, 매트릭스는 지배시스템이다. 그런데 시스템에 의해 프로그래밍된 인간은 자기가 지배당한다는 의식조차 갖지 못한다. 지배를 벗어나려 하기는커녕 시스템을 보호 강화하고 있다. 지배는 대중의 자발성에 기초하고 있음을 보여준 것이다. 이는 오늘날 자본주의 시스템이 대중을 지배하는 방식이다.

　예전의 지배권력은 폭력과 형벌 같은 물리적 방법으로 대중을 지배했기에, 대중은 자신이 지배받는다고 선명하게 자각할 수 있었다. 반면 오늘날의 대중은 선거권을 행사한 자신이 권력의 주체라고 생각하지만, 대중은 여전히 지배당한다. 단지 지배의 방식이 바뀌었을 뿐이다. 자본과 정치의 지배권력은 그들 지배를 지속하기 위해, 그들의 사상과 문화를 당연한 것으로 규정하고 교육을 통해 대중에게 스며들게 한다. 지배계급의 의식은 교육, 미디어, 법제도, 대중문화, 종교 등을 통해서 대중에게 올바른 것으로 이식된다. 그 지배계급의 의식이 대중에게 교육되고 주입될수록 그것은 상식이 되고, 대중은 그 상식을 따르는 것으로 결국 지배에 동의하게 된다. 오늘날 지배는 철저히 대중의 동의에 의해, 즉 대중의 자발적 복종으로 이루어진다는 것이다. 이것이 이탈리아의 사상가 안토니오 그람시가 말한 헤게모니hegemony 이론이다.

　여기에서 가장 중요한 것은 '동의'의 개념이다. 대중은 사회시스템을 통해 지배계급의 가치를 아주 섬세하게 프로그래밍(학습, 세뇌)받기에, 자신이 지배받는다는 것을 의식조차 못한다. 매트릭스 안의 대중이 시스템을 지키려고 하듯, 우리 대중도 지배권력의 이익에 동의하고 자발적으로 봉사하는 것이다.

　극심한 남녀차별을 겪은 할머니가 손녀를 사랑하기보다는 오히려 남녀차별이 유별난 것은 왜일까? 할머니는 손녀와 손잡고 여성차별에 저항하는 것이 상식일 테이지만, 현실은 정반대다. 할머니는

"어디 여자가~"라는 말을 수없이 들으며 여성차별을 당연한 문화로 받아들였다. 오빠나 남동생을 우대하고 여성 자신이 희생하는 것을 도덕적인 것으로 학습받았다. 이것을 상식으로 여긴 것이다. 그래서 한국사회의 지배권력인 남성의 생각을 할머니 자신의 생각으로 학습함으로써, 몸(존재)은 여성이지만 생각(의식)은 남성의 것이 되었다. 할머니는 '(여성의) 존재를 배반해버린 (남성의) 의식'으로 손녀에게 여성차별을 재생산하게 된다. 그렇다면 이 할머니는 여성인가, 남성인가? 생물학적으로는 여성이지만, 사회적으로는 남성이다. 여성 화장실을 이용하는 이 할머니는 항상 남성의 이익을 위한 정치행위를 할 것이다. 오직 남성의 언어(의식)로 사고하기에 남성의 욕망(권력)을 재생산하는, 그래서 정치적으로는 남성으로 기능한다.

2. 우리는 세뇌되지 않은 것이 아니다

이런 지배를 형성하는 가장 강력한 도구가 '교육과 언론'이다. 교육은 전체 국민을 대상으로 지배권력의 이데올로기를 주입하는 강제적인 시스템이다. 학교에서 배운 것을 기억해보라. '선생님(지배자) 말씀 잘 들어야지!'라며 공손하고 착한 것을 올바르고 도덕적인 것으로 교육 받았다. 학생은 언제나 국가 지배권력의 대리자인 교사(권력)에게 순종하는 것을 상식으로 배웠고 학교시스템(국가권력)에 복종해야 했다. 학교의 온갖 불합리를 따라야 했던 것처럼, 이렇게 억압과 복종을 학습한 학생이 사회의 불합리에도 순종하게 되었고 국가폭력에도 침묵하게 되었다. 자기주장을 하지 않는 것을 착하고 도덕적인 것으로 받아들이게 되었다.

학교 성적도 개인의 학력만 측정하는 게 아니라 자본주의 승자 독식을 내면화하는 과정이다. 학교에서 1등은 학교 밖 다른 '모든 것에서도 올바른 것'이 되고 꼴찌는 '아무것에도 쓸모없는 것'이 되어, 정작 사회적 노동은 중요하지 않은 것으로 여기게 한다. 한때 공부 못했다고 평생 노동의 값을 인정하지 않는 사회를 상식으로 받아들이게 한다. '그래, 나는 공부 못했으니까 이러는 게 당연해'라며 저임금 노예노동을 스스로 받아들인다. '그래, 나는 한때 공부 못했지만, 지금은 열심히 일하니까 내 노동의 대가를 내놓아라'는 생각을 하지 못하게 학습 받은 것이다.

이런 지배의 논리는 매트릭스처럼 학교 안팎에서 항상 작동한다. 가정과 학교에서 "윗사람을 공경해라. 나서지 마라. 겸손해야 한다"는 말을 예절교육으로 여기지만, 이 말이 누구의 이익에 봉사하는지 살펴보라. 사회가 아무리 불의해도 앞에 나서지 말고 순종하는 것이 올바르고 도덕적인 사람이라는, 이것이 바로 예절의 껍질을 덮어쓴 억압과 복종의 프로그래밍이다. 부당함에 항의하고 권리를 주장하는 사람을 '시끄러운, 융화하지 않는, 이기적인' 사람이라며 누가 눈살을 찌푸리던가. 지배권력에 핍박 받는 대중이 지배권력에 저항하는 대중을 비난하지 않던가. '윗사람'(지배권력)을 '공경'(복종)하는 것이 도덕적인 것이고 다소곳한 것(침묵)을 예의로 여기게 함으로써 자기 권리를 주장하는 것은 부도덕한 것이라 비난하게 만들었다.

학교와 사회는 "열심히 안 해서 힘들다. 가난과 실패는 네 책임이다"를 왜 이리 자주 반복할까. 그들 지배권력은 '지금 당신이 힘든 것은 더 열심히 안 했기 때문'이라면서 모든 것을 개인의 책임으로 떠넘기고, 사회의 구조적 문제는 외면하게 한다. 가난은 개인의 무책임과 부도덕으로만 여기게 한다. 그들 권력과 자본은 최대의 부를 누리면서, 비정규직 노동자들이 노예처럼 열심히 일해도 왜 가난하기만 한지는 설명하지 않는다. "가난은 나라님도 구제 못 한다"며 가난은 어쩔 수 없는 것처럼 말하면서 정작 그들의 부가 누구로부터 나온 것인지, 그들 부와 권력의 책무에 대해서는 침묵한다.

그렇게 지배권력의 언어를 학습한 대중에게 가난은 개인의 책임일 뿐이다. 자본의 착취를 알지 못하고, 개인의 성실만을 올바르고 도덕적인 삶으로 알고 있다. 복지정책은 '자기 인생을 책임지지 않는 부도덕'으로 간주하게 되었다. 한국사회에서 가난한 사람들이 복지사회를 부정하는 것은 지배의 언어를 도덕적인 것으로 학습한 대중의 도덕적 믿음에 기초한다.

학습경쟁에 초등학생이 자살하고, 직장을 구하지 못한 청년들이 연애를 포기해도, 비정규직 노동자들이 노예 같은 삶을 살아도 방송에서는 "오늘 하루도 최선을 다하셨습니다", "가족 사랑이 최고입니다", "만족할 줄 아는 마음이 진짜 행복입니다!"를 반복한다. 그들이 말하는 아름다운 사회란 "불우한 이웃을 돕는 사회"이지만 노동의 차별은 고민하지 않고 개인 선행만 강조한다면 이는 사회적 차별을 지속하는 것과 다르지 않다. 기부는 아름다운 것이라며 가난한 김밥집 할머니의 선행을 크게 보도하면서, 노동의 정당한 대가를 요구하는 노동자는 왜 그토록 매도하는 것일까. 더구나 기업경영자가 회사 돈을 마치 자기 돈인 것처럼 기부하면서, 정작 자기 회사 노동자들을 억압하는 것은 무엇인가. 이것이 이웃을 돕는 아름다움인가? 가족에게는 매몰차면서 집 밖에서 선심 쓰는 사람만큼 가증스러운 게 있는지 모르겠다.

"윗사람을 공경하자, 열심히 노력하자, 만족하는 삶이 행복하다"는 말이 '틀렸다'는 것이 아니다. 이 말을 누가 어떤 맥락에서 누구를 향해 사용하느냐에 따라 억압과 지배의 언어가 된다는 것이다. 우리는 가정과 학교, 언론에서 수없이 아름다운 말을 학습받았지만, 이것이 아름다운 삶을 보장해주기는커녕 우리를 억압하고 있지 않은가.

학생들이 학교의 지배논리를 자기 이익으로 학습한 것처럼, 대중도 어긋나 있다. 값싼 이마트 피자가 주변상권을 죽인다는 비판에 대해 정용진 신세계 부회장이 "소비를 이념으로 하느냐?"고 비아냥댔다. 그렇다. 우리 대중이 소비를 이념으로 하지 않았기에, 동네 피자가게도 동네 치킨가게도 동네 슈퍼마켓도 반찬가게도 문방구도 모두 거대자본에 빨려 들어갔고, 결국 동네의 그 가게주인들이 대형마트 비정규직 저임금 노동자로 전락하게 되었다. 그들 비정규 노동자가 바로 내일 나와 내 아들딸의 모습이라는 것을 모르는 대중이 '통큰 치킨'에 박수를 보내고, 자기 동네 대형마트 입점을 환영하고 있다. 왜 선진자본주의 국가들이 대형마트 입점을 엄격하게 규제하는지 생각해보지 않고 당장의 자기 편리만을 주장한다. 그렇게 눈앞의 편리만 좇다가 결국 사라지게 되는 것은 우리 자신이다.

자본은 경쟁과 효율을 마치 대중을 위한 것처럼 내세우지만, 사실은 대중을 빨아들여 자기 몸집을 불릴 뿐이다. 톨게이트 징수원에게 하이패스 기기를 팔라고 강제하지만 징수원이 판매실적을 올릴수록 징수원의 자리는 사라지는 것처럼, 자본은 대중이 자기 목을 스스로 치게 한다. 결코 인간의 얼굴을 할 수 없는 것이 자본의 속성이다.

우리는 의식화(세뇌)되지 않은 것이 아니다. 사회통념과 문화로 받아들이는 것을 '사회화과정'이라고 하지만, 이게 바로 의식화다. 영화 〈매트릭스〉에서 폭포처럼 쏟아지는 기호들처럼 우리는 오랫동안 지배언어에 젖어왔다. 그렇게 우리는 이미 어떤 의도로 제작되어 왔다. 이 가운데 자신이 공정함과 객관을 유지한다는 믿음은 지극한 환상이다. 지배권력이 장악한 현실에서 객관과 중립을 가장하는 것 자체가 이미 지배의 논리를 따르는 것이다. 객관과 중립은 없다. 그래서 남은 질문은, 지금 나의 선택과 행동이 누구의 입장이며 누구의 이익인가 하는 것이다.

3. 왜 우리는 자기 목을 스스로 치고 있을까?

대중을 프로그래밍하는 가장 효과적인 또 다른 도구는 언론이다. 각 언론매체는 그 자체로 자본이기에 철저히 자본의 논리를 확대

재생산한다. 국민교육이 강제적인 데 비해 언론매체는 대중이 선택한다는 점에서, 프로그래밍 효과는 훨씬 더 능동적이다. 특히 영업이익을 위해 언론의 기본마저 아랑곳하지 않는 조선일보(TV조선), 중앙일보, 동아일보(채널A)를 말하지 않고 한국사회의 대중지배를 말할 수 없다. 한국사회에서 이들 '조중동' 언론과 어떻게 관계하는가가 자기정체성의 지표가 된 지 오래다.

이들 언론은 반민주적, 반노동적, 전쟁지향적, 극우적 행태를 공공연하게 드러내지만 대중은 이에 무감하다. 대중을 위한 복지정책을 포퓰리즘으로 매도하고, 국가경제(부자의 경제)를 위해 노동유연성 확대(비정규직 노예노동 확대)를 주장하고, 평화를 지키려면 전쟁을 두려워해서는 안 된다는 그들의 논법에서, 나는 파시스트의 언어 사용법이 떠오른다. 조중동의 이런 극우적 이념이 문제라지만, 극우적 사람에게는 합당한 언론일 테다. 그래서 반민주와 반노동과 반인권과 전쟁을 자기정체성으로 삼는 사람이 이 언론들을 통해 세상을 이해하는 것은 뭐라 말할 수 없다. 그런데 조중동을 보면서 민주주의와 평화와 인간권리를 지지한다는 사람은 분열증을 앓는 것이 아닐까 싶다.

이들 언론의 정체성과는 별도로 이 언론들이 비판받아야 하는 이유는, 객관적 사실 자체를 의도적으로 왜곡하고 가공해서 한국사회의 갈등을 증폭시킨다는 데에 있다. 사건을 과장 왜곡하고 외신내용까지 조작하며, 없는 사실까지 창작하는 몰상식이 너무나 잦아서 열거하기가 벅찰 정도이니 궁금한 분들은 직접 찾아 구체적으로 확인하기 바란다. 이 몰상식을 확인하고도 이 언론들을 자기 취향과 선택이라 말하는 사람이 있다면 진실과 양심과 윤리와 민주주의가 도대체 무엇인지 함께 설명해주길 부탁드린다. 물론 나의 이런 비판에 그 사람이 움직일 거라고 쉽게 기대하지 않는다. 진실을 두려워하지 않고 빨간약을 '선택' 하는 것이 그리 쉬운 일은 아니지 않겠는가.

그러니까 나는 이들 친자본, 반노동, 극우신문들을 '누가' 가장 애독하는가를 물을 뿐이다. 소수자본가와 지배권력들이 가장 선호하는 매체라지만 그들만으로 이 신문의 점유율이 60~70퍼센트에 이르기는 불가능하지 않겠는가. 슬프게도, 노동대중이 반노동적인 그 신문을 가장 많이 읽는다. 가난한 사람들이 부자정책을 옹호하는 그 신문을 가장 많이 읽고, 비정규직 노동자들이 비정규직을 탄압하는 그 신문을 읽으며 세상을 해석한다.

말하자면 그 언론은 대중의 선택과 지지 위에 서 있는 것이다. 주류 지배의식에 포섭된 대중이 가장 많이 읽는 신문이 가장 올바른 신문이라며 지배를 용인한다. 고작 무료구독과 자전거 경품에 환호하며 의식의 노예이기를 자청한다. 자기를 억압하는 언어로 세상을 이해하며, 그 언어로 자기를 억압한다.

왜 대중은 지배권력에만 봉사하는 신문을 읽고, 〈매트릭스〉의 스미스처럼 지배논리를 자기논리로 복제하고 있을까? 왜 가난한 사람일수록 부자들의 이익만 대변하는 정당에 기꺼이 투표할까? 이런 어긋남은 어제 오늘의 일이 아닌지라, 안토니오 그람시가 헤게모니의 지배를 말했던 것처럼 많은 학자들이 이를 고민해왔다.

프랑스의 사회학자 피에르 부르디외는 피지배계급이 자기의 계급기반과 어긋나는 정치적 행동을 하는 이유는 피지배자들이 자신의 가치관과 세계관을 해석하고 표현할 수 있는 언어를 소유하지 못했기 때문이라며, 이를 보이지 않는 '문화자본' 개념으로 설명했다. 자본주의의 발달로 노동자들도 문화적 혜택을 누리게 되면서 지배가치에 포섭되어 계급정체성의 혼란을 겪는다는 것이다. 예를 들면 노동대중이 쇼핑하고 영화를 감상하고 자동차를 갖고 골프연습장에 나가는 등으로, 이제 자기는 지배적 위치에 있다고 착각하여 지배적 가치를 자기 이익으로 착각하게 되었다는 것이다.

대중은 지배계급의 언어와 문화를 우월한 것으로 학습하고 지배의 언어를 욕망하면서, 스스로 자기를 억압하고 차별하는 '상징폭력'을 실행한다는 것이다. 이 땅의 노동자가 약 2천만 명이라지만, 그들 대부분 자신을 노동자로 규정하기는커녕 그러한 개념에 오히려 적대적이듯이 말이다. 한국사회의 대중은 대학을 졸업했다고, 양복 입고 사무실에 앉아서 일한다고, 삼성이나 현대 사원이라고, 최첨단 전산업무를 한다고 자신은 노동자가 아니라 한다. 사용자에게 종속되어 근무조건과 대가를 제약받는 지위에 있다면 그것이 바로 노동자라는 사실을 학교에서 배운 적이 없기 때문이다.

노동자란 무슨 일을 하는가가 아니라 일하는 조건에 따라 규정된다고, 학교 밖에서라도 누가 가르쳐주던가? (노동법상으로 국가에 고용된 공무원과 교사는 당연히 노동자다. 개인의원을 운영하는 의사는 사용자이지만 대형병원에 고용된 의사는 노동자다. 그러니까 서구에서 이들

노동조합은 너무나 당연하고 경찰과 판사도 노조를 결성해 권리 주장을 한다) 내 이익이 침해받을 때 단결, 교섭, 단체행동(파업)을 할 수 있는 헌법적 권리에 대해 학교 안팎에서 한 번이라도 배운 적이, 도무지 내 기억에는 없다. 나의 진짜 권리를 나의 언어로 배운 적이 없다.

그런 우리가 선진자본주의 초중등 학교 수업에서는 노동조합 결성과 파업실습까지 공부한다는 사실은 상상조차 못하리라. 그런데 그 사회는 왜 그런 교육과정을 도입했을까? 간단하다. 그들 사회의 노동대중이 자기 이익을 대변하는 국가운영자를 뽑았기 때문이다. 말하자면 어느 사회나 노동대중의 정치적 힘만큼만 노동의 언어를 가르친다. 노조가입률이 30~70퍼센트인 그들 사회는 그 힘으로 교과서에 그들의 언어를 채운 것이다. 그래서 노동자 권리를 학습한 대중이 → 노동자 이익을 대변하는 정치인을 선출하면 → 그 정치인이 학교 교육과정에 노동교육을 넣고 → 다시 학생이 노동자 의식을 갖게 되는 것처럼, 교육과 정치는 뫼비우스의 띠처럼 순환하고 있다.

한국사회 역시 뫼비우스의 띠처럼 순환하고 있다. 노동자 권리를 학습하지 못한 대중이 → 자본의 이익을 대변하는 정치인을 선출하니까 → 그 정치인이 학교 교육과정에 노동교육을 모두 없애고, 자본의 논리만 집어넣었고 → 다시 학생이 자본의 논리로 무장한 노동자가 되는 것이다. 이 무한 연쇄의 순환고리를 강화하거나 절단할 수 있는 지점이 바로 학교와 언론이다.

선진 유럽 사회의 공정함과 안정성은 결국 자본을 제어한 노동대중의 안정과 다름 아니다. 그런데 노조가입률이 고작 10퍼센트인 한국사회가 노동자 이기심 때문에 살기 힘들다고 한다. 자본의 언어를 자기 언어로 학습한 노동대중이 자신에게 "상징적 폭력"을 휘두르며 지배의 언어에 익숙해졌다. 자기는 '공장 노가다' 노동자가 아니라 근로자 회사원이라며 노동의 언어를 배반하고 비난한다. 조선시대 노비들이 주인을 위해 목숨을 던졌던 것처럼, 오늘의 노동대중은 자본의 언어로 자본의 노예를 자처한다.

우리는 이 지배를 벗어날 수 있을까? 아니면 지금처럼 익숙하게 사는 것이 오히려 편할까? 이는 영화 〈매트릭스〉에서 네오가 만약 파란약을 먹고 가짜세계에 남아 있었다면 행복했을까라는 물음과 같다. 영화에서는 행복할 수도 있었을 것이다. '사이퍼'가 '불편한 진실'을 못 견뎌 네오를 배신하고 스미스와 거래해 '행복한 가짜'로 돌아가기를 바란 것처럼, 세상이 가짜라는 의식조차 없다면 가능할 법도 하다. 그런데 영화 밖, 우리의 현실은 그렇지 않다. 매트릭스 안의 네오가 모피어스를 찾아가 "뭔지는 모르지만 세상이 잘못됐다는 느낌"을 물었던 것처럼, 우리의 현실 역시 뭔가 이상하지 않은가? 아무리 사교육비를 끌어넣어도 아이들의 미래는 보장되지 않고, 아무리 열심히 일해도 미래를 기약할 수 없는 우리의 현실이 어째 이상하지 않은가?

이랜드 계열사인 홈에버와 뉴코아 매장의 계산업무 담당 비정규직 여성노동자들은 제때 화장실도 가지 못하고 하루 종일 서서 바코드를 찍어 80만 원을 받았다. 아이들 과외비를 대고 실직한 남편을 대신하느라 몸을 혹사했지만, 돌아온 것은 해고통보였다. 130억 원을 사회에 기부하며 '하나님을 사랑한다'는 사장이 이들 700여 명의 직원은 사랑하지 않았던 모양이다. 그래서 2007년 여성노동자들은 그 자리를 지키기 위해, "급식비 못 내서 점심 못 먹으면 운동장 수돗가에서 물이나 먹지 뭐" 하는 아이를 뒤로하고 500일 넘게 싸워야 했다. 차가운 시멘트 바닥에 누워 손해배상 소송을 당하며 지키고자 했던 것이 2시간 일하고 15분 쉬는 것이었을까? 아주머니들이 찾고자 했던 것이 단지 80만 원이었을까?

여성노동자들은 그때까지 몰랐다. 그들은 학교에서 배운 대로 지극히 성실했고 순종했지만, 그것이 착취라는 것을 몰랐다. 정작 해고와 손배소와 온갖 모멸을 덮어쓰고, 자기 존엄이 폐기될 지경에서야 깨달았다. 자신이 노동자임에도 노동자의 이익을 대변하는 정당에 한 번도 투표하지 않았고, 비정규직 노동자를 노예로 취급하는 신문을 따라했음을, 그들은 너무 늦게 깨달았던 것이다. 만약 그들이 무상급식을 표방하고 비정규직 차별을 반대하는 정당에 투표했더라면, 그래도 자신과 자녀들이 그런 고통에까지 내동댕이쳐졌을까 생각해본다. 개인의 노력과 성실만을 배웠던 그들이, 그것만으로는 개인의 고통을 치유할 수 없다는 것을 좀 더 일찍 알았더라면 말이다.

그것을 깨닫는 데 너무나 가혹한 고통을 치러야 한다는 데 우리의 슬픔이 있다. KTX 승무지부장 민세원 씨가 "노예처럼 살기에는 너무 많은 것을 알아버렸다"고 했듯이, 깨달은 사람은 다시는 굴종하지 않는다. 그래서 아주머니들이 찾고자 했던 것은 80만 원이 아니라 인간의 존엄이었기에, 인간에 대한 자존으로 싸울 수밖에 없었으리라. "우리가 뭘 그렇게 잘못했길래?"라고 자기의 언어로 질문하기 시작했기에, 싸움이 시작되었다. 진실은 결코 아름답지 않다는 것을 알았기에, 이제 그들은 자유롭게 싸움을 시작했다.

4. 우리를 움직이는 것은 답이 아니라 질문이다

왜 질문하지 않는가? 왜 우리는 지배권력인 학교와 지배자본인 미디어가 던져준 언어로만 생각하고, 왜 자기 언어로 질문하지 않는 가? 학교의 언어는 누구를 위한 것이며 매일매일 방송은 누구의 입 장에서 말하는 것이냐고 매번 질문해야 한다. 〈매트릭스〉의 주인공 '토마스 앤더슨'이 예수의 의심 많은 제자 '도마Thomas'의 비유이듯, "우리를 움직이는 것은 질문"이다. 질문이 세상을 바꿀 것이다.

사람들은 해결책이 뭐냐고 묻는다. 답을 말하라는 것이다. 그런 데 지금 우리의 고통은 답이 없어서가 아니다. 답은 이미 도처에 수 없이 많이 있다. 그런데 스스로 생각하고 질문해서 구하지 않은 답은 결코 자기 것이 될 수 없다. 타인이 전해준 답은 튀는 물방울처럼 쉽 게 부서진다. 생각해보라, 여러분 옆의 누군가가 알려준 답으로 자기 삶이 해결된 적이 있던가? 자기 고통을 자기 힘으로 질문해서 얻은 답이야말로 자기 삶을 추동시키는 힘이 된다. 지금 내가 말할 수 있 는 것은 딱 여기까지다. 모피어스가 네오를 진실의 입구로 데려갔지 만, 빨간약의 선택은 네오의 몫이었듯이.

물음이 간절하면 답은 함께 있는 것이다. 물음이 간설하지 않으면 답은 어디에도 없다. 중요한 것은 답이 아니라 물음이다. 그런데 사람들은 또 말한다. 그것으로 세상을 바꿀 수 있느냐고, 그리고 '나' 하나 변한다고 세상이 변하느냐고도 한다. 아! 그렇게 마음먹은 바로 그 마음이 우리의 적敵이라고, 이제껏 나는 말하지 않았던가! 지금 우리는 자본과 권력의 지배를 받는다지만 바로 그 지배를 우리가 선택했다고, 그 선택을 한 '나' 가 고통의 뿌리라고 말이다. 지배는 우리 밖의 자본과 권력이 아니라 우리 마음의 선택이라고 말이다.

수보리가 스승인 부처에게 "세존이시여! 불법을 배우고자 마음먹었지만 온갖 번뇌와 망상으로 어지럽습니다. 이 마음을 어떻게 항복시킬 수 있습니까?(云何降伏其心?)"라며 공손하게 물었다. 이에 부처는 "그대가 그렇게 묻는 바로 그 마음으로 항복시키는 것(如是降伏其心)"이라고 답했다. 말하자면 수보리 네가 문제를 제기하는 바로 그때 그 마음은 이미 편안히 머무른 것처럼, '바로 그렇게' 번뇌를 항복시키는 것이라고 답해준 것이다. 답은 다른 곳에 있지 않다, 네가 이미 답을 알고 있다는 가르침이었다. 부처는 이미 모든 답을 했지만 수보리는 계속 답을 듣기를 청했다. 답을 밖에서 구하려고 했기 때문이다.

타인의 답은 타인의 것이다. 자기의 답은 자기의 물음에서 나온다. 그래서 우리는 물어야 하고, '지금 이것은 누구를 위한 것이냐는 이 질문이 세상을 바꿀 것이다. 헌법 1조 "대한민국은 민주공화국이다. 대한민국의 주권은 국민에게 있고, 모든 권력은 국민으로부터 나온다"가 진실의 칼이 되도록, 질문을 단련하자. 이제 그들을 위한 선택을 버리고 나를 위한 선택을 하자. 이는 생각보다 어렵지 않다.

네오가 총알이 가짜라고 깨닫자마자 손가락 끝으로 막아냈듯이, 알게 되면 '손가락 끝 투표'만으로도 세상을 바꾼다. 혁명도 전투도 어떤 피흘림도 없이, 어떤 두려움도 없이 바꿀 수 있다. 최종 칼자루는 대중이 쥐고 있기에, 영화의 마지막 장면처럼 그들이 두려워하는 것은 우리의 각성이다. 세상을 바꾸는 것은, 그래서 질문이다.

앞서 물었던, 왜 지금 다수 언론들이 교권의 침해를 이토록 염려하는 것일까에 답하자. 더구나 서울 교육청의 체벌금지 방침 이전에 있었던 사건을 마치 지금 발생한 것처럼 왜곡보도를 일삼는 이유에 대해서 말이다. 그들 언론들의 관심사는 학생인권도 교권도 아니다. 오직 체벌금지로 표방되는 진보적 교육정책에 대한 공격일 뿐이다. 학생들이 자기 권리를 자각할까봐, 학생들이 자기의 언어를 되찾고 노예에서 해방될까봐 두려운 것이다. 그들 지배의 언어와 욕망을 대중에게 계속 심어두고 싶어, 마치 교권을 염려하는 것처럼 위장한 것이다. 그래서 학생들이 계속 자기를 체벌해 달라고 부탁하도록, 대중이 자기를 지배해 달라고 권력에게 목을 내밀도록, 그래서 우리를 계속 노예로 사육하기 위해서다.

교사와 대중은 앞서거니 뒤서거니 자기를 수탈하는 지배권력에 충실하지만, 자기가 무엇을 하는지도 모른다는 것에 우리의 오랜 고통이 있다. 특히 교사는 자기가 지배의 언어를 가르치고 있음을 모른 채 가르침으로써, 한국사회의 억압과 모순에 중대한 역할을 수행해 왔다. 바로 우리 교사들이 지배시스템을 지키는 스미스 요원이었다. 이처럼 우리가 노예의 상황에 처해 있다고 말하면 여러분은 불쾌할 것이다. 그런데 학교에서 십수 년 교과서를 가르치고, 학교장과 교육청에 부딪히며, 그리고 정치권력에 눌리며 내가 깨달은 것이 바로 이것이다. 이제껏 내가 학교에서 익혔던 것들이 사실은 노예의 품성이었고, 그렇게 노예가 된 내가 또 다른 노예를 제작했음을, 서서히 그러나 분명하게 깨달았다.

안토니오 그람시가 하나를 변혁하려는 투쟁은 모든 것을 변혁하려는 총체적 투쟁과 엮일 수밖에 없다고 통찰했듯이, 한 명의 학생을 변화시키는 것이 세상 전체를 변화시키는 것이라고 나는 믿는다. "의식변혁과 사회구조 변혁은 하나"라는 그의 지적처럼, 교사의 의식이 변할 때 한국사회는 크게 변할 것이다. 교사가 그런 역할을 수행하는 "유기적 지식인"이 될 수 있는가는 세상에 질문하기를 멈추느냐 멈추지 않느냐에 달렸다. 다행히 나는 '가르친다'는 행위를 통해 질문하는 법을 배웠다. 가혹한 고통을 치르지도 않고 굴종과 자존을 함께 깨달았기에, 이는 나의 복이기도 하다. 여러분도 너무 늦지 않으면 좋겠다.

삶의 주체로 거듭나기 위한
불온한 책 읽기

책 읽기에 대한 짧은 생각

1

고등학교 때 무협지에 통달한 친구는 독특한 언어로 세상을 해석했다. 그의 그럴듯한 통찰이 무협지로부터 얻은 것인지 모르겠지만, 어쨌든 무협의 언어에 빗대어 현실을 재치 있게 재현했다. 그런데 오랫동안 『논어』를 공부했다는 '어른'은 언제나 공자 말씀을 앞세웠지만, 그의 언행은 인지장애에 가까웠다. 매번 그의 발밑에서 장식품으로 나뒹구는 공자는 한없이 초라해졌다. 이른바 저급한 책이 무익하지만은 않은 것 같고, 좋은 책이 항상 사람을 깨치게 하지도 않는 것 같다. 그렇다면 무엇을 양서良書라 하는 것일까? 만약 책이 문제가 아니라 읽는 사람이 문제라면, 책의 효용은 어디까지일까 하는 의문을 갖고 있다.

2

이 세상을 건너는 데에 책을 읽지 않아도 별 지장이 없다. 사회상층부로 진입한 수많은 전문가들이 독서가는 아닌 것처럼, 독서란 출세에 중요한 것이 아니다. 그래서인지 전문가들이 자기의 전문지식을 앞세우며 일이관지一以貫之를 말하기도 한다. 하나로 세상 모든 것을 꿰뚫는다는 일이관지는 세계를 통찰하는 가장 래디컬한 방식이자, 과히 도통의 차원이기도 하다. 그럴 수도 있을 것이다. 그러나 관지貫之하기도 쉽지 않을 터이지만, 이는 대개 사회와 역사와 인간에 대한 무지와 협량을 감추려는 수사修辭이기 십상이다. 나는 일이관지를 그리고 도통을 믿지 않는다. 나처럼 아둔한 자가 그것을 믿기에는 이 세상이 너무 두껍고 번잡하기 때문이다. 말하자면 나는 독서하지 않는 전문가를 경계한다.

3

전문가들은 자기가 아는 것만 말하는 것이 아니라, 모든 것을 아는 것처럼 말한다. 그들 지식은 칼날처럼 날카롭기도 하지만, 바로 그것으로 인해 편협한 세계관을 갖기도 한다. 그런데 교양인의 독서는 전문가와 다른 방식을 취하는데, 대체로 밑으로 밑으로가 아니라 옆으로 옆으로 발을 벌리는 형국이다. 그래서 책을 읽을수록 자기가 알지 못하는 것이 너무 많다는 역설을 깨닫게 되고, 자기가 알지 못하는 것에 침묵하는 법을 배우는 것이 교양이기도 하다. 무지에 따른 행동일지라도 면책되지 않는다는 것을 알게 되어 좀 더 조심스러워지고, 또 세상에 중립은 없다는 것을 알게 되어 좀 더 과감해지는 것이기도 하다. 때로 의무로서의 독서가 필요한 이유다.

4

이 세상 수많은 책과 날렵한 언어 앞에서, 나의 책 읽기는 무르고 성글었음을 확인한다. 그런데 나처럼 노동하는 자가 책 읽을 시간과 공간을 마련하기란 쉽지 않다. 노동과 그 노동을 위한 휴식으로도 하루가 벅차기에, 수백 수천의 책을 읽기란 물리적으로 쉬운 일이 아니다(어쩌면 노동자란 자기의 언어를 습득할 기회조차 박탈당한 자인지도 모른다). 그래서인지 내 노동에 적합한 독서가 어느 정도인지를 고민할 때가 있다. 얕은 독서가 부끄러워질 때, 그런 생각을 하곤 한다. 그런데 내가 진정 부끄러워해야 할 것은 내 노동이 무르고 성글지 않았는가가 되어야 한다고, 문득 생각하게 되었다. 독서하는 게으름뱅이를 증오하고 피로 쓴 것만을 사랑하라는 니체의 말에, 어느 날 문득 갖게 된 생각이다.

5

교사가 책 읽을 시간이 없다는 이 말을 사람들은 이해하지 못할 것이다. 그러나 사실이다. 수업과 업무와 학생지도로, 교사는 책 읽을 시간이 없다. 그런데 다행인 것은 교사란 굳이 독서를 하지 않아도 가능한 직업이라는 데에 있다. 참고서와 문제집만으로도 수업이 가능하고, 인터넷 쇼핑이나 스포츠와 연예인 가십만으로도 대화는 충분하기에 말이다. 다만 '수업과 상관없이' 책을 읽고자 하는 교사에게 학교는 책 읽을 시간이 부족한 곳일 뿐, '수업을 마친' 교사에게 학교는 무엇에 빠질 만큼 시간이 충분한 곳이기도 하다. 인터넷중

독은 청소년만의 문제가 아니다.

6

우리 사회는 책 읽기를 무척 권하는, 참으로 아름다운 사회다. 책 읽을 여건은 전혀 안 되지만 어쨌든 독서를 권장하는 사회다. 그런데 학생들은 교과서 잡지식을 암기하느라 잘 시간도 없고, 어른들은 생존경쟁에서 살아남으려 처세술이나 재테크로 독서를 말한다. 그러다가 마음먹고 책을 한 권 잡을 때에도 타인의 취향에 기대곤 한다. 베스트셀러는 그렇게 생기고 무슨 도서목록도 그렇다. 이처럼 친절하게 책 선택까지 정해주는 사회란, 진짜 아름다움과는 좀 거리가 있는 것 같다. 타인의 취향만 따르는 독서는 진짜 독서가 아닌 것 같기에 말이다.

7

『삼국지』가 어떻게 청소년 권장도서가 될 수 있는지 모르겠다. 오직 권모술수와 배신, 유치한 중화주의로 점철된, 놀라울 정도로 나쁜 책이다. 그런데 삼국지를 통해 인생의 지혜를 배웠다는 사람들이 너무 많다. 나는 그들의 지혜가 어떤 모습인지 솔직히 두렵기까지 하다. 이런 책을 읽지 말라는 것이 아니다. 이런 문제투성이의 책도 비판적으로 읽으면 좋은 텍스트가 된다. 왜 비판하지 않고 맹목적인가? 많이 읽히는 책일수록 비판도 풍성해야 하고, 그 비판도 자기의 양식이 되는 것이다. 많이 읽히는 책이 꼭 좋은 책은 아니지만, 비판

없는 독서만큼 위험한 것은 없다.

8

청소년에게 고전문학을 권하는 것이 타당한지 모르겠다. 도스토 옙스키의 『죄와 벌』이나 괴테의 『파우스트』처럼, 노회한 문필가에 감동하는 청소년이란 어딘가 이상하지 않은가? 펄떡이는 청소년에게 삶을 관조하기만을 바라는 것은 권할 만한 일이 아니다. 이른바 고전 이라는 것을 누가 어떤 시각에서 선정했는지를 다시 물어야 한다. 고전은 그 시대를 반영한, 그래서 한 시대를 살아남은 뛰어난 텍스트지만, 어떠한 책도 시대를 초월한 본원적 의미를 갖지는 못한다. 기존의 고전에 묶이지 말자. 고전이 있다기보다는 단지 나의 필요가 있을 뿐이다.

9

그럼에도 고전이 유효한 것은 당시 '그 책을 둘러싼 사회적 관계'가 지금의 나에게 던지는 물음 때문일 것이다. 그런 '콘텍스트 context'를 읽지 않고는 그 책을 읽었다고 할 수 없다. 그럼에도 마치 책 자체가 불변하는 본원적 의미를 내포하는 것처럼 떠받드는 것은 책 읽는 자세가 아니다. 예를 들어 『논어』가 마치 인간본성의 문제를 고스란히 담고 있는 것인 양 유별나게 대하는 것은, 그것을 숭배하는 것에 다름 아니다. 2,500년 전의 언어로는 오늘날 복잡다단한 세계를 해석하기도, 그리고 지금 '나'의 삶에 통합 적용하기에도 쉽지 않다. 논어의 주석적 독해가 아니라 사회과학적 해석과 실천이 필요한 이유이기도 하다. 말하자면, '지금-이곳-나'의 삶과 연동시키지 못하는 독서는 어떤 경우에든 무의미하다.

10

국가가 책을 독점하던 시대에 책은 당연히 국가 지배이데올로기를 전파하였다. 마찬가지로 자본이 지배이데올로기가 된 오늘날, 텔레비전과 신문과 인터넷과 영화 등 주류매체는 자본의 지배를 올바른 것으로 재생산하고 있다. 그런 지배이데올로기를 스스럼없이 받아들이는 대중이 노예의 상태를 벗어날 수 없기는 예나 지금이나 마찬가지다. 독서의 미덕이 자기를 찾아가는 여행이라면, 독서는 주류 지배의식에 포박당한 자기를 해방시키는 것을 목적으로 해야 할 것이다. 그래서 올바른 독서란 결국 정치적으로 올바른 독서를 말하는 것이기도 하다.

11

예쁘고 보드라운 책만을 읽다가는 자신도 말랑말랑해지고 급기야 흐물흐물해져버린다. 그런 언어로 과연 이 두꺼운 세상을 관통할 수 있을까 싶다. 예쁜 언어로 위로받을 수는 있겠지만, 그런 보드라운 독서는 '이미 익숙한 것'의 동어반복에 불과하다. 독서는 지금 '나-세계'의 관계를 근본적으로 문제 삼아야 한다. 독서는 자신이 익숙하게 여겨왔던 것들, 자기의 관성에 대해 끊임없는 저항과 전복을 요구하는 작업이다. 기존의 '나'가 허물어지고 다시 내 '몸'이 재구성되는 고통을 수반해야 한다. 그래서 자기에게 상처를 주지 않는 독서는 무의미하다. 모든 독서는 급진적이고 불온해야 한다.

12

권력이 대중에게 친절할 때도 있는데, 여기저기 불온의 딱지를 붙일 때다. 지배권력은 그것으로 자기를 보위하려 하지만, 그것으로 자기의 가장 약한 고리를 스스로 드러내는 꼴이다. 살펴보면 세상의 위대한 것들은 모두 불온했다. 예수도, 갈릴레이도, 마르크스도, 전태일도 모두 그러한 자들이었으니, 바로 그들을 통해 시대의 핵심이 드러났다. 불온한 책, 불온한 사상, 불온한 사람이야말로 세상을 통찰하는 가장 중요한 지점이다.

거짓 세상이 아름다움을 말한다. 그래서 당신의 세상은 아름답고, 당신의 삶은 행복한가? 아름답지 않은 세상에, 아름다운 말로만 쓰인 책은 모두 쓰레기다. 거짓 세상에서는 불온한 책을 읽어야 한다. 그것은 언제나 학교 바깥에 있었다. 학교에서는 결코 가르치지 않는, 시대의 불온을 읽는, 이것이 자유다!

한 권의 책이 사람을 흔들 수도 있다

조영래, 『전태일 평전』(돌베개, 1991)

내게 전태일은 언제나 부끄러움을 환기시키는 존재다. 30대까지 내게 전태일은 그냥 스치는 이름일 뿐이었다. 대학시절 오직 개인의 실존과 구원의 문제에만 빠져 있었기에 그를 살펴볼 마음도 없었고, 사회에 나와서도 마찬가지였다. 이곳저곳에서 풍문처럼 떠돌던 그 이름이 내게는 단지 한 노동자의 자살일 뿐, 그 이상 알고 싶지도 않았고 알아야 할 이유도 없었다. 교사가 되어서도 마찬가지였다. 나는 수업에 충실했고 업무로 바빴지만, 아내와 행복했고 이제 더 이상 구원을 꿈꾸지 않아도 되는 삶이 평온했다. 나는 그런 내 삶을 받아들였다.

그러다가 다시 이런저런 책을 뒤적이다가 그의 이름과 재회하고는, 왜 모두 그 사람 앞에서 흔들리는지 궁금했다. 그를 읽기로 했다. 그 독서경험은 내 삶을 흔들어버렸다. 책을 보고 눈물지은 것은 이것이 처음이었다. "아! 나는 너무 모르는구나, 지금 내 삶의 안온이 그의 죽음 위에 서 있구나" 하는 깨달음이었다. 이제 세상에 별난 것은 없으리라는, 30대 조로^{早老}의 감성과 오만을 대패질하듯 밀어버렸다. 그 경험은 내 삶을 뿌리까지 흔들어버렸다. 어떤 사상서나 이론서보다 더 깊이 내 정신을 때렸고, 그 일격에 내 몸도 붕붕거리며 공명하기 시작했다. 깊은 곳에서, 나는 부끄러웠다.

책을 읽기 전에 내가 상상했던 전태일은 그냥 홧김에 자기 몸에 불 지른 사람이었다. 홧김에 불을 지른다? 이 말의 정치적 함의는 별개로 하더라도, 누군가에게 들었던 그 말만큼 딱 그만큼만이 내가 아는 세상의 전부였다. 세상에 대한 믿음이 없던 내게 그 이상의 상상도 성찰도 없었다. 부끄럽지만, 그때 나는 그랬다.

그가 죽어가면서 어머니에게 "나는 만인을 위해 죽습니다"라는 말을 남길 때, 내게는 "내 옆구리에 손을 넣어보아라, 내가 너를 사랑하다가 죽었다. 너는 지금 무엇을 하는가?"라는 목소리가 떠올랐다. 나는 몹시 당혹스러웠다. 전태일은 풍문처럼 자신의 증오를 세상에 흩뿌려댄 사람이 아니었다. 인간에 대한 연민과 사랑으로 자신의 몸을 불사를 수 있을 것이라고 상상도 하지 못했기에, 나는 줄곧 잘못 알고 있었던 것이다. 가장 낮은 곳으로 가고자 했던 청년이 십자가를 길게 끌며 내게로 다가왔고, 이제껏 내가 안다고 여겼던 것들이 갑자기 낯설어지기 시작했다. 세계는 다른 방식으로 내게 다가왔다.

가장 낮은 곳은 언제나 있기 마련이지만, 가장 낮은 곳에서 태어난 사람들의 고통을 알기란 쉽지 않다. 굶주림은 영도다리 아래 구정

물 속의 양배추 속고갱이를 주워 먹으러 뛰어들게 하고 동생을 길바닥에 버리게도 한다는 것을, 내가 어떻게 이해할 수 있겠는가. 가난과 굶주림은 한 번도 내 것이 아니었기에 말이다. 전태일은 평생을 가난에 짓눌렸지만 결코 가난에 굴복하지 않고 싸웠다. 그러나 구두닦이, 신문팔이, 리어카 뒤밀이를 아무리 열심히 해도 굶주림에서 벗어날 수는 없었다. 그는 부를 이루기 위해서가 아니라 단지 굶주림에서 벗어나기 위해, 14시간 혹독한 노동을 마다하지 않았다. 그렇게 해도 커피 한 잔 값이던 50원 일당으로는 하루 최저 식비 120원도 맞추지 못했다. 점심도 먹을 수 없었던 시다 생활을 시작했지만, 어두컴컴한 2층 다락방에서 아무리 일해도 가난하기만 한 것이 고통스러웠다. 13살 어린 소녀들과 평화시장의 수만 명이 하루 16시간씩이나 일해도 1원짜리 풀빵 하나 마음 놓고 사 먹지 못하는 현실을 이해할 수 없었다. 그런데 왜 우리 가난하지 않은 사람들은 가난한 사람들이 게으르다고 그토록 쉽게 말하는 것일까?

전태일은 누구보다 가난했지만 결코 자신의 고통에만 묻혀 있지 않았다. 어떤 미래도 기약할 수 없는 곳이었지만, 그는 좌절하지 않고 스스로 희망을 만들어가기로 한다. 그는 도저히 이해되지 않는 이 부조리를 타개하기 위해 노동자의 기본권리를 명시해놓은 근로기준법을 공부하기 시작한다. 근로기준법 해설을 물어볼 대학생 친구 하나를 찾아 헤맸고, 관공서에 진정하고, 또 항의한다. 그러나 가난하지 않은 사람들은 말한다. 너희 노동의 대가는 국가발전을 위해 잠시 유예해야 한다며, 좋은 날이 오면 다 함께 좋을 거라 한다. 국가발전을 위해 노동대중의 고통과 죽음은 불가피한 일이라 하며 자본-권력은 자기의 부를 채워간다. 이 간명한 논리는 지금도 여전히 힘을 발휘하고 있다.

전태일은 이 말이 기만임을 깨닫는다. '기업주들은 자신이 더욱 살찌기 위해 노동자들을 밑거름으로 사용할 뿐이며, 이는 우리 사회의 모든 것을 보여주는 척도'라고 간파한다. 사회 전체가 "한 인간이 인간으로서 모든 것을 박탈당하고 박탈하고 있는 무시무시한 세대"임을 깨닫는다. 자신과 동료들이 가난을 벗어나지 못했던 이유가 바로 착취 때문이며, 그런 세상은 인간을 소외시키는 무시무시한 곳이라고 뚜렷하게 통찰한다. 초등학교 2학년의 학력이지만 노동체험을 통한 사회모순의 자각은 적실한 것이었다.

모순을 자각한 사람은 더 이상 굴종하지 않는 법! 전태일도 더이상 굴종하지 않는다. 자신이 잃은 것은 노동의 대가이지만 찾고자한 것은 돈이 아니라 인간의 존엄이었기에 그는 싸우기로 한다. 동료들과 '바보회'를 조직하고 상황을 모색하고 모순에 부딪혀간다. 늦은 밤 동료들과 자신의 방에서 아무도 들어주지 않는 인간의 희망을이야기한다. 버림받은 사람들의 고통을 서로 쓰다듬는다. 버림받은사람들과 함께 식사했던 갈릴래아 청년처럼, 비지찌개 한 냄비를 둘러싸고 밤을 새운다.

그러나 거대한 벽은 꼼짝도 하지 않는다. 전태일은 공부하고 찾고 항의하지만, 돌아오는 것은 냉소와 무시뿐이다. 근로기준법은 단지 종이 위에 있는 잉크였을 뿐, 자신과 동료의 고통을 전혀 덜어주지 못한다. 그 법조문은 이 땅에 하루 8시간 노동과 법정휴식을 증거하지만, 이는 자본-권력의 거짓 알리바이에 불과했다. 이런 알리바이는 언제 어디서나 있어왔다.

2천 년 전 팔레스타인 땅에서도 법은 있었다. 바리사이들은 그들의 법을 내세워 스스로를 선택받은 자들이라 하며 노동대중을 핍박했다. 일상의 노동에 묶인 가난한 대중이 결코 지킬 수 없는 율법들을 내세워 바리사이 자기들만의 정결을 자랑했다. 율법 밖으로 밀려난 가난한 사람, 여자, 아이, 이방인, 병자들은 죄 지은 자가 되었고, 이들 버림받은 대중ochlos은 갈릴래아 호숫가로 밀려났다. 그들은 함부로 취급되었다. 인간을 구원할 것이라 여겼던 바로 그 율법이 죄인을 만들어냈다. 대중의 노동으로 유지되는 자본-국가가 바로 그 노동대중을 착취하듯이.

그렇게 율법은 예나 지금이나 변하지 않았다. 국가발전의 이름을 앞세운 온갖 법조문으로 노동자들의 손발을 묶어 놓고, 자기들만의 정결을 앞세우는 사람들은 어디에나 있다. 800만 비정규직 노동자들을 밟고 누리는 호황이 국가발전을 위한 것이라 한다. 국가발전을 위해 시간당 임금을 10원 올려주겠다는 제의를 부끄럽지 않게 하는 이 땅의 자본가들에게, 노동자는 단지 그들의 배를 채워주는 노비일 뿐이다. 세상의 본질은 변하지 않았다. 그럼에도 좋은 세상이라는 사람들이 넘쳐난다. 어쩌겠는가! 한 번도 자기 것이 아니었던 노동을, 어찌 그들이 알 수 있겠는가.

그때 한 청년이 나타나 소란을 일으켰다. 청년은 스스로 정의롭다 하는 사람에게 적대했고, 핍박받던 사람들을 복권시켜려 했다. 그율법이 누구를 위한 것이냐고 끊임없이 물었듯이, 그들이 말하는 국가는 누구의 국가이며 또 누구를 위한 노동이냐고 물었다. 그 물음은 목숨을 요구했다. 어느 곳에서나 진실한 물음은 목숨을 걸어야 하는 모양이다. 전태일은 그 물음을 안고 평화시장을 잠시 떠난다. 삼각산 공사장에서 4개월간 고된 막노동을 하며 고민하고 결단한다.

이 결단을 두고 얼마나 오랜 시간을 망설이고 괴로워했던가? 지금이 시각 완전에 가까운 결단을 내렸다. 나는 돌아가야 한다. 꼭 돌아가야 한다. 불쌍한 내 형제 곁으로, 내 마음의 고향으로, 내 이상의 전부인 평화시장의 어린 동심 곁으로. 생을 두고 맹세한 내가, 그 많은 시간과 공상 속에서, 내가 돌보지 않으면 아니 될 나약한 생명체들. 나를 버리고, 나를 죽이고 가마. 조금만 참고 견디어라. 너희들의 곁을 떠나지 않기 위하여 나약한 나를 다 바치마. 너희들은 내 마음의 고향이로다.

게세마네에서 자신의 죽음을 예감한 청년이 '할 수만 있다면 이 길을 비켜가게 해 달라'고 간청했던 것처럼, 그도 그 길을 피하고 싶었다. 그러나 청년에게는 다른 어떤 길도 허락되지 않았기에 약한 육신을 끌고 평화시장으로 돌아온다. "때가 왔습니다. 일어나 갑시다"라며 지배자들의 땅인 예루살렘을 향해 나아갔던 청년처럼, 그도 자신의 계획을 위해 거침없이 나아간다.

12명의 재단사로 다시 모임을 조직하고, 평화시장의 실정을 폭로할 설문조사를 어렵게 마친다. 그 결과를 신문사에 제보해 크게 기사화함으로써 평화시장의 참상이 사회문제가 된다. 그때부터 그에게 회유와 협박이 날아든다. 노동청 감독관이 찾아오고, 경찰서 형사들과 대적하고, 기업 대표자들과도 마주한다. 그들 적대자들은 전태일의 입을 막고, 플래카드를 찢고, 온몸을 구타해서, 다시 세상 밖으로 밀쳐낸다. 그는 다시 벽 앞에 내동댕이쳐진다. 그리고 최후의 순간, 전태일은 오랜 결심을 결행한다.

이 순간은 미리 예정되어 있었던 순간이었다. 잠 안 오는 주사를 맞고 사흘 연거푸 야간작업을 한 끝에, 눈만 멀뚱히 뜨고 석상처럼 앉아서 손을 놀리지 못하는 시다를 보고 그가 그녀의 일을 대신해 주면서 위로의 말을 던지고 있었을 때, 피를 토한 여공의 손을 잡고 그가 병원 문을 두들기면서 텅텅 빈 호주머니를 한탄하고 있었을 때, 막노동판에서 버림받은 밑바닥 인생을 바라보고 "얼마나 위로해야 할 나의 전체의 일부냐! 얼마나 몸서리쳐지는 사회의 한 색깔이냐!"라고 외치면서 그가 저주받은 현실을 분해해버리겠다고 결의하고 있을 때 이 순간은 이미 예정되어 있었던 것이다.

"나의 전체의 일부." 아! 게세마네에서 밤을 새워 기도하던 청년이 왜 고독했는지 이제 조금은 알 것도 같다. 동료와 어린 여공들이 온전히 그 자신 '전체의 일부' 였기에 그는 예정된 길을 갈 수밖에 없었지만, 그 역시 이 길을 피하고 싶었기에 육신은 두려움에 떨었다. 그러나 그는 분노해야 할 것과 사랑해야 할 것을 분명히 알고 있었기에 주어진 길을 회피하지 않았다. 그에게 분노와 사랑은 언제나 함께 했지만 그는 분노보다 사랑이 깊은 사람이었다.

어린 여공들에게 자기 돈을 털어 약을 사주거나 일을 대신해주며, 그들의 호소를 외면하지 않은 그는 사랑이 깊은 사람이었다. 자기의 버스비로 어린 누이들에게 풀빵을 사주고, 밤 10시까지 일한 후 주린 창자로 휘청거리며 두세 시간을 걸어가는 처진 어깨 뒤로, 청년 예수의 뒷모습이 겹쳐진다. 죽을 때까지 3, 4년을 계속해온 이 고행, 결코 아무나 흉내 낼 수 없는, 슬픈 어깨를 가진 청년, 예수⋯⋯.

슬픈 청년은 자신이 그토록 사랑했던 시장거리에서, 자기 온몸을 불사르며 나아갔다. 입으로 들이치는 화염을 내뿜으며 짐승처럼 소리쳤다.

"우리는 기계가 아니다!"

"근로기준법을 준수하라."

"노동자들을 혹사하지 말라."

그 화염 너머 어디에선가 청년의 음성이 들려왔다. 너희들은 나를 누구라 하느냐. 대체 너는 무엇을 하고 있느냐. 너는 누구를 사랑하느냐고, 내게 묻는다. 나는 누구를, 또 무엇을 사랑하고 있었던가? 나는 기독교인은 아니지만, 그러나 혹은 그렇기에 말할 수 있다. "예수가 이 땅에 다시 온다면 반드시 전태일의 모습으로 올 것이다."

예수 전태일.

지배계급의 땅인 예루살렘으로 자기의 죽음을 향해 들어가며 예수가 증거하고자 했던 메시지와, 전태일이 자기 몸에 불을 지피며 노동자의 이름으로 증거하고자 했던 메시지가 어떻게 다른지, 누가 내게 설명해주길 바란다. 자기의 생명으로 이웃을 살리려 했던 사람, 네 이웃을 사랑하라며 죽음으로 나아갔던 사람, 불로 처형당한 황색예수, 전태일.

2천 년 전 저 먼 로마 식민지 땅에서 농부보다 더 천대받던 노동자 목수로 살아가며 세상의 불의에 맞서 사랑을 외쳐도 모두 그를 조롱했던 것처럼, 전태일 역시 자본이 지배하는 이 땅에서 가장 천대받는 노동자로 살아가며 너와 네 이웃을 살펴보라고 외쳐도, 모두 그를 비웃기만 했다. 2천 년 전 누구를 위한 율법인지를 물었던 예수처럼, 전태일은 누구를 위한 노동이냐고 물었다. 자신들의 부와 권력을 지속하려는 바리사이의 거짓과 위선에 적대했던 청년처럼, 22살 청년 노동자도 그렇게 죽어갔다. 그는 화기火氣로 죽어가며 말했다.

우리 어머니만은 나를 이해할 수 있지요? 나는 만인을 위해 죽습니다. 이 세상의 어두운 곳에서 버림받은 목숨들, 불쌍한 근로자들을 위해 죽어가는 나에게 반드시 하나님의 은총이 있을 것입니다. 어머니,

걱정 마세요. 조금도 슬퍼 마세요.

　박지연은 2007년 19살에 삼성전자에 입사해 백혈병 진단을 받고 2010년 23살의 나이로 숨진다. 그곳에서 22명이 백혈병에 걸렸고 9명이 숨졌다. 한국타이어에서 2006년부터 2007년까지 15명이 암 등으로 숨진다. 그곳에서 1995년부터 2010년까지 100여 명이 사망했다. 5만 볼트 테이저 건, 2급 발암물질이 함유된 최루액, 목숨을 위협하는 다목적 발사기, 진압봉과 방패, 군홧발과 무자비한 폭행, 22억 원의 위자료 청구, 6억 원의 임금 가압류, 2억 원의 부동산 가압류, 4명의 급사와 자살, 지켜지지 않은 노사합의, 쌍용자동차가 2,600명을 정리해고하는 과정에서 저항하는 노동자는 사람 취급을 받지 못했다. 그리고 파견근로자, 호출근로자, 용역근로자, 하청근로자, 시간제근로자, 인턴사원, KTX 여승무원, 이랜드, 코스콤, 기륭전자……. 이 좋은 세상은 누구의 세상일까? 이 좋은 세상에서 누가 그를 죽였을까?

　국가는 국익을 말하면서 언제나 지배계급의 이익을 위해 국가폭력을 자행해왔다. 자본은 '모두가 좋은 날'을 위해 참고 기다리자며 1원짜리 풀빵도 허락하지 않았다. 국가와 자본은 일심동체가 되어, 오늘 또다시 국가발전을 위해서라며 시급 10원 인상을 당당히 제시한다. 그들의 폭력은 지속되고 있다. 국가는 언제나 지배자들의 것이었고, 자본은 그 국가발전을 앞세워 자신의 배를 불려왔다. 거기에 우리 노동대중은 없었다. 그래서 국가는 절대로 계급을 초월할 수 없는 것이고, 전태일은 이들 국가-자본에게 무엇을 더 기다려야 하는지, 누구를 위한 발전인지를 물었던 것이다. 우리 노동자는 여러분의 국가에 속하지 않느냐는 물음에 목숨을 걸었던 것이다.

여기에 이 땅 전문가들은 그들 학식을 앞세워 노동대중을 정결하지 못하다 핍박한다. 그들은 온갖 전문어로 노동대중을 억압하는 율법을 생산하고, 그것으로 국가-자본에 기생하여 자신들의 배를 채워간다. 출세를 위해 법의 이름으로 폭력을 집행한다. 기업의 돈을 향유하려고 거짓 지식을 팔아먹는다. 그들 전문가들에게 삼성전자 반도체 노동자의 백혈병은 산재가 아니고, 그 죽음은 보도할 가치도 없는 것으로 분류되었다. 이 땅 전문가는 용산의 죽음을 기각했고 쌍용차 노동자를 감옥으로 보냈다. 율법은 폐기되지 않았다. 저들의 거짓과 위선을 보라. 그들만의 율법은 지금도 있다. 전태일은 2천 년 전 바리사이들의 율법이 우리 시대에도 국가와 자본과 전문가의 이름으로 지속되고 있음을, 몸을 태워 깨우쳤다.

또한 나의 거짓도 있었다. 수많은 대중이 노동대중에게 돌을 던질 때, 나도 그 속에 있었다. 더 좋은 자동차와 휴대폰을 갖기 위해 더 값싼 노동을 요구했기에, 내가 바로 전태일을 죽인 것이다. 예수를 십자가에 못 박기를 원했던 유대 동족들처럼 그 돌이 자신에게 이르는 것조차 모르고 나도 던졌다. 그래서 "주여, 저들은 스스로 무슨 짓을 하는지 모릅니다"라는 탄식은 어느 땅에서나 익숙한 슬픔이고, 이것이 내 부끄러움의 이유다. 나는 너무 몰랐던 것이다.

그런데 지금 자기의 안온이 누구의 고통 위에 있는 것인지 모른 채, 사랑과 보살행을 말하는 사람들이 너무 많다. 이 땅의 화형을 자기와는 무관하다 한다. 그래서 전태일을 외면하며 사랑을 말하는 기독교인을, 나는 믿지 않는다. 전태일을 외면하며 세상 모든 것은 인연의 고리라는 불교인도, 나는 믿지 않는다. 2천 년 전 그 먼 땅 팔레스타인 한 청년의 죽음에는 경배하면서, 지금 이 땅 노동자의 죽음에는 적대적인 이곳 수많은 바리사이들. 이 땅 교회 첨탑의 높이는 절망의 깊이일 뿐이고, 산사山寺의 고요함은 초월의 망상일 뿐이다. 그들에게 '지금 이곳의 그'는 없다.

나는 그의 고통과 죽음을 상상할 수 없다. 또 나는 그의 사랑의 깊이를 가늠할 수도 없다. 그리고 그의 죽음 앞에서 무엇을 배우겠다거나 따르겠다는 다짐도 못하겠다. 나는 단지 나약한지라, 오직 두려워 떨고 있을 따름이다. 그 청년 노동자의 자리에 나와 내 딸이 겹쳐지는 두려움에, "우리는 어디로 가고 있습니까?"라며 묻고 있을 뿐이다. 나는 그의 고통을 내 것으로 할 만큼 진실되지 못하기에, 이것이 내가 부끄러운 진짜 이유다.

그가 죽어가며 남긴 마지막 말은 "배가 고프다"였다. 자기 몸을 번제燔祭의 제단에 바친 그는 이제 배고픔을 물리쳤을까? 그는 이제 인간의 존엄을 되찾았을까? 아닌 것 같다. 내 살을 먹고 피를 마시라는 당부가 아직 세상에 이르지 못한 것처럼, 아직 분명 아니다. 그렇기에 그는 다시 역사의 마디마디에 다시 오는 것이리라. 예수 부활은 2천 년 전 일회적 사건이 아니라 배척과 억압의 땅에서 언제나 재현되는 것이기에, 지금도 이 땅 어디에선가 부활하는 것이리라. 전태일의 모습으로, 교회 밖에서 다시 살아오는 것이리라.

책을 덮은 후 교단에서 다시 살아올 당신을 생각했다. 그리고 내가 바로 노동자 예수를 십자가에 못 박고 예수 전태일을 불태우는, 이 땅의 율법에 충실하고 있지 않은지 다시 생각하게 되었다. 당신으로 인해 나는 부끄러웠고, 또 가끔 몸이 아프기도 했다. 한 권의 책이 사람을 흔들 수도 있는 것이다.

나는 지도당하고 싶지 않다

장 폴 사르트르, 조영훈 옮김, 『지식인을 위한 변명』(한마당, 1984)

언론에는 항상 이름을 알 만한 사람들이 나온다. 아니, 정치인과 고위관료, 기업가와 대학교수, 그리고 스포츠 선수와 연예인이 언론에 등장했기에 우리는 그들을 기억할 수 있다. 텔레비전과 신문은 그들의 의견과 근황을 전달하며 한국사회의 오늘을 말하고, 대중은 그들을 지켜보며 내일을 가늠한다. 또 과학자, 법률가, 교수, 의사 등은 전문가적인 의견을 개진하며 한국사회에 영향을 미치고 있다. 사회 곳곳에 포진한 이들이 높은 사회적 신분과 보상을 누리는 것은 그들 책무의 중요성을 사회가 인정해주기 때문이다.

그런데 그들이 책무에 충실하지 않으면 어떻게 해야 하나? 그들이 누린 권한만큼 딱 그만큼의 책임을 물어도 좋겠지만, 누렸던 권한이 컸기에 오히려 책임은 더 커야 하지 않겠는가? 그렇지만 현실은 그 반대다. '사회에 공헌한 것을 감안' 하여 감형하고, 사면하고, 복

권하는 것을 당연하게 여긴다. 수억 수천만 원의 회계부정을 저지른 학교장이 '교육에 이바지한 공로'로 실형을 선고받지 않았다. 회사 경영자가 수천 수백억 돈을 횡령해도 '경제발전 업적'을 참작했단다. 그런데 그 공로와 업적이란 것도 사실은 수상하다. 사욕을 채우느라 언제 공적을 쌓기나 했을까 싶은데, 자기들끼리 치켜세우고 깎아주고 용서해준다. 참으로 우습고도 황당하다.

그렇다면 경영자가 되지 못해 경제발전에 공헌할 기회조차 갖지 못한 '당신'과, 투철히 교육에 공헌할 학교장 자리에 오르지도 못한 '나'는 무엇인가? 죄를 탕감 받고 싶으면 큰 죄를 지을 수 있는 자리부터 마련해야 하는 세상인가 보다. 그래서 '보잘것없는 대중'의 죗값이 그들 수천 수백억 죗값보다 무겁게 되었다. 우리는 무겁고 그들은 가볍다. 노골적으로 우롱당하는 기분이지만, 이것이 바로 '억울하면 출세하라'는 뜻인가 보다.

그런데 매스컴은 한 술 더 떠 그들을 '사회지도층'이라 부른다. 사회지도층? 무심히 방송을 듣다가도 이 말만은 예민하게 내 목에 탁, 탁, 걸린다. 도대체 누가 누구를 지도한다는 말일까. 불편함을 넘어 모욕감마저 든다. 이 말이 어떻게 생기게 되었는지 모르겠지만 그들에게 지도당하고 싶지 않은 나는, 이 말을 거부한다.

더 나아가 이들 과학자, 법률가, 교수 등을 지식인으로 부르지만, 이 역시 타당한 호칭이 아니다. 특히 지식인에 대한 정의와 역할은 어느 시대에서나 상당한 논쟁을 일으킬 만큼 중요했다. 프랑스의 철학자 장 폴 사르트르도 이 말을 유별나게 취급했는데, 이는 지식인을 정의해온 여러 개념들 가운데서도 가장 독특하고 유명한 것이 되었다.

대부분의 사회가 그렇겠지만, 많이 배운 사람을 대체로 지식인이라 부른다. 많은 지식을 갖추고, 사회가 요구하는 책무와 권한을 함께 가진 사람 정도로 이해하고 있다. 그런데 사르트르는 이런 통념을 받아들이지 않는다. 가령 법률가, 과학자, 의사, 문필가처럼 전문 지식을 가진 사람은 사르트르에 따르면 단지 "실용적 지식을 가진 전문가"일 뿐이다. 이들은 우리가 보통 말하는 지식인과는 엄격하게 구분된다.

사르트르에 따르면 이들 실용적 지식을 가진 전문가들은 대체로 17세기 말 부르주아의 성장과 함께 나타났다. 신흥 지배세력으로 떠오른 부르주아는 자기들의 이데올로기에 부응해줄 어떤 존재가 필요했다. 그래서 부르주아는 교육을 통제하여 "지배권력의 말단기능을 수행할 수 있는 일정한 권력"을 가진 '지식전문가'를 만들었다. 즉 지식전문가는 부르주아 지배계급의 필요에 의해, 지배계급의 이익을 위해 '위에서' 만들어진 존재다.

그래서 이들 지식전문가는 지배계급에게 교육받은 대로, 지배계급의 이익을 지지해주는 기능을 수행하게 된다. 전문가답게 학문적 엄밀성을 앞세우지만, "실제로는 지배자의 이데올로기에 지나지 않는 것을 과학적 법칙인 양 부당하게 왜곡"하며 체제를 수호해왔다. 이런 예는 무수히 많은데, 이 부분에서 나는 학교에서 배웠던 맬서스의 인구론이 떠올랐다. 맬서스가 자본주의 발흥기에 쓴 『인구의 원리에 관한 소론』에서, 인구의 증가가 식량 증가보다 빠른 것이 자연법칙이라고 한 것은 '순수한' 학문적 이유만은 아니었다. 이 이론에 근거하면 기하급수적인 인구 증가 때문에 노동자의 가난은 피할 수 없는 것이 되기에, 노동자들이 가난을 벗어나는 방법으로 파업, 혁명, 자선이 아니라 출산억제 같은 도덕적 자제가 합당하다고 주장했다. 이는 당시 노동자의 비참한 삶에 대응하는 자본가의 해결책이었는데, 그가 창안한 전문지식이 부르주아의 이익에 기여했던 것이다.

이처럼 지배계급에 의해 탄생한 지식전문가들은 지배체제를 견인해왔는데, 이는 오늘날에도 마찬가지다. 2009년 1월 용산에서 철거민이 불에 타 죽은 것은 국가폭력 때문이었다. 그러나 사태는 전혀 다르게 진행됐다. 검찰은 아들을 아버지의 살인자로 기소했고, 재판부는 무리한 진압이었다는 여러 증언과 자료를 무시하고 누락하며 재판을 진행했다. 진압을 주도한 경찰청장과 경찰들은 풀려났고, 많이 배우지 못했고 그래서 유명하지도 않은 사람들은 감옥에 갇혔다. 법이란 참으로 전문적인 것인가 보다. 상식과 일치하지 않는 것을 보면 대중이 이해하기란 애초에 불가능한 것인지도 모른다.

그래서 예전부터 전문가는 경계의 대상이었다. 이를 특별히 강조한 또 한 사람이 에드워드 사이드였다. 사이드는 오늘날 가장 위험한 것은 "전문가주의professionalism 태도"라고 줄곧 비판했다. 높은 교육을 받은 전문가일수록 좁은 지식영역에 갇혀 권력과 권위에 영합하기 때문이란다. 사이드는 이를 극복하는 것은 "아마추어 정신"이라고 했는데, 이는 상식의 중요성을 강조한 것이다. 그가 말하는 아마추어 정신이란, 왜 그것을 해야 하는지, 그것이 누구의 이익에 봉사하는지, 그것이 보편적 윤리와 일치하는지를 물을 수 있는 사람으로, 이는 도덕적 문제를 제기할 수 있는 능력을 가지는 것을 말한다.

사이드에 따르면 그 물음은 관념의 세계가 아니라 현실 사회를 향한 것이어야 하고, 그래서 지식인이란 일상의 세계와 분리될 수 없는 "세속적 비평"을 수행하는 사람이다. 세속적 비평은 현실모순과 부딪힐 수밖에 없기에 정치적이고 사회참여적이며, 그래서 이를 수행하는 지식인은 당연히 "조화보다는 반대의 정신"을 가질 수밖에 없다. 사이드는 전문가주의에 대한 철저한 경계를 주문하며, 그 자신이 그런 삶을 살아 지식인의 반열에 올랐다.

이렇게 전문가들이 경계의 대상으로 전락한 것은 그들의 탄생에서 이미 예견된 것일 테다. 지금도 지배권력에 봉사하는 그들이 우리를 불태우고도 그 죄를 우리에게 묻는 것처럼 말이다. 용산 사태가 결국은 누구의 이익에 봉사했는지 살펴보라. 용산의 참사와 재판은 상식의 문제이지만 그 상식을 뒤집는 것이 전문가들이다. 그래서 용산은 우리가 왜 전문가들을 경계해야 하는지를 확인시켜주는 섬뜩한 예증이다.

그런데 사르트르는 지식인이란 바로 이런 실용적 지식전문가에게서 나올 수밖에 없다고 한다. 왜냐하면 "혜택 받지 못한 계층"에서는 그런 지식전문가를 길러낼 수 없기 때문이다. 그러면 이런 실용적 지식전문가는 어떻게 지식인이 되는가? 지식전문가가 자기를 형성해낸 이데올로기의 자기중심성을 부당하게 여길 때, 그리고 지배권력의 원칙을 자기 것으로 내면화했다는 사실을 깨달을 때, 그래서 지배권력에 봉사하기를 거부할 때, 비로소 지식인이 된다고 한다. 가령핵전쟁을 위한 원자폭탄을 연구하는 과학자는 지식전문가일 뿐이다. 그러나 그가 핵무기에 대한 경각심을 일깨우기 위해 선언문을 작성하고 발언하여 지배권력의 이익에 복무하기를 거부할 때, 즉 "자기와 관계없는 일에 관심"을 가질 때 비로소 지식인이라 할 수 있다. 이때 자기의 안락은 보장받지 못하기도 한다.

나는 그런 사례로 조영래 변호사를 자주 떠올린다. 그는 누구나선망하는 사법고시에 합격했지만 학창시절처럼 불의한 현실에 맞서싸우기를 멈추지 않았다. 망원동 1만 7,000가구 8만 명의 수해 피해자를 대신하여 한국 최초의 공익소송을 이끌어 승소했다. 이는 법률활동을 기존의 수동적인 방어 차원에서 적극적이고 창조적인 것으로전환시킨 것이었다. 서슬 퍼런 독재 치하에서 부천 성고문 사건과 대우어패럴의 노동 사건, 연탄공장 옆에 살다가 진폐증에 걸린 환자, 여성 조기 정년제, 보도지침 사건 등을 맡아 한국사회에 굵직한 이정표를 세웠다. 그의 '시민공익법률상담소'는 환경, 여성, 노동을 일찍이 인권의 문제로 다루기 시작해 한국사회를 견인했다.

그런데 우리가 조영래를 기억하는 이유는 단지 그가 법리 다툼에서 이겼기 때문이 아니다. 우리는 인간에 대한 예의로 무장한 전문가를 추억하는 것이다. 조영래는 '혜택 받은 특별한 전문지식'을 '혜택 받지 못한 사람들을 위해 사용' 해, 법의 지배이데올로기를 거부했다. 혜택 받지 못한 인간에 대한 애정으로 무료변론을 마다하지 않았고, 체제에 억눌려 죽을 수밖에 없었던 한 노동자를 기억하기 위해 『어느 청년 노동자의 삶과 죽음』을 집필했다. 가혹한 세상의 차가운 법정에서 그의 변론은 따뜻했다. 이는 사르트르가 말한 "자기가 사는 사회를 이해할 수 있는 방법은 단 하나, 가장 혜택 받지 못한 계층의 관점에서 사회를 바라보는 것"을 실천한 것이었다. 그의 이런 삶은 엘리트의 특권의식으로는 가능하지도 않고 이해할 수도 없는 것이다. 그의 삶은 짧게 타올랐지만, 우리가 그를 오래 기억하는 이유다.

누가 그에게 그런 일들에 관심을 가져 달라는 부탁을 했던가? 아무도 그에게 부탁하지 않았다. 그래서 사르트르는 지식인이란 부탁받지 않은 일에 참견하는 사람이고, 그래서 "모순된 존재"라고 한다. 지배계급의 목적에 따라 만들어졌지만 결국 지배계급에 봉사하지 않기에 모순된 존재이고, 혜택 받지 못한 계층에 봉사하지만 자신은 혜택 받은 계층이기에 그들에게 완전히 동화될 수 없다는 점에서도 모순된 존재다. 지식인이란 자청한 모순 때문에 결국 어디에도 안주하지 못하는 고독한 사람이기도 하다.

이처럼 지식인은 지식전문가들에게서 나올 수밖에 없기에, 사르트르는 지식전문가를 "잠재적 지식인"이라 불렀다. 이들 잠재적 지식인 즉 많이 배운 사람은 우리 사회에 차고 넘치지만, 한국사회는 지식인의 죽음을 말한 지 이미 오래다. 한국사회는 대체로 대학교수를 지식인이라 하지만, 그들은 학벌과 연고로 똘똘 뭉친 이익 패거리가 된 지 오래다. 정치권력에 줄을 대기 위해 학문적 입장마저 손바닥 뒤집듯 하고, 지식 식민주의자가 되어 세계 지배자본의 첨병 노릇하는 것을 자랑스레 여긴다. 그들은 현실에서 물러나 안전한 강단에 머물며, 자기의 계급이익을 보편이익으로 가장한다.

그래서 사르트르는 지배계급에 반대하는 척하면서 결국은 지배계급에 봉사하는 사람들을 "사이비 지식인"이라 이름 붙이고 맹비난했다. "사이비 지식인은 진정한 지식인처럼 '아니다'라고 말하는 법이 없다. 그는 '아니다, 하지만……', 또는 '나도 잘 안다, 하지만 그래도……'라고 즐겨 말"하는 특성을 가진다.

국방부는 천안함 침몰이 북한 어뢰에 의한 것이라며 어뢰 폭발에 따른 흡착물 분석을 내놓았다. 이 전문적인 과학지식에 누가 대응할 수 있겠는가. 당연히 그 분야의 물리학자들이겠지만, 한국의 전문가들은 침묵했다. 버지니아대학교 이승헌 교수는 "당시 문제의 심각성에 비추어 한국물리학회 같은 공인된 과학단체에서 진실규명을 요구하거나 직접 실험을 통해 진실규명을 하겠다고 나서야 함에도 학계는 침묵했다"고 지적하며, 국방부 발표를 반박하는 자신의 실험을 공개했다. 그리고 자신의 분석에 동의하면서도 연구비 때문에 침묵하는 한국의 물리학자들을 비판했다. 이승헌은 모종의 압박과 불확실한 미래를 감내하면서도 이 일에 개입하게 된 이유가, 자신의 전공 분야를 둘러싼 논쟁이 진실을 향하지 않기에 전문가로서 침묵할 수 없었기 때문이라 했다. 그는 "나도 잘 안다, 하지만 그래도……" 뒤로 숨지 않고, 사태 앞으로 나아간 것이다.

그가 한국사회 밖에 있었기 때문에 그런 양심을 발휘할 수 있었다고 말할지 모른다. 그렇기도 할 것이다. 그렇다면 그는 한국사회 밖에 있었기 때문에 이 사태를 말할 책임에서도 '밖에 있는 자'가 아닌가? 말할 수 있고 없음의 거리를 가늠하며 침묵하는 자들이야말로 사이비 지식인들이다. 바로 그들이 자기 이익을 위해 "나도 잘 안다, 하지만 그래도……" 뒤로 숨는 표본인 것이다. 그런데 이런 비겁은 전문가들만이 아니라 어디에서나 접할 수 있는 익숙한 어법이다. 주위를 둘러보라. "그건 나도 안다. 그런데……"라며 온갖 변명을 늘어놓지만, 결국은 아무것도 하지 않겠다는 사람들이 부지기수다. 그것도 목숨을 건 거사가 아니라 기껏 일상의 한 발짝을 옮기는 것인데도 말이다.

사르트르는 자기를 둘러싼 현실세계를 외면하거나 물러서지 않았다. 그는 "지식인은 항상 구체적 사실과 마주치게 된다"며, 구체적 사태 앞으로 나아가기를 요구했다. 이는 대상세계에 '참여'(앙가주망)하는 것으로, 자기를 규정해간다는 그의 철학적 세계관을 구현하는 것이기도 했다. 그래서 그는 갈등과 모순의 세계에 참여하기를 평생 멈추지 않았다. 사실 지식인에 대한 이러저러한 개념과 정의가 있지만, 내가 아는 모든 지식인들은 개념적 인간이 아니었다. 자기 앞에 놓인 현실사태를 정직하게 응시하고 대결했기 때문에 지식인으로 불린 것이다.

지식인들이란 전쟁을 '도덕적으로' 비난하면서, 폭력이 난무하는 우리 시대의 한복판에 앉아 언젠가는 이상적인 평화가 이룩되리라고 꿈꾸고 있는 도덕주의자요 이상주의자라는 생각은 바로 사이비 지식인들의 태도 때문에 생긴 것이다. 진정한 지식인은 '근본적' 입장에 서 있기 때문에 자신이 도덕주의자도 이상주의자도 아님을 안다. 그는 베트남의 진정한 평화는 오직 피와 눈물 위에서 가능하다는 것, 그것은 그 민족 전체의 승리에 의해서만 가능하다는 것을 알고 있다. 다른 말로 하자면, 자신이 갖고 있는 모순의 성격 때문에 지식인은 우리 시대의 모든 갈등 속에 '참여하지' 않을 수 없는 것이다.

이런 현실참여는 현실권력과 권위에서 자유로운 사람만이 가능하다. 모든 권력과 권위에 대한 거부는 현실의 무거움을 벗어 던져야 가능하지 않겠는가. 사르트르가 노벨문학상 수상을 거부하고, 프랑스 최고의 훈장인 레종도뇌르와 최고의 학교인 콜레주드프랑스 교수직을 거부하는 등 일체의 세속적 권위를 거부했던 것은 어디에도 속하지 않는 자유인으로 남고 싶었기 때문이리라. 그는 일생 고독을 받아들였으며, 그것으로 자유인이고자 했다.

나는 특히 알제리에 대한 그의 행동에 주목한다. 당시 프랑스는 알제리를 식민지배하고 있었는데, 대다수 국민들은 이를 당연하게 여겼다. 지식인을 자처하는 사람들은 '프랑스가 알제리를 폭력적으로 지배하는 것도 거부하지만 알제리의 역逆폭력도 지지받을 수 없다'고 했는데, 이는 마치 보편적 이상을 추구하는 것처럼 보이지만 사실은 프랑스의 지배를 용인한 것이었다. 이에 사르트르는 보편적 언어 뒤로 숨어버리는 사이비 지식인들을 향해, 보편성이라는 것은 아무 데도 없는 허구라고 질타했다. 식민주의가 나쁘면 모든 식민주의가 나쁜 것이라며 그들을 통렬하게 비판했고, 구체적인 사태를 회피하지 말라고 주문했다.

　나아가 그는 알제리 식민지배에 반대하는 징병기피운동을 지지했고, 알제리 독립운동에 직접 관여하기까지 했다. 또 아프리카의 식민지배를 직시하지 않는 프랑스는 유대인 강제수용소를 모른 척하는 독일과 같다고 비판했고, 마다가스카르에서 8만 명을 학살한 프랑스 군대에 대해 국익을 앞세워 모두가 침묵할 때도 사르트르는 비판을 멈추지 않았다. 그가 이 모든 일에 관여한 것은 이 세계에 대해 '나는 책임이 없다'고 그 누구도 말할 수 없도록 만드는 것이 작가의 임무라고 여겼기 때문이다. 상상이 되는가? 비유하자면 일본의 전문가가 조선독립을 지지하고 반식민활동을 공개적으로 했다는 것이다. 이는 프랑스 일반 여론과는 한참이나 동떨어진 것이었기에 사르트르는 국가반역자로 규탄 받고 테러위협까지 당했지만, 끝까지 지식인의 현실참여를 멈추지 않았다.

　사르트르는 모든 종류의 지배권력에 저항했고 억압받는 사람들의 현실을 외면하지 않았다. 그렇게 세계에 참여하는 것으로 자기를 규정해갔다. 국가와 민족 그리고 관습과 전통, 이 모든 것의 경계 너머로 나아가며, 그는 시대의 지식인이 되었다.

그렇게 사르트르는 전문가와 지식인을 구분했다. 실용적 지식을 가진 전문가는 지배계급의 이익에 맞추어 탄생했지만, 그 전문가가 지배권력에 봉사하기를 거부할 때 비로소 지식인이 된다. 그래서 지식인은 자기의 계급이익을 배반했다는 점에서 모순된 존재를 자청한 사람이다. 이처럼 지식인은 지식전문가에서 나올 수밖에 없지만, 대부분의 전문가는 "나도 잘 안다, 하지만 그래도……"라며 현실을 외면하는 사이비 지식인에 불과하다. 이에 비해 사르트르는 구체적 현실과 갈등에 기꺼이 참여하는 것으로써, 자신을 스스로 규정해간 자유인이었다.

우리 사회는 사회지도층이니 지식인이니 하는 말을 거리낌 없이 사용하지만, 좀 더 정확한 구분이 있어야 한다. 말이란 의식을 담는 그릇이기에 함부로 사용할 수 없지 않겠는가. 아마도 이 말들은 사회에 영향력이 있거나 어느 정도 사회적 성취를 이룬 사람을 지칭하는 것 같다. 그렇지만 사회지도층처럼 위계성位階性이 강한 말은 폐기되어야 마땅하고, 그렇다고 그들을 지식인으로 통칭하는 것도 부적절하다.

이들을 '유명인'과 '전문가'로 나누어 부르는 것이 어떨까 싶다. 정치인, 기업가, 연예인, 스포츠 선수처럼 이름이 알려진 사람을 유명인이라 하고 과학자, 법률가, 전문관료, 교수, 의사처럼 전문지식을 가진 사람을 전문가로 구분하는 것이 좋을 듯하다. 그리고 지식인이란 말은 좀 더 엄격하게 사용할 필요가 있다. 지식인이란 굳이 사르트르의 지적처럼 엄격하지는 않더라도, 역사적으로나 사회적으로나 함부로 사용할 수 있는 말이 아니다. 적어도 사회모순을 해결하는 데 헌신하지 않은 사람에게 사용하는 것은 합당하지 않다. 그들은 단지 전문가일 뿐이다. 전문가는 지식의 차원에 머물지만 지식인은 의식의 각성을 동반한 저항의 차원이기에, 이 둘의 거리는 너무나 멀다.

그런데 그들 전문가들에게 지식인이 되지 못했다고 비난하는 것은 비현실적이다. 그들 전문가에게 고난의 길을 가지 않는다고 누가 비난할 수 있겠는가. "지식이 아무리 많아도 의식이 없으면 그 지식은 죽은 지식이다"라며 시대를 깨우쳤던 리영희처럼, 해직과 투옥과 고문을 견디며 지식인의 책무를 다하기란 결코 쉽지 않다. 전문가는 고난의 지식인이 되지 않아도 무방하다. 단지 자기 분야의 직업윤리에만 충실해도 우리 사회는 한층 더 아름다울 것이기에, 그것으로도 충분하다.

그런데 전문가의 책무는 고사하고 지위를 이용해 개인 영달만을 좇는 자들을 사회지도층이니 지식인이니 하며 치켜세워주었으니, 그들은 부끄러운 줄도 모르고 우리 앞에 선다. 그들에게 '나를 지도해달라'고 아무도 부탁하지 않았지만, 사회지도층이라는 이 가당치도 않은 말 때문에 그들이 우리를 지도하겠다고 마음먹었는지도 모른다. 더구나 그들은 서로의 죄를 탕감 받고 탕감시켜주는 상호지도만으로도 바빴을 텐데, 언제 우리를 지도하기나 했는지 모르겠다.

우리는 누구를 지도하거나 또 지도받을 자리에 있지 않다. 버스를 운전하고 배를 용접하는 기술도 얼마나 전문적인가. 이제 생각을 바꾸자. 높은 건물을 세우고 여러 물건을 만드는 바로 우리가 세상을 끌고 간다고, 대중이 움직이지 않으면 세상이 멈추는 것처럼 우리는 스스로 움직인다고 생각하자. 우리의 권한을 다른 누군가에게 위탁하지 않았기에, 사회지도층도 없다고.

지식인을 만난다는 것은 우리의 복이다. 그런데 지식인은 어느 사회에서든 흔치 않았다. 리영희 선생이 떠난 즈음, 루쉰 전집이 다시 출간되기 시작했다. 이 특출한 지식인들을 등불 삼아 자기 삶을 스스로 끄는 것이 기껍지 않겠는가 하고 생각해보는 새벽이다.

악의 평범성과 말의 쓸모

한나 아렌트, 김선욱 옮김, 『예루살렘의 아이히만』(한길사, 2006)

1. 재판이 시작되었다

『예루살렘의 아이히만』은 예상했던 것보다 영감이 풍부한 책이었다. 명성만큼이나 논란도 많은 책이기에 주목하고 있다가 이제야 읽게 되었다. 한나 아렌트의 책 중에 가장 대중적이지만 역시 그의 다른 책처럼 쉽게 읽히지만은 않는다.

이 책에서 다루는 아돌프 아이히만은 독일 나치의 영관급 장교로 유럽 전역의 유대인을 '이송, 재정착' 시켜 '최종해결책'에 이르게 한 총괄 실무 담당자였다. 물론 그는 더 높은 자의 명령에 따랐기에 그가 학살 정책의 입안자도 아니고, 또 그 혼자 모든 것을 행한 것도 아니다. 그러나 전 유럽에서 단시일에 600만 유대인을 색출하여 가스실로 수용-이송-학살한다는 것은 결코 쉬운 일이 아니었다. 상당한 열정과 방법상의 합리가 있어야만 가능했는데, 아이히만은 총책임자로서 탁월한 능력을 발휘했다. 종전 후, 그는 아르헨티나로 숨었다가 1960년 이스라엘 정보기관에 납치되어 1961년 예루살렘 법정에 서게 된다.

유대인인 한나 아렌트는 나치가 발호하자 뉴욕으로 망명했다가, 1961년 예루살렘에 와서 아이히만의 재판을 지켜보며 보고서를 작성하는데, 그 책이 바로 『예루살렘의 아이히만』이다. 아렌트가 지켜본 재판은 아이히만의 죄를 극대화하려는 이스라엘의 입장과, 자기의 죄가 과장되었다며 인정할 수 있는 것과 없는 것을 구분하려는 아이히만의 입장이 충돌했다. 이를 통해 아렌트는 도덕, 정의, 죄 같은 인간 일반에 대한 철학적 통찰과 함께, 이 재판의 문제점도 함께 지적하여 만만찮은 논란을 일으켰다.

전범을 처벌하려는 이 재판이 쉽게 진행될 것 같았지만, 아이히만은 전혀 다른 차원에서 발언하기 시작했다. 아이히만의 변호사가 내세운 주된 변론은, 그의 행위는 당시 존재하던 나치체제의 법률에 따른 정당한 행위였다는 것이다. 더구나 아이히만 자신은 '직접 자기 손으로' 어떤 인간도 죽인 적도 없기에 살인죄는 부당하고, 단지 유대인 살해 교사教唆로만 기소되어야 한다고 주장했다. 대다수 사람들은 아이히만을 수백만 유대인 학살의 핵심 책임자로 지목했지만, 그는 맨손으로 새 한 마리도 죽이지 못하는 자신에게 살인죄 기소는 부당하다고 주장했다. 그래서 이스라엘 원고 측은 아이히만이 헝가리의 한 유대인 소년을 직접 살해했다는 사실을 증명하기 위해 노력했으나 결국 실패했다.

그러면서 아이히만은 명령에 복종하는 것이 자기의 의무였고, 명령받은 일을 하지 않았다면 양심의 가책을 받았을 것이라 주장했다. 그런데 그가 명령받은 일이 무엇이었던가. 상당한 열정과 세심한 주의로 수백만 명을 죽음의 수용소로 보내는 일이 아니었던가. 더구나 자신의 유대인 조카를 살려준 일을 유대인을 '처리' 해야 하는 자기 양심을 위반한 것으로 여겨, 상관에게 자기의 죄로 고백하기도 했다. 이것이 아이히만이 자기 양심을 증명하는 방식이었다.

그리고 아이히만은 이상理想이란 말도 참으로 독특하게 사용했다. 그는 심문과정에서 자신이 얼마나 이상주의자로 살아왔는가를 설명하면서, 필요하다면 아버지도 죽음으로 보냈을 것이라고 했다. 명령이나 법에 복종하는 것만이 그의 양심이었고, 그것을 완벽하게 수행하기 위해 어떤 사람이라도 희생시킬 수 있다는 것이 그의 이상이었다. 이해가 되는가? 우리는 이런 아이히만을 무척 이상異常하게 여기지만, 당시 정신과 의사를 포함한 전문가들은 그의 정신상태가 정상이라고 진단했다. 도덕적인 이상異常 상태도 아니고 '매우 긍정적인 생각'을 가진 사람으로 판명했다.

2. 말할 능력이 없는 사람의 언어, 상투어

이처럼 아이히만이 양심과 이상을 언급할 때, 우리가 익히 아는 의미와 다르게 사용하여 우리를 무척 당혹스럽게 한다. 아이히만의 언어 사용법은 타인과 소통이 불가능했고 또 공허했다. 특히 그가 칸트의 도덕교훈에 따라 살아왔다고 증언했을 때, 그의 언어 사용이 얼마나 심각하게 왜곡되어 있는지가 극명하게 드러났다.

칸트의 도덕명령은 자신이 자기행위의 입법자가 되어 '맹목적인 복종을 배제하는 인간의 판단기능'을 강조한 것이었다. 그런데 아이히만은 칸트를 빌려와, 히틀러 총통의 명령을 행위의 입법자로 삼은 자신을 도덕적이라 했다. 이 우스꽝스러운 칸트 해석에 모든 사람이 놀라워했지만, 그는 주변 사람들이 놀라워하는 이유조차 모르는 듯했다. 결국 그에게 양심과 이상 같은 말들은 그냥 사용하는 '상투어'일 뿐이었고, 아렌트에 따르면 "말할 능력이 없는 인간"이었다.

이처럼 공허한 상투어만 내뱉는 사람은 우리 주변에도 적지 않다. 앞뒤 맥락도 없이 "사랑합니다", "행복합니다"라는 말을 반복하며 자기만의 사랑과 행복에 겨워하는 사람들이 있다. 아이들이 경쟁교육에 쓰러져도, 학교장의 전횡에 학교가 비틀거려도, 언제나 웃음을 머금고 사랑과 행복을 말하는 그들의 말은 공허함을 넘어 기괴한 느낌이었다.

그런데 이는 단순히 언어 사용법의 차이가 아니다. 한 사람의 언어 사용법은 그 사람 전체 삶과 연관된, 그 사람 전全존재의 문제라고 나는 줄곧 생각해왔다. 온 나라를 뒤덮은 대통령의 '중도, 실용, 서민, 법치'의 말을 이해하기 위해서는 성령으로 방언을 함께 경험한 사람만이 그 말의 실제 의미를 이해할 수 있는 것처럼, 그 사람 삶의 방식을 알아야만 그 언어의 의미를 해독할 수 있을 테다.

학교장은 말이 많았다. 그는 교무회의에서 자주 자기 가치관을 주장했는데, "요즘 자꾸 인권을 말하는 사람들이 있는데, 인권은 제로섬 개념입니다. 누군가의 인권이 강조되면 또 다른 쪽의 인권이 침해됩니다"라며 학생인권을 불편하다 말했다. 그런 그에게 권력과 인권의 개념을 구분하라고 주문했지만, 권력행사를 즐기는 그는 내 말을 이해하지 못했다. 그와 나의 삶이 달랐던 것처럼, 우리는 소통하지 못했고 서로 상대의 말을 공허하다 느꼈다.

재판관 역시 심문과정에서 아이히만과 소통되지 못하는 답답함을 토로하곤 했다. 이를 지켜본 아렌트는 아이히만에게는 "그 어느 것도 타인의 관점에서 바라볼 수 있는 능력이 없다는 점" 때문이라고 지적했다.

재판관들이 피고에게 그가 말한 모든 것이 '공허한 말' 뿐이라고 말한 것은 옳았다. …… 그의 말을 오랫동안 들으면 들을수록, 그의 말하는 데 무능력함은 그의 생각하는 데 무능력함, 즉 타인의 입장에서 생각하는 데 무능력함과 매우 깊이 연관되어 있음이 점점 더 분명해진다. 그와는 어떠한 소통도 가능하지 않았다. 이는 그가 거짓말하기 때문이 아니라, 그가 말과 다른 사람들의 현존을 막는, 따라서 현실 자체를 막는 튼튼한 벽으로 에워싸여 있었기 때문이다.

자기만의 언어 사용법에 빠진 사람일수록 자기의 세계는 튼튼한 벽으로 둘러싸여 견고하다. 자수성가한 기업가가 월 100만 원의 장학금을 정기적으로 학교에 기부하기로 했다. 개인적으로 친분이 있던 A교사의 노력 때문이었다. 그 기업가는 자기의 어려웠던 과거를 말하며, 다른 조건 없이 형편이 어려운 학생에게 장학금이 수여되기를 바랐다. 참으로 고마운 마음이었다. 그런데 역시 가난을 극복하고 자수성가했다는 학교장은 기부자의 뜻을 무시하며, 그것을 성적 우수 장학금으로 돌리고 싶어 했다. 학생들은 경쟁해야 발전한다는 자기의 철학을 계속 고집했다. 돈 몇 푼이라는 당근으로 아이들을 더 채찍질하고 싶어 한 것에 A교사가 기부자의 뜻에도 어긋난다며 반대했다.

결국 학교장의 고집대로 성적장학금과 생활장학금으로 나누어 주게 되었다. 그런데 담임을 통해 개별적으로 전달해도 될 생활장학금을 학교장은 전교생 조회에서 수여하겠다고 했다. 운동장 조회에서, 공부 잘한 아이들과 가난한 아이들을 앞으로 불러내 장학증서를 주고 대열로 돌려보낸 뒤, 학교장은 바로 일장 연설을 했다.

"한 친구가 물에 휩쓸렸는데 다른 친구는 언덕에서 지켜보기만 했다. 물에 빠진 친구는 구경만 하는 친구에게 화가 나서, 죽을힘을 다해 헤엄쳐 나와서는 어떻게 구경만 하고 있느냐며 따져 물었다. 그러자 언덕 위에 있던 친구가 말했다. '네가 스스로 헤엄쳐 나오게 하려고 그렇게 했다. 이것이 진정 너를 살리는 길이었다.' 이렇게 자기 삶을 스스로 책임져라. 지금 가난하게 사는 사람들은 청춘을 허비했기 때문이고, 게으름과 무책임의 결과다. 여러분은 젊은 날을 허비해서는 안 된다. 사회와 국가에 손을 벌리는 사람이 되지 말고 기여하는 자랑스러운 인물이 되라."

아, 이것이 교사의 가르침이란 말인가? 운동장 앞에서 교장의 훈시를 듣던 A교사와 나는 함께 경악했다. 학교장은 방금 생활장학금을 받고 친구들 속으로 돌아간 아이들에게 무슨 말을 한 것인가. 그들의 부모는 청춘을 허비해서 손만 벌리는 무책임한 사람이 되어버렸고, 더구나 '게으른 부모'가 들어야 할 훈시를 왜 아이가 들어야 하는 걸까. 그것도 전교생 앞에서! 학교장은 돈 몇 푼으로 아이와 그 부모를 능멸한 것과 다르지 않았다.

타인의 입장에서 생각해볼 줄 모르는 사람은 우리 주변에 언제나 있다지만, 이제 학교조차도 함께 더불어 살아가는 삶을 가르치지 않는 것이다. 지금 부자가 아닌 사람들을 모두 게으르다며 질타하는 말도 폭력적이었지만, 단지 부자가 되는 것을 대표적인 성공으로 교육하는 이 천박함은 또 어떻게 할 것인가. 나는 이 훈시를 들으며 무위당 장일순의 이야기가 떠올랐다.

"친구가 똥물에 빠져 있을 때 우리는 바깥에 선 채 욕을 하거나 비난의 말을 하기 쉽습니다. 대개 다 그렇게 하며 살고 있어요. 그러나 그럴 때 우리는 같이 똥물에 들어가야 합니다. 들어가서 여기는 냄새가 나니 나가서 이야기하는 게 어떻겠느냐고 하면 친구도 알아듣습니다. 바깥에 서서 입으로만 나오라고 하면 안 나옵니다."

물에 휩쓸린 경우와 똥물에 빠진 경우는 다른 삶의 비유이지만, '밖에서' 친구의 성공을 독려하는 것과 '안으로' 들어가 친구의 고통을 함께하는 자세는 기본이 다른 것이다. 더구나 그것이 목적하는 바가 한쪽은 돈과 성공이고 다른 한쪽은 이해와 공존이라는 점에서 세상을 대하는 근원적 차이가 있다. 지나친 경쟁으로 고통 받는 우리가, 가난하지만 함께 나아가자고 가르치는 사람을 학교에서마나 만나지 못한다는 것은 비극이기도 하다. 특히 가난한 부모를 둔 아이들에게 너희 부모는 실패한 인생이었다는 말을 하고 싶었던 것은 아니라 하겠지만, 결국 그렇게 비난한 것과 다르지 않다. 이렇게 세상의 성공만을 독려하는 학교가 인성이니 배려니 하는 아름다운 말들을 상투적으로 나열하고 있다.

3. 생각하지 않은 죄, 악의 평범성

아이히만은 "히틀러가 8,000만 사람의 총통에 올랐다는, 히틀러의 그 성공만으로도 자신은 히틀러에게 복종할 충분한 증거"가 된다고 했다. 그에게 히틀러의 지위는 정당성의 근거였다. 즉 '높은 지위는 곧 옳은 것의 기준'이었기에 그는 히틀러에게 충직하게 복종했다. 그래서 아이히만 자신도 너무나 간절하게 성공을 바랐는데, 여러 노력에도 불구하고 중령까지만 진급한 것을 몹시 안타까워했다.

우리 주변에서도 '그만큼 성공했다는 것은 열심히 했다는 것이고, 그래서 그 성공은 정당하다'고 쉽게 말한다. 노동자의 죽음을 밟고 이룬 기업가의 부라 하더라도, 시민을 학살하고 잡은 권력이라 하더라도, 손안에 쥔 부와 권력이 정당성의 증거가 되어버린다. 우리는 열심히 해라, 열심히 살아야 한다며 성실을 최고의 덕목으로 여기지만, 그 성실이 무엇을 위한 것인지를 따져보지 않는다는 점에서 '어떻게든 출세하는 것'을 최고로 여기는 사회다. 승자가 곧 정당성의 기준이 되고 패자는 틀린 삶이 된다. 그런데 아렌트는 바로 이것이 도덕의 타락이자 악의 시작이라고 지적했다.

이런 도덕의 타락과 악의 문제는 다양하게 지적되어 왔는데, 미국의 사회심리학자 스탠리 밀그램의 유명한 '충격기계'의 실험도 그중 하나다. 밀그램은 나치가 어떻게 수백만 사람을 학살할 수 있었는지 궁금해서 가짜 충격기계를 만들어 실험을 했다. 수백 명의 지원자에게, 상대에게 치명적일 정도의 전기충격을 주도록 명령했다. (연기를 하는 배우인) 상대가 고통에 겨워 실험을 그만두겠다는 비명을 질러도, 지원자는 명령자의 지시에 따라 치사단계에 이르는 전기충격을 가했다. 대부분의 사람들이 명령을 거부할 것이라는 추측과는 달리, 놀랍게도 실험참가자의 65퍼센트가 이 명령에 충실했다.

그래서 이 실험은 '신뢰할 만한 권위를 대면했을 때 다른 사람에게 치명적인 해를 입히는 명령에도 복종'하는 사람이 대다수라는 것을 증명했다. 그들 다수가 복종할 수 있었던 것은 옳고 그름을 자기 스스로 판단하지 않고 명령을 내린 사람에게 책임을 맡겨버리고, 자기는 시켜서 한 일이기에 책임이 없다고 여겼기 때문이다. 그래서 이 실험은 권위 앞에서 도덕과 정의의 감각이 얼마나 쉽게 마비되는가를 보여주었는데, 나치는 특별한 사람도 아니며 그런 학살자는 언제 어디서든 얼마든지 충원할 수 있음을 증명한 것이다. 아이히만이 히틀러에게 복종해야 할 이유로 히틀러의 성공을 제시했던 것처럼, 권위 앞에서 악惡은 일상적으로 쉽게 자행된다.

> 그(아이히만)는 어리석지 않았다. 그로 하여금 그 시대의 엄청난 범죄자들 가운데 한 사람이 되게 한 것은 순전한 무사유sheer thoughtlessness였다. …… 이러한 무사유가 인간 속에 아마도 존재하는 모든 악을 합친 것보다도 더 많은 대파멸을 가져올 수 있다는 것, 이것이 사실상 예루살렘에서 배울 수 있는 교훈이었다.

아렌트는 이러한 '무사유無思惟를 악惡'이라고 규정했다. 스스로 판단하지 않고 시키는 대로 하는 "무사유와 악의 이상한 상호결합"이라 했다. 어머니의 말에 따르기만 하면 되는 유아처럼 자기 스스로 판단하지 않고 시키는 대로 하는 것은 가장 '편안한 양심'을 누리는 길이다. 아이히만도 마찬가지였다. 그의 죄는 불성실 때문이 아니다. 아이히만은 자신의 성공을 위해서 많은 노력을 했고 굉장히 성실했지만, 아렌트의 지적처럼 "단지 자기가 무엇을 하는지 결코 깨닫지 못한" 사람이었다.

그의 죄는 성실한 복종에서 나왔다. 복종을 덕목으로만 여기는 무사유(생각하지 않음)에서 나왔다. 그래서 단지 자기 일에 성실하다는 것으로 그 사람이 올바르다고 할 수 없다. 아렌트는 이것을 "악의 평범성banality of evil"이라고 불렀다. 이때 핵심의미인 'banality'를 '일상성, 진부성, 비속성' 등으로도 번역하는데, 악이란 특별하지도 않고 일상의 평범한 모습으로 쉽게 자행된다는 의미다.

600만 유대인 학살은 히틀러나 아이히만 같은 몇몇 전범들로만 가능하지 않았다. 사실 전범들의 극악함을 부각할수록 다수 독일인의 책임은 희석될 것이다. 그러나 당시 독일 외무성과 법률전문가, 재무부와 국가은행, 교통부 등 각처에서 긴밀한 협조가 있었다. 히틀러는 '탁월한' 악한이긴 하지만, 사실은 '악의 평범성'에 빠진 수많은 독일 대중의 협조와 방조가 있었기에 학살을 할 수 있었다.

4. 성실하게 행해지는, 악은 개인의 문제

그래서 아이히만처럼 학살의 중심에 섰던 사람들은 "모든 사람이 유죄인 곳에서는 아무도 유죄가 아니라"고 말하고 싶겠지만, 아렌트는 그것은 변명이 될 수 없다고 한다. 아렌트는 학살을 우리 모두의 책임으로 규정하는 것은, "확인 가능한 사실들과 개인적 책임의 영역"으로부터 회피하는 이론일 뿐이라고 지적한다. 즉 어떤 집단 전체에 유죄를 부과해서 행위주체인 개인의 죄를 면제할 수 없다는 것이다. 그래서 이 학살을 인류 전체의 죄라는 식으로 집단화, 일반화, 추상화해서는 안 된다. 더구나 아렌트는 독일뿐만 아니라 유대인들조차 학살에 협조했다고 주장해 유대인들로부터 거센 비난을 받기도 했는데, 아렌트는 줄곧 '개인의 구체적 행위'에 대한 책임을 물은 것이다.

이는 조직논리를 앞세우는 우리 주변에서도 자주 확인할 수 있다. '내가 하지 않으면 다른 누군가가 해야 하기 때문에 어쩔 수 없이 내가 하는 것이다. 그래서 죄가 되지 않는다'라며 자신의 행위를 정당화하곤 한다. 이에 대해 아렌트는 자기 자신이 전체의 "작은 톱니바퀴의 이"에 불과했다 하더라도 그 행위에 대한 책임은 자신의 것이라고 지적한다. 자기가 하지 않으면 그 기능이 다른 누군가에 의해서도 수행되었을 것이기에 어쩔 수 없이 했다고 변명하고 싶겠지만, 그것은 범죄 통계표를 가리키며 자기는 통계적으로 기대되는 것을 우연히 했을 뿐이라고 우기는 것처럼 무책임하다고 비판했다.

그래서 결국 옳고 그른 것을 구별하는 능력이 손상된 곳에서는, 자신이 어떤 범죄를 저질렀다고 느끼지 않았다고 해서 혹은 모든 사람들이 그렇게 행동했다고 해서 자신의 행위가 무죄가 되는 것은 아니다. 그 사람의 행위는 그 사람 개인이 책임져야 할 문제이지 집단책임으로 환원시킬 수 없다는 지적이다.

악의 평범성은 개인의 문제다. 이런 문제는 나치의 학살만이 아니라 언제나 있어온 문제다. 고문을 자행하면서 딸의 소풍 날씨를 염려하는 고문기술자처럼, 국가안보를 위해서라며 범죄행위를 일상적으로 무감하게 처리한다. 전쟁과 학살을 명령한 정치인들이 국가를 위한 일이었다는 이유로, 자기 손에 직접 피를 묻히지 않았다는 이유로, 그리고 자기 진심과는 무관하게 자기 직책 때문에 명령할 수밖에 없었다는 이유로 자신의 무죄를 주장한다.

철거민을 불태워 죽이고서도 공권력의 정당한 집행이라 하고,

산업재해로 노동자가 죽어 나가도 경영상으로는 무죄를 주장한다. 즉 그 죽음에 멀리 떨어져 있었다는 이유로, 그 죽음에 대해서 책임이 없다고 한다. 그러나 아렌트가 "살상도구를 자신의 손으로 사용한 사람으로부터 멀리 떨어져 있을수록 책임의 정도는 증가한다"고 말한 것처럼, 사실은 멀리 떨어진 사람에게 더 큰 책임을 지워야 한다. 용산 철거민 진압에 투입된 특공대원보다 그 작전을 기획하고 명령한 경찰청장에게 더 큰 책임을 물어야 한다.

아이들에게 옳고 그름을 가르치는 교사에게 책임이란 참으로 무거운 언어다. 교사는 말에 책임을 져야 하기에, 일상의 소소한 일들도 전체 맥락 속에서 항상 의식하고 있어야 하는 '피곤한' 직업이다. '이건 뭔가요? 왜 그렇죠?' 라는 아이들의 질문을 받는 교사는 항상 사회와 역사에 대한 성찰과 가치판단을 요구받고 있는 것이다. 급기야 '기름을 절약하자' 라는 상투적인 말조차 어떻게 옳고 그름으로 갈라질 수 있는지를 알아야 한다.

교사가 절약을 가르치는 것은 당연하기에, 나 역시 아이들에게 '난방기름을 아끼자' 라고 훈시하곤 했다. 그런데 기름은 언제나 부족했고, 아이들은 자주 추위에 떨었다. 이 상황이 궁금해진 나는 (사립학교법 개정에 따라 예산 공개가 이루어지자) 학교예산서를 살펴봤는데, 난방 기름비로 수천만 원의 예산이 책정되어 있음을 확인했다. 다른 학교에서는 수백만 원인 예산보다 엄청나게 많은 예산이 책정되어 있는데도 추위에 떨고 있다면, 이는 절약과는 다른 문제가 되는 것이다. 그 돈은 다 어디로 간 것인지 묻지도 확인하지도 않은 채, 교사가 아이들에게 단지 절약만을 반복하고 강조해도 되는 것일까?

나는 교단에서 절약을 말하는 이 아름다운 가르침이 어떻게 상투적인 훈시가 되며, 나아가 착취의 언어가 되는지 경험했다. 이 굴욕을 견딜 수 없어, 열흘 남짓 밤을 새워 학교예산을 분석하고 정리해 전체 교사에게 뿌렸다. "국가세금인 학교예산을 학생들을 위해 정당하게 집행하라!"고 했다. 몇몇은 함께했고, 또 다수 동료의 웅성거림에 어느 정도 성과를 이루기도 했지만, 평소의 불평에 비교해보면 대부분의 태도는 놀라우리만큼 조용했다. 그들은 자신의 생각을 공개적으로 드러내지도 행동하지도 않았다. 평소 수많던 불평과 불만에 비해 그들의 침묵은 너무나 깊었다. 살펴보면 우리의 일상이 그렇게 흘러가고 있었다. 그런데 시간이 흐르면서 나는 두려워지기 시작했다. 권력을 행사하는 자가 아니라, 그 권력에 무감하게 따르는 '일상의 주변'이 더 두려워졌다.

결국 다수의 침묵이 학교의 모순을 묵인한 것과 다르지 않았다. 그들은 평소의 분노를 뒤로하고 교실수업에 충실했고, 행정업무에 착오가 없었고, 학교장의 명령에 복종했다. 우리는 무엇을 한 것일까. 나에게 독서란, 언어가 현실과 접점을 찾아가는 긴장된 작업이다. 그래서 『예루살렘의 아이히만』을 읽고나자, 기름을 절약하자고 말한 것으로 자신의 가르침을 온전하게 여기는 교사의 상투성이 바로 지금의 '아이히만 문제'로 다가왔다.

일상에 충실한 교사와 딸의 소풍 날씨를 걱정하는 고문기술자를 비교할 바는 아니듯이, 학교에서의 이런저런 경험들이 악의 평범성이라며 호들갑 떨 일은 아닐 것이다. 하지만 분명한 것은 한 집단의 모순과 억압은 바로 그 구성원들의 침묵과 동의에 바탕하고 있다는 것이다. 앞뒤 맥락은 살피지 않은 채, 아이들에게 절약하자고 가르치는 것을 교사의 아름다운 교육으로만 여길 때, 결국 교사는 아이들을 착취하는 억압자와 다르지 않게 되는 것 또한 사실이다.

'악'은 어떤 특별한 모습으로 행해지는 것이 아니라, 일상의 성실한 모습으로 행해진다는 아렌트의 통찰이 무겁게 다가왔다. 자기가 무슨 일을 하는지 전체 맥락 속에서 깨닫지 못하면, 악과 불의에 무감각하게 복속하게 된다. 사회와 역사의 맥락(의식)에 대한 성찰이 부족한 상태에서 자신이 아무리 성실하다 해도, 그것이 일상의 죄일 수 있음을 말해주는 좋은 일화로 '아이히만 문제'가 자주 인용된다.

5. 말의 쓸모를 시험해야 할 사람들

아이히만은 유대인 학살에 반대한 사람을 단 한 명도 만날 수 없었다는 것으로 자기 죄를 무마하려 했고, 또 다른 몇몇 사람은 나치 정권에 '내면적으로 반대'했다며 자신의 양심을 강조했다. 그러나 아렌트는 반대란 "조직이 존재하지 않는 곳에서는 전적으로 무의미한 것"이라고 일갈한다. 하긴 대학살이 이루어지는데 내면으로 반대했다는 것이 무슨 소용이란 말인가. 방구석에서 이불을 뒤집어쓰고 대한독립만세를 외친 것과 다르지 않다.

언뜻 생각하면 전 유럽을 휩쓴 유대인 학살이 전혀 저항을 받지 않았을 것 같지만, 학살의 양상은 다양했다. 루마니아와 헝가리에서는 나치보다 더 잔악한 자생적 학살이 이루어졌지만, 덴마크와 불가리아에서는 대중의 저항과 파업 등으로 유대인을 보호할 수 있었다. 이처럼 복종하느냐 저항하느냐는 개별 행동의 문제였다. 그래서 학살에 반대하지 않은 다수와 기껏 내면으로 반대했다는 사람들로 인해, 유럽의 도덕은 전반적인 붕괴를 맞이했던 것이다.

반대란 어떻게 이루어지는가? 이에 대해 그뤼버 목사에 대한 이야기가 인상적이다. 독일 개신교 목사인 그뤼버는 아이히만과도 접촉했던 인물이었는데, 그는 원칙적으로 히틀러에 반대한다고 했다. 그는 재판정에서 "목사로서 아이히만의 감정에 호소하거나 설교하고, 도덕성의 모순에 대해 말하려고 시도해보았느냐"는 질문을 받고, "말해보았자 쓸데없었을 것입니다"라고 대답했다. 이에 아렌트는 "단순한 말 자체가 행동일 수 있고, 또 아마도 '말이 쓸데가 있는지 없는지'를 시험해보는 것이 목사의 의무"라고 반박한다.

아, 말이 쓸데가 있는지 없는지 시험해보는 것! 참으로 타당한 지적이다. 아이히만은 나치 정권에서 자기가 하던 일을 비판해준 사람이 한 사람도 없었다고 재판과정에서 변명했다. 물론 그에게 말했다 해서 그가 학살을 멈출 거라 기대하기는 어렵겠지만, 그럼에도 주변에 있던 누군가가 그에게 말을 했어야 했고, 그에게 던져진 말들이 어떤 씨앗이 되는지 그 여지는 주었어야 했다. 잘못을 반복하는 학생에게 교사가 '저 아이는 말해도 소용없어'라고 침묵하지 않듯이, 또 아이가 행동을 교정하든 하지 않든 '그건 잘못된 행동'이라고 말하는 것이 교사의 책무이듯이 말이다.

아렌트에게는 말이 곧 행동이다. 개인의 고유함은 언어를 통해 드러나기에 "서로 다른 인간들plurality" 사이에서 자신이 누구인가 하는 것 역시 언어를 통해 드러나게 된다. 그래서 그 사람의 언어란 그가 어떤 사람인가 하는 것, 곧 그 사람의 정치행위가 되는 것이다.

이는 나치 장교들의 언어행위에서도 잘 드러난다. 나치 장교들은 '제거, 학살'이라는 말 대신에 '거주지 변경, 재정착, 최종 해결책' 같은 언어규칙에 따랐는데, 이는 자신들의 일을 비밀로 유지하기 위해서가 아니었다. 그들은 학살을 '정상적인 언어지식'과 분리함으로써 학살업무를 거리낌 없이 더 잘 진행하고 싶어 했다. 현실과 분리된 새로운 언어규칙을 만들어 사용함으로써 현실의 잔인함을 외면하고 싶었으리라. 이는 언어가 얼마나 강력한 현실인지를 역설적으로 보여주는 좋은 사례다.

말의 쓸모를 시험하는 것, 이는 말하는 것을 직업으로 삼는 교사에게는 더없이 중요한 문제제기다. 생각해보라. 교사는 오직 말로 노동하는 자가 아니던가. 그래서 교사는 말의 쓸모를 시험해보는 정도가 아니라, 말의 쓸모를 완전히 믿어야 한다. 교사에게 말이란 곧 행동이다.

난방기름의 궁금증 이후, 나는 점점 더 말하기 시작했다. 아무도 말하지 않는 곳에서 혼자서라도 말하기 시작했다. 교육청은 비교육적인 정책을 학교에 강제했고 학교장이 그것을 충직하게 반복하면, 교사들은 서로 유기적으로 얽힌 "톱니바퀴의 이"처럼 각자 맡은 업무를 성실히 처리했다. 나 역시 집단에 묻혀갈 수 있겠지만, 그렇게 하기에는 학교현실은 너무나 피폐했다. 나는 그 일상의 충실함이 불편했다. 부당한 교육행정과 학교장에 모두가 불만이었지만 아무도 말하지 않는 곳에서 말하기 시작하면서, 나는 낡은 벽돌의 이끼처럼 외로워졌다.

나는 부당함에 항의한다고 물건을 집어던지지도 않았고 책상을 내려치지도 않았다. 소리치지도 않았고 격한 감정을 쏟아내지도 않았다. 단지 일어나 일상의 언어로 일상의 분위기로 말했다. 그 말에 학교가 조금씩 변하기도 했지만, 나 자신도 변하기 시작했다. 말의 힘을 믿기 시작했고, 또 말이 힘을 발휘하지 못한다 해서 침묵이 정당화되지 않는다는 것을 깨달았다. 나는 무감한 관료에게 학살을 당하지도 않았고 딸을 염려하는 아빠에게 고문을 당한 것도 아니지만, 아렌트를 읽으면서 '온전한 무사유와 악의 평범성'은 내 삶을 구속하는 장면이 되었다. 말하는 것이 바로 행동이고, 또 이것으로 세상은 변할 것이라 믿게 되었다.

인간들은 자기를 이끌어주어야만 하는 것이 그들 자신의 판단뿐이고, 게다가 그 판단이 자기들 주위의 모든 사람들이 만장일치의 의견으로 간주해야만 하는 것과 완전히 어긋나는 것일 때조차도, 사람들은 옳은 것과 그른 것을 구별할 수 있어야 한다는 것이다. …… 옳고 그름을 여전히 구별할 수 있었던 그 소수의 사람들은 실로 그들 자신의 판단들을 따라서만 나아갔고, 그래서 그들은 아주 자유롭게 행했다.

그래서 아렌트는 옳고 그름을 구별할 수 있는 소수의 사람들은 "자신의 판단들을 따라" 나아갔고, 이것이 모든 시대에 도덕적 문제의 중심이라고 했다. 자신만의 판단으로 주변의 만장일치를 거부할 수 있는 사람을 아렌트는 '거만한 소수자'라고 불렀고, 자유로운 사람이라 했다. 즉 이것이 칸트가 말하는 자신이 자기행위의 입법자가 되어야 하는 도덕명령일 것이고, 인간 판단기능의 핵심적 문제이기도 하다.

아렌트가 말하는 거만한 소수자에서, 나는 고독과 자유를 함께 노래한 시인 김수영이 떠올랐다. 그 시인의 노래처럼 자유는 고독과 함께할 수밖에 없는 것인지 모르겠다. 국가와 자본의 이데올로기에 포획된 학교에서, 교사는 자발적 고독을 실행할 때에만 진실을 가르칠 수 있으리라 생각해본다. 옳고 그름에 대한 아이들의 수많은 질문에 자유로운 답을 하기 위해서는 말이다.

6. 그리고 남은 문제들

1961년 12월 아이히만에게는 예상대로 사형이 선고되었다. 1962년 5월 29일 항소심에서도 1심 판결이 그대로 수용되어 사형이

확정되었다. 이스라엘 대통령은 아이히만 가족의 사면청원을 거부하고, 31일에는 세계 곳곳에서 호소한 모든 청원을 물리친 바로 2시간 뒤, 전격적으로 교수형에 처한다. 예루살렘 법정의 정당성에 대한 비판에도 불구하고, 이스라엘은 그를 서둘러 처형했다.

그래서 이 재판에 대한 비판도 제기되었다. 첫째, 아이히만은 승자의 법정에서 소급법에 의해 재판받았다는 비판. 둘째, 납치행위를 고려하지 않은 예루살렘 법정이 이 재판을 수행할 자격이 있는가라는 비판. 셋째, 그래서 국제재판소만이 이 범죄를 재판할 수 있다는 비판이 지속적으로 제기되었다.

더 나아가 아렌트는 미국을 포함한 전승국들의 전범처리가 공정하지 않았다는 문제제기도 했다. 독일 도시에 대한 무차별 폭격과 일본에 투하된 원자탄으로 수십만 민간인을 학살한 범죄에 '멀리 떨어져 있는 책임자 중' 누가 책임져야 하는가라는 똑같은 질문을 했다. 이는 연합군이 헤이그협정을 위반한 것인데도 법적으로 한 번도 논의되지 않았기에, 예루살렘의 아이히만 재판이 승자의 재판일 뿐이라는 비판이 계속 나오는 것이다.

이 책의 출간 후 많은 논란이 이어졌는데, 유대인 학살에 유대인의 협조가 있었다는 아렌트의 지적 때문에 이스라엘에서는 이 저명한 정치철학자의 책이 2000년까지 히브리어로 번역조차 되지 못했다. 그리고 이 책 내용의 일관성에 대한 비판도 있어왔다. 아렌트는 줄곧 유대인의 고통에 대해서가 아니라 아이히만의 행위에 대한 것만을 문제 삼아야 한다고 끈질기게 주장함으로써, 전체적인 형평성을 결여했다는 비판을 받기도 한다. 또 유대인 학살에 나선 사람들은 무사유의 복종이라기보다는 유대인에 대한 증오로 가득 찬 사람들이었다는 반론도 있다. 더구나 아렌트가 『전체주의의 기원』에서 자기와 다른 것을 허용하지 않는 전체주의를 '근원적 악'으로 지목한 것과, 『예루살렘의 아이히만』에서 '악은 평범한 것'이라고 제시한 것은 모순이라는 지적도 있다. 아렌트에 대한 다양한 논란을 피력하는 것은 내 능력을 벗어나기에, 단지 다른 독서방법도 있다는 것을 밝히는 것으로 대신하겠다.

덧붙여 말해야 할 것이 있다. 이 책에서 제기하는 도덕, 정의, 죄, 악의 문제는 그대로 지금의 이스라엘에 다시 던져야 한다는 것이다. 2008년 말 이스라엘군이 가자지구를 포위하고 무차별 폭격하여 수많은 팔레스타인 사람들이 무방비로 죽어갈 때, 도시락과 망원경을 준비한 젊은 이스라엘 남녀들이 전장 가까운 곳에서 폭격을 지켜보며 브라보를 외치던 장면이 잊히지 않는다. 홀로코스트가 인류의 재앙인 것은 틀림없지만, 홀로코스트를 산업화하며 전 세계를 상대로 도덕적 수치심을 이데올로기화하는 측면도 지적해야겠다. 그렇게 이스라엘이라는 국가는 유대인 학살을 인류의 원죄로 격상시키면서, 팔레스타인에서는 학살을 지속하고 있다. 600만 유대인 학살이 유럽과 미국의 외면에 힘입었던 것처럼, 세계가 외면하는 가운데 팔레스타인 사람들은 지금도 죽어간다.

텅 빈 말의 껍질과 구경꾼들

루쉰, 김시준 옮김, 『아큐정전』(서울대학교 출판부, 1996)

사람들은 교무회의라 하면 학교의 전반
적 사항을 논의하는 시간으로 알겠지만, 이는 학교현실을 전혀 모르
는 것이다. 교무회의는 '회의'가 아니다. 그냥 전달과 지시의 시간
일 뿐이다. 예를 들면, 환경부에서 대청소는 언제 하고 학생부에서
교문지도는 어떻게 하며 평가부에서 중간고사 유의사항은 어떻고
하는 등의 각 부서별 전달사항이 있고, 그 후 교감의 지시와 교장의
이런저런 최종 결정과 지시가 하명될 뿐이다. 때로 학교장이 교육철
학을 일장 훈시하면 교사들은 수첩에 받아 적어 학급에 전달만 하는
것이다.

교사들의 의견개진이나 수평적 논의 자체가 거의 불가능한 상황
으로, 말 그대로 봉건질서의 재현이다. 현재 학교운영의 모든 권한은
거의 100퍼센트 학교장에게 주어져 있다 해도 과장이 아니다. 학교
가 변하지 않는 큰 이유 중의 하나가, 교사들의 의견이 무력화되는

교장 일극체제의 학교구조와 상당한 연관이 있다.

그럼에도 세상일이란 것이 모두 제도만으로 되는 것은 아니기에, 이 봉건적 제도하에서도 교사들이 어떻게 하느냐에 따라 일정 부분 변화도 가능하다. 물론 교사가 교무회의 시간에 용기를 내어 학교 운영의 문제점을 지적하고 논의를 요구하는 것 자체가 상당히 드물긴 하지만, 구성원의 참여정도에 따라 변화도 가능한 것이다. 그래서 학교 변화를 위해서는 의사결정구조의 민주적 개선이 절대적으로 필요하지만, 교사의 자세도 상당히 중요하다. 그런데 내가 아는 한, 대부분 학교는 침묵과 굴종이 지배한다.

학교든 사회든 그 집단의 문제를 혼자 힘으로 개선할 수 있는 일이 거의 없기에, 동료들과 함께하지 않는 이상 어떤 논의나 개선도 어려울 수밖에 없다. 누군가 용기를 내어 일어나 논의를 요구할 때, 함께 발언하고 말을 나눠야 논의라도 이어지고 간혹 개선을 이끌어낼 수도 있다. 함께 참여하지 않으면 변화는 절대 있을 수 없다. 그런데 대한민국 학교는 침묵과 굴종만 있을 뿐이다.

대부분 교사들이 공감하는 문제를 내가 교무회의에서 안건으로 제시하고 논의를 요구할 때마다, 학교장은 이런저런 이유로 논의를 회피하려 했다. 나와 뜻을 같이하는 몇몇 동료교사가 지지발언을 하지만, 교장은 교무실을 한번 휙 둘러보고는 '침묵은 곧 동의라고 여겨지는데 지금 말씀이 없으신 다수 선생님들의 의견은 이 문제제기에 동의하지 않는 것으로 알겠다'라며 논의를 끝내곤 했다.

'침묵은 곧 동의'라는 말은 동료들의 참여를 끌어내기 위해 내가 평소 그렇게도 자주 사용하던 말이었는데, 바로 학교장이 그 침묵의 힘을 빌린 것이었다. '그렇지 않습니다'며 한마디만 덧붙이거나 '아닙니다'라고 손 한번 드는 것이 쉽지 않은 모양이다. 이런 모습을 10년 넘게 지켜보는데도 나는 이 풍경을 무던하게 넘기지 못한다. 그런 교무회의를 마치고 나올 때마다, 마치 나 혼자 물속에서 허우적대다가 벌거벗은 채로 언덕 위에 던져진 듯한 느낌이 들곤 한다. 대한민국 대부분 학교의 모습일 것이다. 어디 학교뿐이겠는가? 관청이든 회사든, 권력이 행사되는 모든 곳에 이런 침묵은 항상 있을 터이고, 어쩌면 동서고금 우리의 슬픈 자화상일 테다.

그런데 나의 진짜 슬픔은 그다음에 있다. 교무실을 나오자마자 교사들의 분노가 어지럽게 쏟아졌다. 권력 앞에서 침묵했던 그들이 권력을 조금만 비껴난 곳에서는, 권력이 자기를 무시했다며 권력의 독단을 다투어 비난했다. 사석에서 하늘을 찌르던 불평과 공석에서 한없는 침묵. 아! 그들의 이 어긋남이 너무나 슬펐다. 이것이 나약한 우리의 생존법이라고 스스로 다독여보지만, 그래도 나는 이것이 참으로 슬프다.

권력의 뒤통수에서만 난무하는 성토와 분노는, 세워야 할 곳에 세우지 못한 그들 자존감만큼이나 무의미하게 흩어지고 있었다. 그들 분노처럼 하염없이 피어오르는 담배연기에, 꼬리를 물고 이어지는 나의 상상은 결국 아큐로 이어진다. 그런 날이면 루쉰의 소설 『아큐정전』이 어쩔 수 없이 떠오른다.

소설 속 아큐는 농촌의 가장 하층민인 날품팔이꾼이다. 어리석고 무지하지만 자존심은 무척 강하다. 그는 주변 인물들에게 경멸당할 때마다 독특한 비법으로 이겨냈는데, 바로 '노려보기주의'와 그 유명한 '정신승리법'이다. 예를 들면 이런 식이다. 마을유지인 짜오 나으리에게 뺨을 맞고서는 짜오 나으리처럼 유명한 사람과 관련된 덕분에 자신도 유명해졌다고 여긴다. 또 건달들에게 얻어맞으면 마음속으로는 '내가 자식놈에게 얻어맞은 걸로 치지. 요즘 세상은 돼먹지 않아서……'라고 세상의 타락을 탓하며, 자기는 "형식적으로 패배"했을 뿐이라고 스스로 위로한다. 그리고 의기양양하게 집으로 돌아가서는 모욕 받은 자신을 위로하기 위해서라며 자기 뺨을 세게 후려치고는 그들이 얻어맞은 것이라고 여기는 것이다.

아큐는 현실의 고난을 매번 이런 정신승리법으로 극복하며 몹시 만족해한다. 자기를 모욕하고 능멸하는 사람들에 대해 내면의 정신으로 승리하는 것이다. 주변 사람들에게 무시당하고 비굴하게 굴면서도 속으로만 "네가 틀렸어, 그래도 내가 이긴 거야"라며, 그 연장선상에서 현실을 해석하고 행동한다. 이런 아큐의 행동은 자기의 무능을 은폐하려는 기만술이기에 현실문제를 전혀 해결할 수 없었다.

1921년 루쉰이 이 소설을 쓸 때, 중국은 서구와 일본의 침탈 그리고 내부분열로 한 치 앞의 희망도 찾을 수 없는 상황이었다. 그런데 중국민은 현실을 침탈하는 세력들을 오랑캐라 하며 자신들 도(道)와 정신의 고매함만을 앞세웠다. 그들 특유의 정신승리법이었다. 루쉰이 다른 글에서 말하길, 중국인들이 회교도를 증오하고 기독교도를 증오하지만 도사道士는 증오하지 않는 이치를 이해하면 중국의 태반을 이해할 수 있다 했다. 국가의 존망 앞에서도 자신들의 유구한 정신적 도道만 앞세우는 중국민의 어리석음을 개탄한 것이다. 그래서 루쉰은 중국이 나아가야 할 길을 봉건사회의 타파로 보았고, 그것은 허위의식과 정신주의의 타파나 다름없었다. 루쉰의 글쓰기는 그런 우매한 중국 대중을 향한 외침이었고 그 대표작이 바로 『아큐정전』이다.

언젠가 교사들의 전체 회식 자리에서 여느 때와 같이 학교운영의 비합리성을 질타하는 말들이 넘쳤다. 모두 이구동성으로 학교장을 비판하며 학교의 미래를 걱정했고, 자신들의 분노를 쏟아냈다. 내가 동료의 말끝에 '그렇다면 지금 말씀하신 바로 그 점을 교무회의 시간에 발언' 할 것을 정중하게 요청했을 때, 그렇게 열변을 토하던 동료의 응대를 잊을 수 없다. "나도 교장의 부당함을 알고 있다! 그런데 여기서 말하거나 회의에서 말하지 않거나 모두 나의 자유 아닌가?"라는 단호하고 우렁찬 답이 돌아왔다.

하긴 그렇다. 말하지 않는 것도 그의 자유다. 그런데 그것이 진짜 자유이긴 할까? 나는 공석의 침묵과 사석의 분노를 얼마간이라도 봉합하기를 요청한 것인데, 거기에서 '지상 최대의 가치인 자유'가 튀어나왔다. 그리고 그 아름다운 자유론에 많은 동료들이 고개를 끄덕였다. 나는 더 이상 아무 말도 하지 않았다. 자신의 말이 얼마나 의미 없는 소음인지 모르는 사람에게 덧붙일 말은 없었다.

자유라, 어찌 이 아름다운 말을 사랑하지 않을 수 있겠는가! 그
런데 어째서 그들의 자유와 나의 자유는 전혀 다른 해석과 실천을 낳
는지 모르겠다. 왜 시인이 '어째서 자유에는 피의 냄새가 섞여 있는
가'라고 노래했는지 그는 알까? '말하지 않는 것도 나의 자유'라 말
하며 그가 누리는 것이 자유라고, 진짜 믿는 것일까? 아, 이래서야
이 땅에서 우리 교사들이 겪는 굴종과 억압을 누구에게 탓하겠는가!
나는 자유가 그렇게 몸을 뒤집을 수 있다는 것을 미처 몰랐던 것이
다. 뒤집어진 자유가 어떻게 굴종과 억압을 잉태하는지 몰랐던 것이
다. 나는 아직도 이 분열된 언어 사용법을 이해하지 못하겠다. 결국
한 사회의 모순과 억압은 '그들 자유와 침묵의 특이한 결합'에 따른
것임이 분명하다. 언어와 세계가 겉돌고 있는, 이 대책 없는 분열증.

우리는 어떤 권력이든, 그것이 비록 한 줌 권력이라 하더라도 그
앞에서 최소한의 자존을 지키는 법을 배우지 못했다. 부당한 지시와
명령에 '아니오' 하는 법을 배운 적도 없고, 순종만이 미덕이며 자기
의견을 제시하는 것조차 불경한 것으로 학습했다. 그리고 부당한 현
실을 탓하기만 할 뿐 그 현실이 바로 자기의 침묵 때문에 작동했음을
애써 외면한다. 그 부당함이 자동적으로 교정되지 않는다고, 권력이
자비를 베풀지 않는다고, 자기의 불편과 억울함을 누군가가 해결해
주지 않는다고 투정만 하고 있다.

그래서 우리의 불평불만은 권력의 면전이 아니라 엉뚱한 곳에서

혼자 소란스럽다. 그 소란은, 비록 권력 앞에서 침묵하긴 했지만 자신은 벙어리가 아니라는 증명인지 모르겠다. 더 놀라운 것은, 그렇게도 불평하던 권력을 정작 마주하면 미소를 머금고 아름다운 말만 건네며, 갈등을 초월한 고매한 정신의 현자賢者로 변신하는 기술이다.

언젠가 꼭 한 번은 묻고 싶었다. 그들의 이 어긋남이 도대체 무엇인지, 도대체 그들에게 말이란 무엇인지 물어보고 싶었다. 왜냐하면 말하는 것을 직업으로 삼는 교사들은, 말이란 것이 장소와 맥락에 따라 행동이 되기도 하고 소란이 되기도 한다는 것을 그 누구보다도 잘 알고 있기에 말이다. 누구보다도 말의 힘을 믿어야 하는 사람이 교사인데, 왜 그의 말은 그렇게 이곳저곳에서 분열하는지를 묻지 않고는, 그가 어떤 교사인지 알 수 없기 때문에 이렇게 물어보는 것이다.

그래서 그에게 불쾌한 이 질문은 교사가 교실에서 하는 말들이 결국 무엇을 의미하는지에 대한 질문이기도 하다. 자신의 말을 스스로 소란으로 무화無化시켜버리고, 아름다운 말이 한갓 혀끝에서만 춤추는 우리의 모습이, 바로 교육의 처참함일 것이란 생각을 지울 수 없기 때문이다. 부당한 학교장과 권력을 아무리 노려본다 한들, 그건 아니라고 아무리 혼자 되뇐다 한들, 그래도 정신적으로는 나의 승리라고 아무리 위로한들, 현실은 그대로 처참한 것이다. 그래도 사람을 가르치는 학교는 돈을 버는 회사와는 달라야 하겠기에 한 번쯤 이렇게 물어보는 것이다.

아큐도 자기를 결코 겁쟁이로 여기지 않는다. 그는 우쭐해하며 거드름을 피우고 힘 있는 행세를 한다. 단지 자기보다 약한 사람만을 골라 행패를 부린다. 자기의 우월감을 확인하기 위해 젊은 비구니에게 행패를 부리고, 몸도 작고 힘도 없고 말라깽이인 소디小D의 머리채를 휘어잡는 것으로 자기를 과시한다. 자기를 모욕하는 사람에게는 한없이 비굴하고, 자기보다 못하게 여겨지는 사람에게는 비열한 폭력을 행사한다.

그러다가 아큐는 후손이 없는 것은 불효라며, 짜오 댁의 청상과 부인 우어멈에게 '나하고 자자'라며 달려들어 무릎을 꿇는다. 이 독특한 프로포즈에 아큐의 진심이 담겼다 한들, 우어멈으로서는 봉변을 당한 것이다. 이런 아큐만의 언어 사용법은 타인에게 수용되지 않는 언어의 자위행위라 할 만하다.

교무실 밖에서, 사석에서, 술집에서, 그리고 방구석에서 진심을 담아 권력을 비판하더라도 그것은 자기 위로에 불과하다. 자신의 말이 아무리 진심이라 한들, 그 말이 닿아야 할 대상이 없는 자리에서 그 말은 독백에 불과하다. 아무런 의미를 포함하지 않고 아무런 행동도 걸치지 않은, 텅 빈 기호일 뿐이다. 텅 빈 기호! 이 텅 빈 기호의 껍질은 자기를 승리자로 착각하게 만든다. 아큐의 말들이 철저히 정신승리의 독백인 것처럼, 술집에서 권력의 뒤통수에 뿌려대는 말들로 자기의 승리를 자축한다. 그렇게 우리가 소란을 피울 때, 권력은 우리의 목을 요구해왔다. 이것이 우리가 모든 역사에서 구할 수 있는 중요한 교훈이기도 하다.

우어멈의 일로 아큐는 마을에서 쫓겨난다. 그리고 한참 후에 돌아온 아큐는 장물을 값싸게 파는 장사꾼이 되어 마을사람들의 주목을 끌게 된다. 그러다가 신해혁명의 여파가 마을에도 미치자, 무엇이든 시류와 대세를 따르는 아큐도 혁명을 따른다. 혁명이 무엇을 뜻하는지 모르지만, 동네 유력자들이 자기를 선생이라 부르며 혁명을 두려워하는 것에서 그냥 혁명을 따르는 것이다.

이 소설에서 아큐가 힘을 발휘한 것은 장물을 내다팔 때와 혁명을 말할 때의 두 번으로 보인다. 마을 사람들은 좋은 물건을 헐값에 구하기 위해 아큐를 응대해주고, 혁명으로 세상이 급변할 조짐을 보이자 아큐를 선생으로 호명하며 긴장한다. 힘 있는 사람들이 자기 재산을 늘릴 때나 혹은 신변에 위협을 받을 때에 그런 것이다. 그 외에는 아큐는 언제나 조롱과 멸시의 대상이었다.

혁명의 혼란 가운데 마을 유지인 짜오 댁이 약탈당한 사건이 발생하고 아큐는 영문도 모르고 붙잡혀온다. 아큐는 짜오 댁을 약탈하지 않았지만, 혼란을 수습하려는 혁명단은 예전에 장물을 취급하던 아큐를 짜오 댁의 범인으로 덮어 씌어 일벌백계하려 한다. 아큐는 자신의 결백을 주장하지만, 희생양이 필요한 혁명단은 그의 처형을 결정한다. 아큐는 수레에 태워지고 마을 구경꾼들 앞을 지나 처형장으로 가면서야 자신의 죽음을 예감한다.

그는 퍼뜩 깨달았다. 이것은 목을 '싹둑' 하러 가는 것이 아닌가?
그는 갑자기 눈앞이 캄캄해지고 귓속이 멍해져 정신을 잃을 것 같았다.

그러나 그는 완전히 정신을 잃지는 않았다. 때로는 조급해지기도 했으나 때로는 도리어 태연해졌다. 그의 심중으로는 사람이 세상에 태어난 바에야 목이 잘리는 일도 없으란 법은 없다고 생각하는 것 같았다.

아큐는 자신의 죽음마저 온전히 이해하지 못한 채, 단지 배짱이 없어 노래 몇 마디 부르지 못하는 것을 부끄러워한다. 패배한 현실을 정신의 승리로 대체해왔듯 억울한 죽음 앞에서도 고매한 도(道)의 냄새를 풍기고 싶어 한다. 그러다가 자기의 죽음을 환호하는 대중을 보고서야 사태를 이해하고 죽음을 절감하게 된다.

혁명이 일어나 결국 누가 총살당했는가? 그들 권력자들이 죽었던가? 권세를 부리던 짜오 댁이 아니라 어리석은 아큐만 죽임을 당했다. 아큐의 죽음은 권력에 능멸당하며 죽어가는 대중에 대한 풍자다. 그런데 그 대중은 아큐의 죽음을 자기와는 무관한 구경거리로만 여기며, 어리석게도 이렇게 말한다.

모두들 아큐가 나쁘다고 말했다. "총살당한 것은 그가 나쁘다는 증거지! 그가 나쁘지 않았다면 무엇 때문에 총살을 당한단 말인가." 그러나 성안의 여론은 오히려 좋지 않았다. 그들의 대부분은 불만이었다. 총살은 목을 베는 것보다 재미가 없으며 더구나 어떻게 되어 먹었는지 웃기는 사형수라는 것이다. 그렇게 오래도록 거리를 끌려 돌아다니면서 끝내 노래 한 마디 못 부르다니. 그들은 공연히 따라다니느라 헛걸음만 했다는 것이다.

아큐의 죽음을 조롱하는 이 대중이야말로 또 다른 아큐이지 않는가! 루쉰은 「철의 방에서의 외침」이라는 글에서 자신이 왜 작가가 되었는지를 유명한 '환등기 사건'을 통해 극적으로 보여준다. 청년 루쉰은 일본의 의과대학에 유학 중이었다. 환등기를 사용한 2학년 미생물학 시간에, 교수는 강의가 끝나고도 시간이 남을 때에 환등기로 여러 필름을 보여주곤 했다. 러일전쟁 중인 어느 날의 필름에서 본 것은, 러시아 스파이로 붙잡혀 묶여 있는 중국인을 일본인이 처형하는 장면이었다. 그런데 그 스파이를 둘러싸고 구경하는 상당수가 중국인이었다. 일본이 중국인에게 본때를 보여주기 위한 처형이었는데, 구경하는 중국인은 모두 건장한 체격이었지만 넋이 빠진 표정으로 지켜보고 있었다. 그리고 가장 끔찍한 장면에서 강의실의 학생들이 손뼉을 치며 만세를 불렀다. 이 경험이 루쉰을 근본적으로 변하게 했다.

2학년이 채 끝나기도 전에 나는 동경으로 나와버렸다. 그 필름을 본 뒤로는 의학이란 것이 그다지 중요하지 않다고 여겨졌기 때문이었다. 무릇 어리석고 연약한 국민은 체격이 아무리 온전하고 건장하다 하더라도 아무 의미 없는 구경꾼밖에 될 수 없고, 병으로 죽어가는 사람이 아무리 많다 해도 이를 불행이라 여길 수 없다. 따라서 우리 중국인에게 가장 중요하고 시급한 것은 그들의 정신을 개혁하는 일이다. 정신을 뜯어 고치기 위해서는 무엇보다도 문예에 힘써야 한다고 생각했다.(「철의 방에서의 외침」)

아큐의 죽음과 필름 안의 구경꾼이 너무나 흡사한 까닭에, 환등기 사건은 소설 『아큐정전』의 모티프처럼 느껴진다. 자신의 죽음마저 우스개로 만든 아큐와 동족의 죽음을 무력하게 지켜보는 구경꾼이 하나로 겹쳐진다. 후에 루쉰이 중국에 돌아와서, 역시 죄인들이 처형당하는 것을 태연하게 구경하며 갈채를 보내는 중국인을 보면서 "아, 어쩔 수가 없구나"라며 탄식했다. 소란을 일으키며 구경하기를 좋아하지만, 그 죽음이 자신에게 다가오는 것을 모르는 어리석음이다. 이렇게 정신의 승리로 웃고 있을 때, 정작 권력은 대중의 목을 죄기 시작하고 어리석은 대중은 그 칼이 자기 목을 뎅겅 내려칠 것도 모른 채 웃고만 있다.

웃으며 자기 목을 내어놓기! 이런 노예의식에 루쉰의 슬픔이 깊었다. 루쉰은 그런 중국민의 잠을 깨우기 위해 철의 방을 향하여 평생을 소리쳤다. 깨어나 일어나라고 통렬히 외치며, 온몸을 대중 속으로 던졌다. 그래서인지 루쉰을 읽을 때마다 그에게서 한없는 고독이 느껴지지만, 그의 메시지는 시대를 넘어 오늘날에도 훌륭한 은유로 살아 있다.

이 이야기는 100년 전 중국 땅에 있었던 한 무지렁이의 이야기일 뿐일까? 문학은 현실의 반영이라고 교과서처럼 읊조리지만, 정작 이 소설의 은유를 이해하는 사람들은 많지 않다. 100년 전 그 땅에서나 지금 이 땅에서나 자기의 말이 무엇을 의미하는지 모른 채, 혼자 소란스러운 사람들이 많기에 말이다. 학교가 왜 이러냐고 투정하지만 정작 자기 침묵의 의미를 이해하지 못하는 사람들처럼, 세상이 왜 이러냐며 불평하면서도 정작 세상 불의에 동조하는 사람들처럼.

결국 자기 목을 내어준 아큐처럼, 자기가 지금 무엇을 하는지 모른다. 용산 철거민의 화형에 무심하고 쌍용자동차의 집단살해를 조롱하는 우리는 대체 누구인가? 자기도 노동자이면서 노동자의 죽음을 촉구하고, 천안함의 침몰에 기대어 또다시 파멸의 전쟁을 부추기는 정치인들에게 환호와 박수를 보내는 우리는 도대체 무엇일까. 그 전쟁에서는 결국 누가 죽게 될까. 자기 목이 뎅겅하는 일에 박수를 보낸 사람이 과연 아큐뿐인지, 자신의 죽음에 박수를 보내는 구경꾼들이 100년 전 중국인들만은 아니지 않느냐고, 물어보는 것이다.

문학을 웃음거리로만 즐기는 사람이 문학의 한 장면에서 교훈을 얻기란 쉽지 않다. 그렇게 구경꾼이 되어 즐거워하는 가운데, 지금 이 땅에서 자동차와 스마트폰으로 변발한 첨단의 아큐들이 우리 안에서 불쑥불쑥 솟아오르는 것이 아니냐고, 시대의 슬픔을 느끼지 못하면 한순간에 아큐가 되어버리는 것이 아니냐고 물어보는 것이다. 위대한 문학은 결코 종이 위의 활자로만 누워 있지 않기에, 아큐 역시 순간순간 우리 앞으로 뚜벅뚜벅 걸어 나오는 것이 아니냐고 계속 물어보는 것이다.

인간의 배후를 지워버린 교육

에리히 프롬, 『마르크스 프로이트 평전: 환상으로부터의 탈출』(집문당, 1994)

에리히 프롬, 『에리히 프롬, 마르크스를 말하다』(에코의 서재, 2007)

교사들이 요즘 아이들의 일탈에 대해 진단과 처방을 내리느라 많은 말들을 쏟아냈다. 교사들은 대화 끝에, 아이들의 잘못을 지적하며 더욱 열성적으로 지도하는 것 외에는 다른 방법이 없다고 했다. 어떻든 한 명의 아이라도 더 올바르게 가르치는 것이 교사의 본분 아니겠느냐고 진심을 담아 말했다. 맞는 말이다. 우리는 한 명의 아이라도 더 올바르게 가르쳐야 한다. 그런데 나는 그것만으로는 부족하다고 덧붙였다. 올바르게 가르치기 위해서는, 요즘 아이들이 왜 이토록 일탈하는지를 알아야 하며 또 그러기 위해서는 사회에 대한 이해와 성찰이 '함께' 있어야 한다고 말했지만, 그들의 호응을 끌어내지는 못했다. 대화는 대체로 이 지점에서 분열했고 우아한 미소나 침묵으로 대체되곤 했다.

나는 그들 진정성을 의심하지 않지만, 그들의 더욱 열성적인 지도가 우리 교육을 개선할 것이라고는 생각하지 않았다. 사회적 성찰 없이 올바르게 가르치는 것이 가능한지도 모르겠지만, 오히려 사회적 성찰 없이 열심히 가르치는 것이야말로 자칫 우리 교육의 모순과 억압을 강화할 수 있기 때문이다. 그래서 나는 학교와 연동되는 학교 '밖을 함께' 볼 것을 주문한 것인데, 대부분은 이에 무감했던 것이다. 이렇듯 우리는 어떤 사태를 사회적 맥락에서 이해하는 법을 배운 적이 없다. 그런데 나 역시 오랫동안 사회에 눈길 한 번 주지 않았었다. 몇몇의 계기가 있기 전까지는 말이다.

젊은 날 나는 내면의 물음에 집착했다. 삶에 대한 회의와 불안에, 오랫동안 침잠했고 그래서 혼자 외로웠다. 고통에 대적하기 위해 책을 읽으며 두꺼운 어둠을 응시했다. 인간본질에 대한 물음으로 밤을 새웠지만 물음은 풀리지도 않았고, 그러다가 몸이 아팠다. 몇 년의 육체적 고통이 고달팠지만, 이 경험으로 나는 전회轉回하게 된다. 몸의 불편과 통증은, 이제껏 내가 품었던 물음들이 구체적 삶과는 별 상관없는 것이었음을 깨닫게 했다.

이제 내게 간절한 것은 인간이란 무엇인가라는 물음이 아니라, 앉아서 밥을 먹고 거리를 활보하며 몸을 움직이는 것이었다. 삶이란 생각의 대상이 아니라, 구체적으로 이행하는 것이었다. 그리고 인간의 의식이 몸과 무관한 것이 아니라, 몸과 깊이 얽혀 파동치고 있음을 깨달았다. 그때부터 나는 '밖으로' 나오기 시작했다.

그 후 인간은 무엇인가라는 물음은, 인간과 세계는 어떻게 관계하는가라는 물음으로 바뀌었다. 왜냐하면 인간의 의미는 그 자체로 규정되는 것이 아니라 세계의 구성방식에 따라 변한다고 여겨졌기 때문이다. 인간에 대한 이해는 반드시 인간과 관계하는 것들에 대한 통찰이 있을 때 가능할 것이라 확신했다. 인간이란 무엇인가 하는 물음은 여전히 해결되지 않았지만, 그 물음은 자연스레 폐기되었다.

이제 그런 '순결한' 물음보다는 내 몸의 통증처럼 당신의 고통은 무엇인지, 나의 결핍은 누구의 행복과 닿아 있는지가 궁금해졌다. 그리고 나는 그런 세계의 어디쯤에 위치해 있는지, 나의 말과 행동이 어떤 세계를 구축하는지를 살피기 시작했다. 이제 인간에 대한 물음은 세계에 대한 물음과 다르지 않았다. 그래서 사회와 세계가 배제된 인간탐구는 '몸을 벗은 인간'이라는 말처럼 불구적으로 느껴졌다. 인간을 질문하는 방식이 바뀐 것이다.

그러다가 마르크스를 읽게 되면서, 몸을 한 번 더 틀게 된다. '저급한' 그를 단죄하려고 읽기 시작했다가 저급한 것은 나의 환상이었을 뿐, 그는 그 너머로 흘러가는 산맥임을 알고 자세를 고쳐 앉게 되었다.

정신분석학의 창시자인 프로이트는 인간행동의 의미를 이해하기 위해 의식 너머에 있는 무의식의 각성을 주문했다. 또 마르크스는 인간행동을 이해하기 위해 개인의 배후를 통찰했다. 즉 이 두 사람은, 인간이 자기 사상이나 활동을 자기 것이라 믿지만 "실은 그 사람의 배후에서 작용하는 객관적인 힘에 의해 규정"된다고 지적했다.

그 배후를 프로이트는 생리학적·생물학적 욕구로 보았고, 마르크스는 사회경제적인 힘으로 보았다.

어울릴 것 같지 않는 프로이트와 마르크스지만, 인간이 믿는 생각이나 활동이 사실은 환상일 뿐이며, 그 환상으로부터 해방된 자유로운 인간Beyond the Chains of Illusion을 제시했다는 점에서 두 사람은 목소리를 같이했다. 두 사람은 병든 개인과 병든 사회를 치유하기 위해 인간의 배후를 지목한 것이다.

그래서 정신분석학자인 에리히 프롬은, 인간을 이해하기 위해서는 사회에 대한 비판적 이해가 중요하고 또 그 사회를 이해하기 위해 개인 무의식도 이해해야 한다고 했다. 즉 개인의 무의식과 사회적 무의식은 상호 작용을 하기에 사회비판이 없으면 전인간全人間으로 각성하는 일은 불가능하다고 강조하며, 특히 마르크스를 '사회적 무의식'을 자각하려는 자로 규정했다.

마르크스가 우리에게 부여한 사회에 대한 통찰이야말로 사회적 무의식을 자각하고 …… 이것〔사회비판〕이 없으면 사람은 개인적 무의식의 일정한 측면을 자각할 수 있을 뿐이고, 전인간全人間으로서 각성하는 일은 거의 불가능해진다. 여기에 덧붙여 두지 않으면 안 될 것은, 사회에 대한 비판적 이해가 개인의 분석적 이해에 있어 중요할 뿐만 아니라, 개인의 무의식을 분석적으로 이해하는 일 또한 사회를 이해하는 데 중요한 기능을 가질 수 있다는 점이다. (『마르크스 프로이트 평전: 환상으로부터의 탈출』)

마르크스는 인간이해를 관념이 아니라 경제적·사회적 조건이라는 현실에서 시작했다. 그에 따르면 개인의식은 사회와 따로 '순수하게' 형성되는 것이 아니라, 그 사람 배후에서 작용하는 사회구조와 양식이라는 실체적인 힘에 의해 규정된다고 봤다. 그래서 사회구조를 간과한 인간이해는 대부분 허위의식이기에, 인간행동의 진정한 동기를 이해하려면 그 사회의 구조를 함께 통찰해야 한다고 했다. "인간의 의식이 존재를 규정하는 것이 아니라, 반대로 인간의 사회적 존재가 의식을 규정한다"는 그의 명제는, 인간내면에만 천착하는 우리 사회에 훌륭한 충고가 될 수 있다. 나는 마르크스에게 '바깥으로부터의' 사고를 배웠다. 그는 인간내면에만 집중하던 나의 불균형을 보전해주었다.

그런데 나는 학교에서 이 위대한 인간을 정직하게 만난 적이 없다. 그렇지만 학교 밖에서 만난 사상가들은 모두 마르크스에게 젖줄을 대거나 혹은 그와 대적하며 자기의 좌표를 설정하고 있었다. 그런 이유로 마르크스는 경제학, 역사학, 철학, 문학, 여성학, 정신분석학 등 대부분 학문들과 결합하여, 지금도 살아 숨 쉬고 있다. 그래서 그를 무시하고는 한 걸음도 나아갈 수 없었다. 좋든 싫든 그는 거대한 산맥이지만, 그럼에도 우리는 그를 무시하느라 눈을 발밑에 처박고 길을 찾는 꼴이다.

내가 지금 마르크스를 말하는 것은 한국사회의 인간이해가 얼마나 편협한지를 측량하는 준거점을 제시하고 싶어서다. 요컨대 마르크스의 한계에도 불구하고 그에게서 얻을 수 있는 교훈이 훨씬 많은

데, 왜 우리는 그를 이토록 매도만 하는 것일까. 플라톤이 문제투성이라 해서 플라톤을 누락하거나 매도하지는 않으면서 왜 유독 마르크스에게는 이렇게 가혹한지 묻는 것이다. 그의 부족함을 비판하는 것은 필요하지만, 왜 그를 읽지도 않은 채 비난만 일삼는지 말이다.

그런데 어떻게 해서 마르크스의 철학이 이처럼 정반대로 오해받고 왜곡된 것일까? 여기에는 몇 가지 이유가 있다. 가장 두드러지는 것은 무지다. 세상에는 대학에서 가르치지 않고 따라서 검증의 대상도 되지 않기 때문에 아는 바 없이도 누구나 마음 내키는 대로 '자유롭게' 생각하고 말하고 쓰는 문제들이 있다. …… 그 결과 마르크스의 저작을 읽지 않고도, 아니면 적어도 그의 매우 복잡하고 난해하며 섬세한 사상체계에 관해 독자적인 견해를 가질 만큼 독서를 하지 않고도 마르크스에 관해 누구나가 말할 수 있다고 생각하는 것이다. (『에리히 프롬, 마르크스를 말하다』)

우리는 정신분석학을 성적性的 결정론으로 오해하는 것보다 훨씬 더 조악하게, 마르크스를 저급한 유물론자로 교육받아왔다. 내가 학교에서 들은 것은, 마르크스가 인간을 비의식적 물질로 취급한다는 것이었다. 그래서 마르크스는 인간의 정신세계를 깡그리 부정하는 수준 이하의 사람이었다. 그 덕분에 주변에서 이런 소리도 듣게 되었다. '결국 인간은 물질일 뿐이라는 말이지? 그리고 사유재산을 인정하지 않고 밥그릇, 숟가락까지 공동으로 소유하자는 말이지!'

그렇게 우리의 배움을 확신했기에, 마르크스는 쉽게 조롱당했다. 우리는 마르크스가 사적소유를 폐지하려 한 것은 생산수단이었다는 것을 배우지 못했다. 생산수단의 개인소유 금지가 무엇을 의미하는지 이해하지도 못했다. 나는 혼자 다시 공부해야 했고, 아주 단순한 사실을 늦게 깨달았다. 화폐의 증식을 목적으로 하는 자본주의 사회야말로 오히려 물질만능주의 사회라는 것을 말이다. 자본주의 세상을 살아가는 우리가 '자본'을 어떻게 배우고 얼마나 이해하고 있는지 혼자 되묻곤 했다. 우리는 자본주의를 자유민주주의와 동일한 것으로 배웠고 자본주의의 반대를 독재국가로 배우며, 경제체제와 정치체제조차 구분하지 않았다. 자본주의의 우월성을 의심하지 않는 만큼, 우리는 옛 배움을 의심하지 않았다. 한 번 잘못 배운 것을 다시 바로 세우는 것正名만큼 어려운 일이 또 있을까 싶다.

누가 이 위대한 사상가를 왜곡하고 생략했을까. 그리고 대중은 왜 그를 비난하기에 바쁠까. 왜 우리는 가장 중요한 고전이 된 마르크스를 언급하는 것조차 불편하게 느낄까. 우리 사회는 마르크스를 천박한, 사악한, 실패한, 아주 보잘것없는 이미지로 빨갛게 채색해왔고, 누군가 의도한 대로 대중은 그 왜곡을 무작정 따라갔을 뿐이다. 자본주의 사회의 대중이 자본의 속성에 무지한 채, 결국 인간을 이해하는 한 축을 제거해버린 것이다. 그래서 우리 사회의 마르크스에 대한 이해 수준은 그대로 우리 사회의 불구성을 보여준다 해도 지나치지 않다. 누군가가 의도한 비난을 따라가기 바쁜 우리에게, 이제껏 우리의 인간이해가 온전했는지를 묻는 것이기도 하다.

마르크스는 그렇게 쉽게 매도당해도 무방한 자가 아니다. 나 역시 그의 모든 사유와 예언을 그대로 믿지 않지만, 그가 보여준 자본의 작동방식과 인간과 노동의 소외, 역사와 계급에 대한 통찰은 놀라웠다. 우리가 학교에서 배우지 못했던 방법, 세상을 통찰하는 뛰어난 시선이 그에게 있었다. 그가 받아야 할 비판과는 별도로, 나는 그를 위대한 사상가이자 인간소외에 저항한 휴머니스트로 기억한다. 마르크스가 인류의 가장 영향력 있는 인물이 된 것이 그리 간단한 이유는 아닐 터다.

나는 몸을 추스르고, 직장을 구해 다른 사람들처럼 열심히 생활했다. 정규수업과 아침저녁 보충수업, 3, 4권의 교재연구와 학생상담, 각종 행정업무에 야간자습 감독, 그리고 논술지도와 입시업무 등을 게을리하지 않았다. 극심한 노동에 나도 지쳐갔고 아이들도 그러했다. 수업과 시험과 반듯한 언행과 공손한 태도로 밤 10시까지 학습노동에 지친 아이들은 5월이 되면 누렇게 뜬 얼굴로 생리불순과 요통을 호소했다. 교사와 학생은 대학입시 매뉴얼에 서로 부품처럼 맞물려 열성이었지만, 그런 열성이 기쁨은커녕 서로 불화하여 상처를 주고받게 했다. 모두가 노력했지만 노력한 모두가 행복해지지도 않는 학교에, 나는 화가 치밀기 시작했다. 이 고통은 나의 책임이 아닌 것만은 분명한데, 왜 온전히 나의 몫이어야 하는지 억울하기도 했다.

그때서야 적어도 세상에는 개인 노력만으로는 안 되는 것들이 있으며, 개인의 불행이 그의 책임만이 아닐 수도 있다고 생각했다.

학교에서 아이들과 내가 행복하지 않은 이유는 우리의 노력이 부족해서가 아닌 것 같았다. 아이들이 이토록 무기력하고 타인의 고통을 느끼지도 못하는 이유는 그들의 타고난 성격 때문만은 아닌 것 같았다. 아이들이 성공하지 못한 것은 아이들의 학습노동이 부족하거나 교사들의 열성이 부족해서도 결코 아닌 것 같았다. 이 사태를 이해하기 위해 학교 밖으로 눈을 돌릴 수밖에 없었다. 나는 학교의 배후를 살펴보기 시작했다.

그래서 나는 '아이들의 일탈에도 불구하고 더 열심히 가르치는 것이 교사의 본분이다'라는 그들의 교육론이 틀렸다는 것이 아니라, 왜 그들의 그 열성이 딱 '교실 안'에서 멈추는지를 묻는 것이다. 왜 그들은 교실을 짓누르는 배후는 외면한 채 기껏 아이들의 소란만을 힐책하는가라고, 묻는 것이다. 고통의 배후를 질문하지 않는 열성이란, 비록 그들의 선의에도 불구하고 그들이 틀린 것이 될 수 있다는 것이다.

나는 웬만해서는 택시를 타지 않는다. 속도광들만 택시 기사를 하는 것이 아닌 터이면, 그렇게 질주할 수밖에 없고 불친절할 수밖에 없는 나름의 이유가 있다. 그 구조적 모순은 외면한 채 기사의 인성만 탓하는 것은 오직 개인의 내면풍경에만 시선을 고정할 때 쉽게 범하는 오류다. '모두 자기 하기 나름'이라는 말을 앞세우며 전체 틀을 보지 않을 때, 문제를 해결하기는커녕 사회의 구조악에 면죄부를 주는 것이 아닌가.

그렇게 사회를 개인 차원으로만 이해하는 사람들에게 세계 최저

출산율은 젊은이들의 이기심 때문일 뿐, 보육과 교육에 대한 사회의 직무유기는 보이지 않게 된다. 그들에게 세계 최고 자살률과 이혼율은 개인의 무책임과 인내심의 부족일 뿐이고, 최고 수준의 자동차 사고율마저도 조급한 국민성의 문제일 것이다. 그들에게 우리 사회의 지나친 경쟁과 압박감, 탈락에 대한 공포 때문에 규칙을 어기더라도 질주해야만 생존할 수 있는, 사회의 틀은 보이지도 않게 된다. 세상은 모두 자기 하기 나름이라며, 최저의 복지예산과 최장의 노동시간조차 개인 몫으로 여기게 되었다.

그래서 또 이 고단함을 벗어나겠다며 도통道通을 말하는 사람들이 넘쳐나는 사회다. 세상 모든 것은 마음의 작용이라며 지금 이곳 눈앞의 사태를 초월한 듯한 미소로 온화하다. 그들에게 사회와 제도에 대한 물음은 비본질적이거나 번잡한 것인지도 모른다. 그러나 나는 궁금하다. 도대체 사회적 과제와 관계를 떠난 도통이 가능한 것인지, 또 사회를 배제한 채 탐구한 마음의 본질이란 어떤 모습인지 궁금하다.

루쉰은 현실의 고난 앞에서도 도道를 말하는 중국민을 향해 "몸이 한 시대에 있거늘 어떻게 시대를 초월할 수 있다는 말인가. 이는 제 손으로 제 귀를 잡아당기면 지구를 떠날 수 있다고 하는 것과 같은 기만이다"라고 일갈했다. 에리히 프롬도 "심리학에서의 진리는 사회학에서도 진리"라며 개인과 사회를 구분하지 않았다. '인간에 대한 배려가 있으면 사회와 동떨어진 개인에 대해서만 관심을 가질 수 없다'며 개인과 사회를 분리하지 않았다.

나는 개인의 노력과 역할을 부정하지 않는다. 사회제도도 사람이 만든 것이기에 개개인의 역량이 발휘되지 않는다면 무익하다. 그런데 우리 사회는 개인의 노력은 이미 충분히 강조해오지 않았는가! '열심히 노력해 어려움을 극복하라', '세상 탓 하지 마라', '모두 자기 하기 나름이다'라며 개인의 노력을 강조하는 것들만 반복해서 배웠고, 사회에 대해서는 기껏 의무와 질서를 미덕으로 학습받아왔다. 우리에게 부족했던 것은 개인의 노력이 아니다.

그리고 개인과 사회구조 중 어느 것이 더 중요하냐는 논쟁은 하고 싶지 않다. 이는 눈앞에 이미 놓여 있는 닭과 달걀을 두고 어느 쪽이 먼저 존재했느냐는 논쟁처럼 무익하다. 우리에게 필요한 것은 지금까지 닭과 달걀을 사용하는 데 어느 쪽을 소홀히 했는가를 살펴보는 것이다. 지금 우리 삶을 사회구조적 측면에서 개선할 공간이 훨씬 더 많음에도 불구하고, 왜 그 방향으로는 시선을 두지 않는가를 묻는 것이다.

나는 인간을 이해하는 또 다른 한쪽의 방식을 주문한다. 개인 노력이 중요한 만큼 사회구조에 대한 이해도 중요하다. 그래서 개인의 노력이 사회구조의 개선으로 향할 때, 개개인의 노력도 훨씬 더 정직하게 자기 삶에 반영될 것이다.

그러나 우리는 이를 배운 적이 없다. 우리가 정직하게 배우지 못했던 마르크스처럼, 우리는 사회비판 의식을 정직하게 배우지 못했다. 우리가 행복하기 위해서는 개인의 노력과 함께 사회도 함께 고민해야 한다는 것을 배우지 못했다. 이는 우리 교육의 실패인가? 그렇지 않다. 이는 누군가 의도한 대로, 우리 교육이 성공했다는 분명한 증거다.

인간의 배후를 지워버린 교육 때문에 우리는 고통의 배후를 모르게 되었고, 그래서 대중에게 지속되는 고통이 누군가에게는 이익이다. 그들은 성공한 것이다. 이것이야말로 '국가는 지배계급의 대리자이고 그들의 이익을 위해 교육을 지배한다' 는 마르크스의 통찰이 얼마나 정확한지를 반증하는 사례이지 않겠는가.

예기치 않은 몸의 불편과 독서가 나를 '밖으로' 나오게 했다. 그러나 개인 경험은 실존의 벽을 넘지 못하고, 삶이란 몇 권의 책보다 훨씬 두껍다. 그래서 나는 여러분을 설득할 수 없다. 단지 바라는 것은 이 글을 읽게 된 여러분의 우연이, 한번쯤 질문의 방식을 변주한다면 그것으로 충분하다. 이 땅 곳곳의 고통만큼이나, 희망 역시 그 '우연의 음악' 으로 시작된다고 믿기에 말이다.

이식된 언어와 제작된 주체

강명관, 『열녀의 탄생』(돌베개, 2009)

하루는 왜구들이 이르렀다. 이씨가 베布를 잘라 머리를 싸고 있으니, 왜적들이 그 얼굴을 보려 하였다. 이씨가 더욱 굳게 항거하니, 왜적이 칼로 두 눈을 꿰뚫었으나, 그래도 욕을 퍼부으며 굴하지 않았다. 왜적들이 난작亂斫하고 떠났다. 금상조에 정문하였다.//이씨가 힘껏 항거하며 왜적에게 욕을 하니, 적들이 창으로 마구 찌르고 얼굴 가죽을 벗겼다. 이씨는 굴하지 않다가 죽었다. 금상조에 정문하였다.//두 손과 두 발을 토막토막 칼로 치는가 하면, 머리를 쳐서 박살내고, 불 속에 던져 넣기도 하고, 유방을 베고 배를 가르고, 사지를 찢는 등……

이는 『삼강행실도』에 기록된 열녀의 한 예다. 열녀라면 대체로 수절하거나 정절을 위해 목숨을 버린 정도로만 알고 있었는데, 이 책을 통해 확인한 장면은 상상을 초월했다. 저자가 인용한 많은 이야기들이 하나같이 끔찍한데, 이 책의 부제가 '조선 여성의 잔혹한 역사'

라는 것이 전혀 과장이 아님을 알 수 있다. 그런데 이 여인들은 배가 갈리고 사지가 찢기는 죽음과 정절을 맞바꿀 결심을 어떻게 하게 되었을까? 남자에게 팔이 잡혔다 해서 도끼로 자기의 팔을 잘라내고 목을 맨 조선 여성들은 기록에 남은 특별한 경우뿐일까? 이런 죽음을 찬미하는 『소학』, 『삼강행실도』 같은 선조들의 책을 마냥 아름답다 할 수 있을까?

한문학자 강명관의 글을 처음 읽었을 때, 무척 인상적이었다. '고루한(?)' 한문학 전공자임에도 불구하고, 옛 서책을 대하는 신선한 관점 때문에 그의 글은 상당히 현대적으로 다가왔다. 대개 한문을 좀 아는 사람들은 자기의 현학 취미를 내세워 현대인을 경박하다 비판하고 현대문화 자체를 경멸하기까지 한다. 그들은 한문 텍스트를 전통문화의 본류로 규정하고, 그 우월감으로 현대인들을 겁박하려는 불순한 권력욕망을 보이기도 한다. 그래서 시대착오적인 경우가 비일비재하다. 아마도 이는 옛 텍스트를 오늘날에 맞는 의미로 끌어내지 않고 옛 언어를 그대로 흡수했기 때문일 것이다.
특히 이 땅의 한학자들 중 상당수는 선조들의 텍스트를 주로 찬양하기에 급급한데, 그런 회고적 찬양이 불편하다. 선조들의 텍스트는 언제나 찬미 받아 마땅한가? 만약 우리가 옛 사회로 돌아갈 것이 아니라면, 그들은 오늘날에 적용할 수 있는 현대적 해석과 실천을 제시해야 할 것이다. 그러지 못하고 단지 한문 실력을 마치 지식과 교양의 척도인 양 하며, 지금 이곳의 삶에 답하지 못하는 외눈박이들이 적지 않다.

지금 이곳의 삶과 유리된 학문은 쓸모없는 현학 취미에 불과하다. 모든 학문이 현실에 바로 적용할 수 있는 실천학문이어야 한다는 것이 아니다. 옛 것을 혹은 외국 것을 공부하더라도 지금 이곳의 문제와 접속되지 않는 지식은 그것이 아무리 상당한 것이라 하더라도 죽은 지식일 뿐이며, 그런 단절된 앎으로는 '나'의 삶을 추동할 수 없지 않겠는가. 그래서 지금 이곳의 삶과 꿰매지 못하는 어떤 글 읽기도 무익하다. 영어를 잘하지만 세상에 무지한 사람들이 있듯이, 한문을 잘하지만 역시 인간과 사회에 무지한 사람들이 많기는 마찬가지다.

그에 비해 강명관은 옛 텍스트를 통해 지금 이곳을 말한다. 그가 불러오는 과거 자료들은 모두 지금 이 땅의 모습들과 대비되어, 결국 인간의 문제로 귀결된다. 그래서 그는 우리 선조들의 삶을 찬미 받아 마땅한 것으로만 읽지 않고, 인간을 억압하는 옛 사회의 모든 것을 비판의 대상으로 삼는다.

그는 특히 한문을 독점한 지배층의 자폐증을 비판하며 대중과 접속하지 못하는 "한문(학)이 사라져도 아쉬울 것이 없다"(『국문학과 민족 그리고 근대』)라는 말을 서슴지 않는다. 우리가 개혁군주로만 칭송하는 정조 역시 어떻게 백성을 억압했으며 당대 사회의 한계와 함께 정조의 한계가 무엇인지도 지적하는 것처럼, 그는 언제나 인민의 시각에서 텍스트를 읽는다. 그래서 그는 학문의 목적이 무엇이어야 하는지를 보여주는 좋은 사례이며, 국수주의적 담론이 횡행하는 한

문학계에서 참으로 돋보이고 소중하다. 그로 인해 나의 눈꺼풀이 또한 번 벗겨진 듯하다.

저자는 자신의 어머니와 누이가 겪었던 차별과 고통을 반추하며, 누구나 당연하게 여겼던 것에 질문을 던졌다. 총명하고 의지가 굳었던 어머니는 어떻게 가사노동으로만 일생을 보내며 고통스러운 삶을 살게 되었는지, 더구나 차별을 겪은 그 어머니가 공부 잘하던 누나의 대학 진학을 불허하던 아버지를 수긍하는 것을 지켜보며, 그는 여성의 억압에 대해 질문하고 결국 인간해방에 대한 갈망을 곳곳에 드러낸다. 우리 주변에 흔히 접하는 이런 여성차별은 어떻게 당연한 것이 되었고, 이 과정에서 여성은 오로지 수동적이기만 했을까를 질문한다.

저자는 전통적 규범으로 여겨온 이 행동양식의 이유를 찾기 위해 조선조 여성관의 형성과정을 추적한다. 조선조 여성 의식을 규정하는 데 결정적으로 기여한 『예기』, 『소학』, 『삼강행실도』, 『내훈』 등을 분석하여, 여성을 지배한 열녀의식이 누구에 의해, 어떤 목적으로, 어떻게 제작되었는지를 추적한다. 책의 내용을 따라가보자.

열녀烈女란 남편에게 성적으로 종속되어 자기 생명을 희생한 여성을 말한다. 그런데 고려에서는 열녀가 존재하지 않았다. 고려시대까지 가부장적 권력은 철저하지도 않았고, 남편이 죽어도 여성의 재혼과 삼혼은 아무런 문제가 되지 않았다. 그러나 조선 사대부들은 여성의 개가改嫁를 윤리적 판단의 대상으로 삼기 시작했는데, 이는 국가를 가족의 확대된 형태로 보고 개인을 통제했기 때문이다.

열녀라는 말이 본격적으로 사용된 것은 『삼강행실도』「열녀편」의 보급에 따른 세종 14년이지만, 초기에는 비범한 여성이라는 정도의 의미에 불과했다. 그러다가 17세기를 지나면서 자기 신체를 희생하는 여성이 나타났다. 이런 여성의 억압은 재산상속에서 장자를 우대하는 불균등 상속으로 변화한 것과, 여성의 사회적 지위가 확연히 낮아진 가부장제의 확립과 연관되어 있다.

그리고 여성의 개가는 법으로 제약되기 시작했다. 수절하지 않은 여성의 자손에게는 문반과 무반으로 진출할 수 있는 모든 길을 막았는데, 이는 여성의 개가가 자녀의 사회진출을 막는 부도덕으로 인식되게 했다. 나아가 여성의 바깥출입을 봉쇄하고 형제 외에는 모든 남성과의 접촉을 제한하면서, 수절한 여성에게는 표창을 수여했다. 국가는 이를 장려하기 위해 엄청난 열정으로 텍스트를 제작 보급했다.

1392년 조선의 건국과 함께 '여성성'은 제작되기 시작하였다. 신유학, 곧 성리학을 국가 이데올로기로 받아들인 남성은, 가부장적 사회를 완성하기 위해 남성에 대한 여성의 종속을 요구했던 바, 이들은 국가의 권력을 통해 그것을 실현하고자 하였다. 따라서 이제 남성은 단순한 남성이 아닌 국가-남성이 되었다. 국가-남성은 국가의 권력을 동원했던 바, 법과 제도를 만들고 아울러 여성을 의식화하기 위해 텍스트를 생산하고 유통시켰다.

조선은 성리학을 국가의 지배 이데올로기로 삼았는데, 그 이기理氣의 추상적 관념으로는 일상의 생활규범을 정할 수 없었다. 그래서 성리학적 규율에 지배받는 인간을 만들기 위한 생활실천 책이 필요했고, 그 대표적인 것이 『소학』이었다. 『소학』은 원래 조선의 책이 아니라 중국의 주자朱子가 성리학적 교육철학으로 편집한 것이었는데, 그 대부분 내용이 중국의 『예기』에서 인용한 것이다.

『소학』은 조선 초기부터 여성에 대한 인식틀을 규정했다. 이 책의 삼종지의三從之義, 칠거지악七去之惡 등 온갖 차별적인 행동규범들이 점차 조선 여성의 의식과 행동을 지배하게 되었다. 우리는 보통 이 책을 여성이나 아동을 교육하기 위한 책으로 알고 있는데, 사실은 성인 남성을 위한 책이었다. 가부장제 조선사회에서는 남성의 의식화가 곧 국가 전체의 의식화였기 때문이다.

이에 비해 여성을 직접 의식화하기 위해서는 『삼강행실도』를 발행했다. 이 책 역시 조선의 고유한 책이 아니라 대체로 중국의 내용을 이어받은 것인데, 글을 읽지 못하는 여성을 위해 조잡한 그림이 첨가되었다. 『삼강행실도』에 따르면 여성은 오직 남성을 위한 이차적 존재로만 표현되어 있다. 남편 아닌 남자와 가벼운 신체접촉조차 더러운 것이었고, 무능한 남편의 술상을 보기 위해 머리를 자르는 것을 당연하게 여겼으며, 장의와 예제의 과도한 실천 등 일상에서의 온갖 차별을 요구했다.

그 희생은 상식을 넘는 것들이었다. 남편의 병구완을 위해 손가락을 잘라 철철 흐르는 피를 남편 입에 넣어주기(단지斷指), 자신의

허벅지 살이 바닥날 때까지 베어내 구워 남편에게 먹이기(할고割股),
자신의 다리 정강이부터 무릎까지 칼로 찢어 한 되 피를 받아 남편에
게 먹이는 등 잔혹하기 그지없는 일들을 기록으로 남겨 모범으로 삼
았다. 친정부모가 재혼을 권하자 자신의 코를 베어버린다거나 손가
락이나 팔을 훼손하고, 귀를 잘라 남편 무덤가에 묻음으로써 개가하
지 않겠다는 의지를 표명했다.

그리고 조선조 국가-남성은 이런 신체 훼손에서 멈추지 않고 결
국 여성의 목숨까지 요구했다. 남편이 자연사하더라도 따라 죽는 것
을 칭송했고, 친정부모가 개가를 권하자 목을 매는 것을 부인의 도리
로 여겼다. 남편이 죽자 30일간 굶어 남편의 죽음을 따라가기, 목을
찔러 자결하기, 나무 위에서 스스로 불에 타 죽은 것을 칭송했다. 또
남편이 병사할 조짐이 있으면 아내가 먼저 독약으로 자살하기, 자신
이 죽으면 남편이 살아난다는 점쟁이 말에 목매기처럼 아주 강박적
인 죽음이 넘쳐난다. 이런 죽음이 몇몇 희귀한 사례가 아니라 조선사
회의 보편정서가 되었다.

조선여성은 어떻게 죽음까지 미덕으로 여기고 기꺼이 실행하게
되었을까? 그것은 책을 통한 교육이었다. 조선조 책이란 모두 통치
이데올로기의 기능을 하였기에 책의 발간과 유통은 국가가 직접 관
리했다. 국가는 『소학』, 『삼강행실도』, 『내훈』을 적극적으로 교육해
여성을 의식화하는 데 집중했다. 특히 중종대에 조선시대 최고의 발
행부수인 2,940질(대략 9,000책)의 『삼강행실도』를 중앙과 지방에 뿌
렸다. 어마어마한 양의 책이 일반 백성의 손에 들어간 것인데, 국가

가 대중에게 대량으로 쥐어준 최초의 책이 바로 『삼강행실도』였다.

이처럼 국가-남성이 대량 제작한 책의 유일한 목적은 철저히 국가-남성의 이데올로기를 확산시키는 것이었다. 여성은 오직 남편에게 종속되도록 교육받았고, 이를 충실히 학습하고 의식화한 여성들은 자발적 죽음으로 나아갔다. 죽음의 배후에 국가-남성이 있다는 사실을 자각하지 못한 채, 자신의 죽음을 미덕으로 여기며 죽어갔다. 조선의 여성은 국가-남성의 언어를 철저히 자기의 언어로 받아들였던 것이다.

몇 년 전 두발규정이 지나치다며 학생과 교사는 자주 부딪혔다. 귀밑 3센티미터 길이로만 허락된 교칙을 엄격히 적용하자 학생들의 원성이 자자했다. 어느 수업시간, 학생들이 불만을 터뜨리며 왜 머리카락을 잘라야 하는지 모르겠다고 내게 항변했다. 그래서 함께 이야기해보자기에 내가 먼저 물었다.

"학교가 학생들의 머리카락을 자르게 하는 진짜 이유가 뭐라고 생각하죠?"

"공부해야 하는 학생이니까 공부에 집중하라고요!"

학생들의 답이 쏟아졌고 나의 응대가 이어졌다.

"그것이 진짜 이유일까요? 그러면 조선시대 우리 조상들은 공부를 정말 못했겠네요. 그 긴 머리로 어떻게 공부했을까? 그리고 머리 긴 외국 학생들도 공부 못하겠네요?"

순간 학생들은 '어? 그러네' 하며 깔깔거린다. '학생은 머리가 짧아야 공부에 집중한다'는 학교의 말을 그대로 받아들였을 뿐, 그 말의 허술함을 이제껏 따져보지 않았던 모양이다.

"단정해 보이니까요!"

"그건 누구의 생각이죠? 누구의 시선에 단정해 보인다는 거죠?"

학생들은 선생님, 부모님의 생각이라며 그 답을 곧 철회했다.

"학생이니까요!"

"학생은 왜 머리를 잘라야 하는가라는 질문을 답으로 제시했네요. 질문은 답이 될 수 없죠?"

"선생님이 잘라라 하니까요!"

"선생님이 시키는 바로 그것이 지금 불만이라면서요?"

학생들은 웅성거리기 시작했다. 학생들의 답을 칠판에 하나하나 표시하며 내가 느낀 것은, 그들은 머리카락을 잘라야 하는 진짜 이유를 스스로 생각해보지 않았다는 것이다. 그들은 두발 통제에 반감을 가졌지만, 학교가 왜 그러는지는 고민하지 않았다. 그래서 학교가 내세운 언어를 의심하지 않고 자기 언어로 반복하고 있었다. 머리카락 통제가 부당하다는 '몸의 느낌'은 분명하지만, 그 부당함을 항변할 자신의 언어를 찾지 않았던 것이다. 중학생이 자기의 진짜 언어를 찾는다는 것이 무리였겠지만, 어쨌든 나는 적잖이 답답했다.

자기 몸마저 자기 마음대로 못하게 통제받은 사람은 다른 그 어떤 것에서도 쉽게 통제할 수 있다. 내 머리카락을 짧게 강제 받는 것은 단순히 두발의 규제로 끝나는 것이 아니다. 복종을 내 몸 깊이 새겨 넣는, 복종의 내면화 학습이다. 학교가 왜 교도소와 군대처럼 두

발을 통제하는지 생각해보라 했다. 나는 '몸의 통제가 어떻게 복종하는 인간을 생산하는지'를 학생들 눈높이의 언어로 풀어서 설명해주곤 했다. 그리고 지금 학교현실에서 당장 어떻게 할 수는 없지만 여러분의 불만은 정당하며, 머리카락 통제의 진짜 이유를 알아야 한다고 말한다. 그러나 어쩔 것인가. 매일매일 반복되는 훈육이 학생들의 의식을 일찌감치 장악하고 있지 않던가.

학생의 머리카락 통제는 정치권력이 개인의 일상에 어떻게 스며드는지를 보여주는 대표적인 사례다. 조선조에 여성의 죽음을 아름다움으로 여긴 것처럼, 짧은 머리카락이 '보기에 좋다'는 취향은 바로 권력의 미학인 것이다. 그렇게 지배자의 언어는 대중의 의식을 잠식해왔는데, 이는 예나 지금이나 교육의 핵심 기능이다. 자기의 언어를 갖지 못하면, 타인이 제시한 언어에 갇혀 철저히 타인에게 지배당하기는 지금도 마찬가지다.

조선의 국가-남성 언어는 서서히 영향력을 확대해, 임진왜란 이후 여성들의 대뇌에 광범위하게 복제되기 시작했다. 병자호란을 거치며 여성의 자발적 죽음은 조선사회를 뒤덮었다 해도 지나치지 않게 되었다. 18세기에 이르면 한 해 끝에 효자 열녀의 표창을 바라는 문서가 산처럼 쌓여 모두 살펴볼 겨를이 없을 정도였고, 열녀 정문을 받기 위해 뇌물이 오가는 등 사회문제가 된 것을 보면 그 저변의 양상을 짐작할 수 있다. 여성의 자발적 죽음은 의무와 숭고가 되어 넘쳐나기 시작했다.

그리고 국가-남성의 교육은 자기증식 기능까지 했다. 시간이 지남에 따라 양반사회 내부에서만 아니라 상민과 천민까지도 여성의 재가를 비윤리적 행위로 여기기 시작했는데, 이처럼 열녀의식은 사회 전반의 보편문화가 되었다. 지배층인 남성-양반을 교육시킴으로써, 이들 지배층의 문화는 모두가 모방하고 싶어 하는 주류문화가 되었다. 지배층의 의식이 그 사회의 보편의식(상식)이 된 것이다.

특히 임진과 병자 양란 이후로 열녀의 죽음을 다루는 서술은 그 잔혹성이 더 두드러진다. 여성이 왜적에 강간당하다 죽는 것은 너무나 당연한 것이 되었고, 이제는 왜적의 손이 닿거나 자기 얼굴을 잠시만 본 것도 오염된 것으로 여겨 스스로 죽는 이유가 되었다. 이 당시 여성들이 책에서 학습한 내용은, 고향으로 돌아갈 남편의 여비를 마련하기 위해 아내가 자신의 신체를 인육으로 파는 이야기, 흉년에 군사들이 남편을 삶아 먹으려 하자 여윈 남편보다 여자인 자신의 고기 맛이 좋다며 대신 삶겨 죽기를 청하는 아내의 이야기 등으로, 그 사실 여부를 떠나서 끔찍하기 그지없다.

이러한 "서술의 잔혹성은 적대국을 고발하기 위한 것이 아니라 여성의 열행을 효과적으로 표현하기 위한 언어"로, 여성의 복종을 몸속 깊이 박아두기 위해 동원된 언어였다. 그런데 생각해보면 우리 역시 이렇게 잔인한 언어를 주입받아왔다. 1970년대를 휩쓴 '반공소년 이승복'의 이야기를 다시 보면 그것이 얼마나 잔인한 서술인지, 지금은 느낄 수 있을 테다.

"벌겋게 핏발이 선 눈에 불을 켠 그놈들 중의 한 놈이, 한마디 말도 없이 뽑아 들고 온 칼로, 아궁이 앞에 쭈그리고 앉아 있는 어머니의 뒤통수를 쿡 찔러버렸습니다. 어머니는 비명도 지르지 못한 채, 그 자리에 쓰러지고 말았습니다. 그러자, 여러 놈들이 쓰러진 어머니의 몸을 닥치는 대로 칼로 마구 찔러버렸습니다. 공비들은 피 묻은 칼로, 승수의 눈앞에 들이대었습니다. 한 놈이 뒤에서 말했습니다. '그놈들도 처치해버려' 그러자 여러 놈의 칼이 승수의 몸과 배를 사정없이 찔렀습니다. 오빠가 쓰러지는 것을 보자, 승녀가 울음을 터뜨렸습니다. 그러자 공비 한 놈이 흙 묻은 농구화로 어린 승녀의 목을 눌러 방바닥에 쓰러뜨렸습니다." (『전쟁과 학교』 이치석 170쪽 재인용)

이렇게 구체적이고 끔찍한 서술이 당시 교사용 참고서에 실렸다는 것은 학교에서 이를 태연하게 가르쳤다는 것이다. 이승복 어린이가 "나는 공산당이 싫어요!"라며 입이 찢겨 죽었다는 것이 사실이든 아니든, 이 잔인한 서술이 전국의 어린아이들에게 반공과 국가주의 교육으로 주입되었다. 고작 열 살 전후의 아이들에게 '공산당이 싫어요'라며 죽어간 것을 미덕으로 교육한 것이다. 입이 찢어지고 온 가족이 대검에 찔려 철철 피 흘리며 죽어가는 만화를 학교에서 받아본 기억이 있다.

그 잔인한 묘사에 몸을 떨던 어린 날 기억이 아직도 잊히지 않는 것처럼, 언제나 지배 이데올로기는 그들의 언어를 우리 몸에 새겨두려 한다. 조선여성들이 국가-남성의 언어에 열녀로 제작되어 죽어갔듯 우리는 반공언어를 이식받으며 충직한 국민이 되었다. 그렇게 언어는 살껏속으로 파고들어 신체에 깊이 각인된 채, 의식을 지배했다.

정신분석학에 언어체계를 끌어들인 자크 라캉에 따르면 인간의 삶은 언어에 몰수당하여 몸 안에 기생하는 언어에 의해 덧쓰여진다. 그에 따르면 언어를 통해 생각을 표출하는 인간은 언어(기표)에 종속될 수밖에 없다. 그런데 기표(언어)는 또 다른 기표(언어)의 연쇄로만 한없이 이어져 결국 의미에 다다르지 못하고 미끄러진다. 이와 같이 인간의 자기 욕망 역시 한없이 미끄러져 영원히 자기의 진짜 욕망에 닿을 수 없다고 한다. 자기 몸속에 박힌 타자의 언어와 욕망에 지배당하기에, 인간은 (타자)언어에 의해 자기의 진짜 욕망을 소외시킨다. 그래서 라캉에 따르면 인간은 기표의 원인이라기보다 (타자)기표의 결과다. 즉 인간이 언어를 제작했다기보다는 언어가 인간-주체성을 제작한다고나 할까. 이는 결국 '나'의 욕망은 누구에 의해 욕망되는 것일까 하는 물음이고, 결국 '나'란 무엇일까 하는 물음이기도 하다.

나는 이 책에서 조선 시대 남성-양반 국가권력을 동원해 가부장적 욕망을 실현하는 텍스트를 여성의 대뇌에 설치하는 과정을 추적하고자 한다. 이 문제는 오늘날의 문제와 통한다. 내가 일상에서 내뱉는 언어, 어떤 사태에 갖는 태도, 나아가 나의 가치관, 미의식 등은 과연 나의 것인가? 국가와 자본은 교육과 미디어라는 권력기구를 통해 개인을 끊임없이 제작하고 간섭한다. 그 목적은 겉으로 내건 '인간평등'의 원리에 반하는 인간의 차별을 합리화하기 위해서다. 이런 과정을 통해, 국가와 자본의 권력이 지향하는 바대로 한 개인의 주체성이 만들어진다. 그 개인은 국가와 자본의 욕망을 자기 대뇌에 설치하고는, 그 욕망에 따라 인간의 차별을 당연시하게 된다. …… 이렇듯 '나'는 권력적 타자에 의해 제작된 존재다.

이 책의 미덕은 단지 조선 여성의 의식형성 과정을 보여주는 데 그치지 않고, 지금의 '나' 역시 누구의 의도대로 제작되었는가를 성찰하게 한다는 데 있다. 이 책의 제목이 '열녀의 탄생'인 것에서, 주체의 구성을 분석한 미셸 푸코가 떠오르는 것은 당연하다. 저자는 이 책에서 푸코를 언급하지 않지만, 책을 읽는 동안 나는 줄곧 푸코의 계보학이 떠올랐다. 우리 학계에 푸코에 대한 소개는 많지만, 한국 사회 지식담론을 푸코의 방법론으로 분석한 작업은 흔치 않았는데, 이 책이 그런 성과가 아닌가 생각해본다.

푸코의 기본입장은 인간이란 스스로 자기 주체를 구성하는 존재가 아니라, 사회적으로 구성되는 존재라는 것이다. 도처에 배치된 권력이 미세혈관처럼 세세하게 기능하여 개인을 제작하고 구성하는데, 이때 권력은 폭력적인 물리력이 아니라 일상의 담론(사회적 결과를 초래하는 발화, 언술, 이야기) 형태로 작동한다. 즉 지식이 구성되어 '유통되는 방식'이 권력으로 작동한다는 것이다. 말하자면 조선조 여성들이 열녀 의식을 갖게 된 것은 책을 통한 지식(담론)의 보급 때문이었는데, 이는 조선-남성-양반의 권력이 작동한 결과다.

푸코는 특히 『감시와 처벌』에서 감옥의 작동방식이 수도원, 병원, 공장, 군대, 학교에 적용되었다는 탁월한 분석을 내놓았다. 죄수를 교화하고, 병자를 간호하거나 광인을 가두고, 노동자를 감시하고, 학생을 교육하는 시스템의 전형이 감옥이다. 여기에는 모두 엄격한 규율을 바탕으로 '순종하는 신체'를 만드는 공통점이 있다는 것이다. 즉 인간은 순종하는 개인(주체)으로 제작되는 것이다.

수업이 없는 시간 건물 밖을 걷다 보면, 칸칸의 교실 속에 빼곡히 앉아 있는 아이들의 모습이 문득 낯설게 느껴지곤 한다. 수업 시작종과 함께 아이들은 각자 격리된 공간 속으로 빨려 들어가 로봇처럼 앉아 각종 지식을 주입받고, 마침 종과 더불어 개미떼처럼 밖으로 와르르 쏟아져 나온다. 잘 통제된 기계처럼 이리저리 왔다 갔다 한다.

교장-교사-학생의 서열화된 배치, 교실·복도·운동장에서 정렬과 행동규칙들, 시간표에 따른 시간통제와 교실이동, 감시하고 상벌을 부과하는 기능으로써의 교칙, 규격화하고 분류하여 처벌할 수 있는 감시체계로써의 시험, 두발과 복장에서 자신의 몸에 대한 선택을 허용하지 않는 감시의 눈빛, 그리고 이런 규율들에 끊임없이 몸을 맞추어가야 하는 학생들. 오늘날 학교란 곳이 푸코가 지적하는 권력장치와 하등 다를 바 없지 않은가. 학교란 감옥의 운용방식을 토대로 했기에 감옥의 계보에 속하는 것이고, '교사는 간수'라는 말이 결코 비유만은 아니다. 이렇게 학교는 전체주의적 경향을 굳이 감추지도 않지만, 우리는 그것에 너무나 익숙해져 학교의 전체주의적 성향을 자각조차 하지 못한다.

우리는 그렇게 제작되어왔다. 우리가 학교를 너무나 당연하게
여긴 만큼, 우리가 누군가의 목적에 맞게 제작되어왔다는 사실을 자
각하지 못하게 되었다. 조선의 국가-남성이 여성을 가부장제 재생산
도구로 제작한 것처럼, 오늘날 국가-자본은 학교를 통해 학생을 노
동하는 개인으로 제작하여 자본의 확장을 꾀하고 있다.

학교에서 배운 학생의 복종은 사회에서 국민의 의무로 대체되
고, 국민은 오직 국가발전을 위해서만 존재해야 하기에 목숨을 건 노
동은 숭고가 된다. 하지만 노동자의 권리는 역시 국가발전을 위해 유
보되어야 하기에, 권리를 주장하는 노동자는 '올바른 국민'이 되지
못한다. 복종을 학습한 학생이 국가에 복종하는 국민으로, 그렇게 복
종하는 국민으로 제작된 교사가 다시 학생을 노예로 훈육하며 지배
세력의 복무에 순환하고 있다. 이렇게 지배에 순종하는 개인을 제작
하기 위해 국가가 학교를 동원한다지만, 오히려 '학교가 곧 국가'라
는 것이 더 타당하다.

우리가 이 책을 통해 얻을 수 있는 교훈은 조선 여성의 억압방식
을 통해 지금 이곳의 억압을 통찰하는 것이다. 강명관은 조선조 열녀
가 제작되는 방식을 분명하게 보여줌으로써, 개인의 제작은 오늘날
에도 다양하게 변주되었음을 성찰하게 한다. 지금 이곳의 거대하고
촘촘한 권력의 작동을 보지 못하면 우리는 계속 '국가-자본의 열녀'
로 탄생하게 될 것이라고 말해준다. 오늘날 국가-자본의 지배계급이

반공, 경쟁, 성장, 국익 같은 언어를 대중에게 어떻게 복제시키는지,
그것이 결국 누구의 욕망과 이익을 위한 것인지 살펴보라는 것이다.
이 성찰이 지금 이곳의 올바른 독서일 테다.

불의한 권력을 바라볼 용기

김용철, 『삼성을 생각한다』(사회평론, 2010)

1. 질문의 순서가 바뀌었다

2010년 가장 주목받은 책 가운데 하나가 김용철 변호사의 『삼성을 생각한다』다. 엄청난 반응이 쏟아졌고 이 책을 둘러싼 의견 대립도 팽배했다. 대체적인 반응은 김용철을 배신자로 매도하거나 혹은 용기 있는 시민으로 치켜세우지만, 그들 모두가 이 책을 읽은 것 같지는 않다. 우연히 김용철을 비판하는 어느 네티즌의 글을 보고, 댓글을 달았다가 삭제당하고 다시 글을 올린 적이 있다. 그 네티즌의 논지가 김용철을 비판하는 대체적인 경향이기에 다시 옮겨 정리해보았다.

자신을 미국 변호사로 소개한 네티즌은 「저 여인을 향해 돌을 들어 치라고 할 것인가, 아니면 같이 돌을 던질 것인가」라는 글에서 다음과 같이 주장했다.

① 삼성은 국부를 창출하는 기업이다. 삼성의 비리는 현재의 위치에 오르기까지 피할 수 없었던 것이며, 이는 한국인 모두의 자화상이다. ② 미국변호사협회의 제1윤리 규정이 고객 비밀보호인 것처럼 한국도 그러할 것인데, 김용철은 변호사 직업윤리를 위반했다. 변호사, 의사, 회계사 같은 전문가들이 김용철처럼 고객의 비밀을 들고 나오는 것이 정의와 양심이 되는지 문제제기했다. ③ 그러면서 그는 '죄 없는 자가 간음한 저 여인을 돌로 쳐라'는 성경의 이야기를 줄곧 인용하며, 지금 삼성을 향해 돌을 던지려는 자들은 "우리 자신이 죄가 없는 척하기 위해서 서로 돌을 들어 여인을 향해 내려치려던 예수시대의 군중들과 같은 생각"을 가졌다고 했다. 즉 삼성을 비난하는 사람들을 간음한 여인에게 돌을 던지려는 군중에 비유했다.

이는 마치 대단한 윤리성을 내세운 것 같지만, 이 사태의 본말을 전도시킨 것에 불과하다. 사태의 핵심은 비껴가고 단지 개인의 윤리 차원으로 환원하여 역공격하는 것은 내가 가장 혐오하던 것이고, 이런 물타기야말로 우리 사회의 가장 추악한 일면이라 여겨왔기에, 나도 다음과 같이 한마디 하고 싶었던 것이다.

'너희 중에 죄 없는 자가 먼저 돌로 쳐라'는 예수의 말이 윤리적 완전성을 촉구하는 것이라면, 우리는 그 누구도 실천적 비판을 제기할 수 없다. 예수의 이 말은 자기의 정결을 주장하는 바리사이만의 율법

'안'에 갇히지 말고, 간음했기에 율법 '밖'에 있게 된 여인도 공동체 구성원으로 받아들이라는 것이기도 하다. 즉 예수는 유대율법의 배타적 폭력성을 지적하며 더 포괄적인 윤리적 성찰을 요구했던 것이리라. 마찬가지로 김용철 책의 핵심은 자기의 직장 내부를 고발함으로써 한국 사회의 윤리를 성찰해보자는 것이다.

당신의 말처럼 김용철이 직업윤리를 어겼다는 것을 인정하더라도, 사법부까지 농락하며 공공성에 반하는 삼성을 먼저 비난하는 것이 순서일 것이다. 우리가 돌을 거두어야 할 우선 대상은 삼성이 아니라 김용철이어야 할 것이고, 이것이 당신이 그토록 내세우고 싶어 하는 윤리적 자세일 것이다. 즉 당신이 윤리적 책임을 묻는 순서가 잘못됐다는 것이다.

독일의 신학자이자 목사였던 본회퍼가 왜 히틀러를 암살하려 했을까? '목사가 감히 살인을?'이라는 개인윤리 잣대로만 그 사태를 이해할 수 없듯이, 이번 사태도 마찬가지다. 사태의 전후 맥락을 제거해버리고 논점을 단지 김용철 변호사의 직업윤리로만 환원해버리고 싶은 것이 바로 삼성의 희망사항이기도 할 것이다. 여기에서 "왜 나는 조그마한 일에만 분개하는가?"라고 노래한 시인 김수영이 떠오른다. 그런데 김용철이 지적했듯이 자기는 삼성 직원으로 근무한 것이지, 삼성의 의뢰를 받은 변호사로 일한 것이 아니라는 사실을 여기에 다시 첨부해 둔다.

그리고 당신은 줄곧 미국의 예를 들곤 하는데, 미국에서 기업가의 불법이 어떻게 제지당하는지를 먼저 밝히는 것이 공정할 것이다. 한국사회에서 엔론 같은 회계부정은 비일비재하지만 미국처럼 처벌받고 책임진 경영자가 있던가? 특히 당신이 미국 변호사의 직업윤리 운운하는 부분을 보면, 전문가주의를 내세우는 자들이 어떻게 한 사회의 건전한 상식과 윤리를 왜곡하는지를 더욱 실감하게 된다. 상식을 따라가지 못하는 '전문가주의' 즉 전문기술자들이 권력과 자본의 실무자로 복무하여 그 사회의 지배를 공고히 한다는, 에드워드 사이드의 지적이 옳았음을 여기에서도 확인하게 된다.

간단하다. 조직의 배신자가 되지 않고 내부고발자가 되는 방법이 있는가? '당신은 배신자'라는 논법이 바로 삼성의 논리였고, 자본과 권력의 논리였고, 지배의 논리라는 것을 모르는가? 당신이 말한 "그러면서도 겉으로는 가장 고귀한 것을 추구하는 척하는 자들은 없는 것일까? 혹은 우리 모두가 그런 속물이면서도 어떻게 하면 그것이 남에게 들키지 않기를 바라고 있는 것은 아닐까?"라는 충고가 나에게도 적용될 수 있듯이, 당신에게도 그대로 적용 가능하다는 것도 함께 말해준다. 이 말이 누구에게 적용되어야 하는가는, 작은 것에만 분노하지 않고 큰 것에 분노할 수 있느냐 없느냐는 나와 당신의 행동이 그 기준이 될 것이다.

삼성을 통해 본 한국사회의 이 슬픈 모습을, 우리는 그 누구도 무관하다 할 수 없고 또 초월해 있을 수도 없다. 중요한 것은 이제 앞으로 우리 사회가 무엇을 고민하고 어떻게 할 것인가를 성찰하는 것이다. 이것이 건전한 상식에 더 부합할 것이다.

2. 삼성을 배신한 김용철?

이처럼 김용철을 비판하는 사람들은 온갖 논리를 늘어놓지만, 가장 중요한 것에는 침묵하고 있다. '그래서 앞으로 어떻게 할 것인가? 무엇을 할 것인가?'에 대해서는 말하지 않고, 오직 김용철의 개인윤리만을 물어뜯는다. 바로 그것이 불의한 자본과 권력의 작동방식임을 모르는 것일까. 그런 어긋난 비난을 퍼붓는 바로 '당신을 통해' 불의한 자본과 권력이 유통되고 재생산되었음을 말이다. 자신의 담론이 자본과 권력의 폭력에 어떻게 일조하게 되는지 성찰하지 못하거나, 이 사태는 '나'와 무관하다는 자들 모두 이 사태의 공범자들이기는 마찬가지다. 삼성자본은 '나'의 소비 위에 서 있고, 또 한국사회 네트워크 안에 있기에, 이 사태와 무관한 사람은 이 땅 어디에도 없다.

김용철의 윤리성에 대해서도 '넌 배신이야, 배신!'이라는 조폭 논리로는 이 사태를 이해할 수 없다. 김용철을 매도하는 네티즌들을 살펴보면, 그들이 이 책을 어떻게 읽었는지 살짝 궁금하다. 왜냐하면 김용철은 예상되는 비판에 대해 상당한 해명을 했다. 양심을 지키고자 노력했던 검사시절과는 달리, 돈을 벌기 위해 삼성에 들어가 저질렀던 비양심을 그는 이미 고백했다. 그리고 '전국철학 앙가주망 네트워크'에서는 그의 양심고백을 둘러싼 윤리적 논란에 대해 입장을 정리하고, 210명의 철학자들이 성명서를 발표했다.

불의에 함께 가담했던 자라도 양심고백이 진정성을 가질 수 있다는 것이다. 공익적 진실을 알게 해주며, 사적 이익과 무관한 고백이고, 양심이 타락할 위험에 자신의 의지로 저항하는 모습을 보여줬으며, 공개적인 비판에 자신을 노출했으므로, 양심고백의 진정성이 있다.

또한 김용철도 "진실을 알리는 양심고백은 완전무결한 인격을 가진 이들만 할 수 있는 게 아니다"라며 자신이 한때 '불의한 양심'이었음을 인정했다. 그럼에도 김용철의 윤리에 대해 계속 시비를 가리고 싶다면, 철학자들의 발표에 대응하는 구체적 견해를 제시하는 것이 효율적 논쟁이 될 것이다. 그런데 그런 것들이 없다. 자기 죄를 고백한 사람은 이토록 비난하면서, 정작 지금도 죄를 저지르는 삼성에는 침묵하는 이 분열증이 우습지 않은가!

김용철이 한때 죄지은 것은 분명하지만, 죄지은 세리와 죄인들이 예수에게 왔을 때 예수가 '완전무결하지 않은, 넌 배신자야'라며 그들을 배척했던가? 만약 우리가 윤리적 완전주의만을 앞세운다면 그 누구도 앞으로 나아갈 수 없을 뿐 아니라, 사회를 개인문제로만 접근하게 된다. 더구나 그 윤리적 잣대를 엄격하게 우선 적용해야 할 대상이 누구인지 판단하는 것은 건전한 상식만으로 충분한데도, 그런 상식이 전혀 통하지 않는 곳이 우리 사회다.

예를 들면, "삼성이 회계조작으로 엄청난 비자금을 빼돌려 주주들의 이익을 침해"했다는 김용철의 고백에 대해, 자본주의를 보수保守한다는 자들은 김용철과 삼성의 회계 조작 중 어느 것을 먼저 비난해야 하는지 밝혀야 할 것이다. 또 경영자가 독단적 결정에 따른 사업 실패와 엄청난 손실(자동차 사업에 약 3조 원, 망해가는 회사인수로 약 1조 원 등)을 책임지지 않아도, '기업하기 좋은 나라'의 시민들은 세금(공적 자금)으로 보전해줘야 하는지 논의하는 것이 먼저일 것이다. 또 하나 더, 오직 이건희 일가의 개인재산을 보호하기 위해 회사 손실은 아랑곳하지 않는 숱한 사례보다 김용철의 윤리성이 이 사회에 더 중대한 해악인지 따져봐야 할 것이다. 김용철의 윤리성을 논하기 이전에 우리가 고민해야 할 사례들은 너무 많지 않은가? 이 순서가 그렇게 어려운 것인지 모르겠다.

이 책은 이 모든 불법들이 어떻게 정당화되는지를 세세하게 보여준다. 그 전개양상을 접하고 보니, 이 정도까지인가 싶다. 이건 완전히 봉건영주와 다름없다. 그런데 이건희 일가가 그들 영주의 성에서 무슨 일을 하든 그것은 개인의 취향일 수 있다. 전용기의 스튜어디스들이 무릎을 꿇고 기어와 시중들게 하는 것은 그 사람의 독특한 인간관일 테고, 1천만 원짜리 와인을 즐기는 탐미적 취향도, 10억 원짜리 생일파티도 문제 삼는 것이 아니다. 그런데 그 돈이 이건희 개인 돈이 아니라면? 그 돈이 모두 회사 돈이라는데, 이는 국가세금인 학교운영비를 개인이 빼돌리는 것과 무엇이 다른지 누가 설명해주기 바란다.

삼성은 이건희 일가의 것이 아니다. 한국사회는 기업과 경영자를 동일시하는 인식이 매우 강하다. 마치 국가를 왕의 소유물로 인식한 왕조시대처럼, 회사를 개인 소유물로 착각한다. 삼성은 99퍼센트의 지분을 가진 주주들의 것일 뿐만 아니라, 공적 인프라가 얽힌 사회적 자산이다. 더구나 국가가 기업에 차관제공, 세금면제, 토지대여, 수입규제 같은 특혜를 베푼 것이 이건희 개인을 위한 것은 아닐 터다. 그리고 삼성그룹 전체에서 이건희 일가의 지분을 다 합쳐도 1퍼센트 대밖에 안 되기에, 삼성의 침몰은 이건희의 패가敗家로만 끝나는 것도 아니다. 그래서 항해권을 위임받은 선장이 어떠한지를 살피는 것은 그 사회구성원의 당연한 권리이자 의무다.

3. 공화국을 배신한 삼성!

그런데 이건희 일가의 경영행태보다 더 심각한 것은 그들이 사회공공성에 막대한 폐해를 끼치고 있다는 점이다. 사법, 행정, 입법부 등 국가 공공기관 전반을 돈으로 매수해 사유화하는 것이 얼마나 끔찍한 폭력인지를 이 책이 구체적으로 보여준다.

우리 사회에서 삼성의 행태에 관심을 가져본 사람이라면 이 책이 아니어도 여러 자료에서 삼성의 반윤리적, 반공공적反公共的 행태를 이미 상당 부분 확인할 수 있다. 삼성은 현장에서 일하다가 다쳐도, 임산부가 장시간 일하다 유산해도, 출장 가서 사망해도, 30대 초반 노동자가 12시간 일하다가 과로사해도 모두 본인과실이다. 법이 정한 노동조합은 해고의 지름길이고, 해고당한 사람들조차 불법 대포폰으로 위치추적과 미행까지 당하지만, 삼성은 법이 두렵지 않다.

삼성전자 · 전기 · SDI 전자제품 제조공장에서만 96명의 노동자가 희귀질병에 걸려 20대 청춘 32명이 숨졌고 또 죽어가지만, 이들의 죽음은 산재가 되지 않는다. 부모의 울부짖음을 들어주는 곳은 한국사회 어디에도 없었다. 삼성의 돈을 쳐다보는 역학조사 기관과 재판과 언론과 정치권력이 어떻게 삼성을 '배신' 하겠는가! 삼성은 법을 두려워하지 않게 되었다.

그들 법조인과 관료와 언론인이 삼성임원으로 들어가고, 또 삼성의 돈이 곳곳을 틀어막은 한국사회에서, 삼성이 두려워할 법과 정의와 윤리는 이제 없다. 그들은 오직 돈을 숭배할 따름인지라, 죽은 자식의 목숨 값까지 돈으로 부모 입에 물려주겠단다. 자식이 죽은 이유를 알고 싶다는 부모에게 이 돈 받고 당신 아들딸을 돈에 묻어두라고, 우리를 짐승처럼 대하며 한국사회를 추행한다. 그럼에도 이제 아무도 삼성의 추행을 문제 삼지 않는다. 한국사회의 대중에게 삼성은 언제나 정당하다. 삼성은 돈이 많기 때문이다.

삼성전자 영업이익이 석 달 동안에만 5조 원이라는데, 그 돈을 이건희 혼자 만들었을까? 정작 그 돈을 만든 노동자들은 어떤 대접을 받고 있는지 확인해보라. 나는 그 돈 값이 궁금할 따름이다. 그 돈으로 한국사회 전체를 매수한 그들은 염치를 모르게 되었고, 염치없는 '황제' 들은 우리 인간과는 다른 세상을 이루었다. 무노조 경영은 '깨끗한 삼성' 을 만들었고, 언론과 사법과 관료를 '또 하나의 가족' 으로 받아들여 그들만의 씨족사회를 이루었다. 언론을 조종하고 법을 조롱하며 국가정책까지 뒤흔들어, 모두가 그 앞에 무릎 꿇고 기어가는 황제전용국가를 세웠다.

그래서 이 책의 핵심은 이건희 일가의 몫만큼만 향유하게 하자는 것, 즉 이건희 일가의 정당한 제 몫 찾아주기다. 이건희의 독특한 인간관이 독특한 노사관이 되었고, 그의 탐미적 취향이 사회공공성까지 탐할 때, 이는 개인의 취향일 수만은 없지 않은가. 이건희 일가가 자행하는 금권의 결탁과 타락은 통제불능의 상태까지 왔고 한국사회의 공공성을 이미 심각하게 훼손시켰다. 삼성의 이익을 국가 이익이라고 호도하지만, 정작 그 국가에 노동대중도 사회공공성도 없다. 그리고 법질서는 무너져버렸다. 상식을 가진 시민들의 숨 쉴 공간은 사라지고, 자본과 권력이 한 몸이 되어 한국사회를 좌지우지하고 있다. 그 사적 권력을 시민들이 각성하고 제어하지 않는다면 한국사회의 공공성은 요원하다.

이 책은 삼성만 이야기하는 것이 아니다. '한국사회에서 출세한다는 것은 무엇인가?' 라는 질문을 한국사회 전반에 던진 것이다. 한국사회에서 판사, 검사, 변호사, 고위관료, 정치인 등 전문가들이 무엇을 하며 그들의 속살이 어떠한지를 날것으로 보여준다. 페이지마다 눈을 뗄 수가 없었다.

김용철 변호사가 삼성에 근무하며 한국사회의 불의不義에 일조한 것은 분명하다. 그러나 그가 마지막 19장 「삼성과 한국이 함께 사는 길」에서 밝혔듯 이제 그가 희망하는 사회는 그가 예전에 몸담아 추구했던 것과는 반대의 사회다. 그가 19장에서 밝힌 한국사회의 진단과 처방은 한국사회를 고민하는 사람들에게는 언제나 상식의 수준이지만, 한국사회는 그 상식을 쉽게 허락하지 않을 것이다. 그것은 자본과 권력이 막강해서이기도 하지만, 대중도 이미 그 자본과 권력을 내면화했기 때문이기도 하다.

그 대중은 삼성에 분노하지 못하고 김용철에게만 돌을 던지는 '여러분'일 수도 있고, 다르게 말하면 큰 것에는 분노하지 못하고 작은 것에만 분노하는 '나'일 수도 있다. 그래서 앞으로 중요한 것은 이제 어떻게 할 것인가다. 김용철 변호사가 자신의 손자손녀가 살아갈 사회에 대한 책임을 말했던 것처럼 내 어린 딸이 살아갈 세상에 대한 고민을, 그와 나, 우리가 함께하자는 것이다. 누구에게 그 고민과 책임을 떠넘길 수 없지 않겠는가.

내 딸이 사회를 고민할 나이가 되어 윤리와 권력이 작동하는 방식이나 혹은 정의가 패배하는 현실을 설명해야 할 상황이 오면, 김용철 변호사의 이야기를 해줄 것이다.

"정의가 패배했다고 해서 정의가 불의가 되는 것이 아니다. 거짓이 이겼다고 해서 거짓이 진실이 되는 것도 아니다. 정의가 이긴다는 말이 늘 성립하는 게 아니라고 해서, 정의가 패배하도록 방치하는 게 옳은 일이 될 수는 없다."

우리는 나약한지라, 이기는 싸움만을 계산하고 이기지 못하는 것을 두려워한다. 그래서 어느 시대, 어느 땅에서든 불의한 권력과 패배한 정의가 나뒹굴 것이다. 그러나 중요한 것은 그런 부조리를 똑

바로 응시할 수 있는 용기다. 그것을 정직하게 응시하는 용기야말로 윤리적 자세이고, 바로 이것이 우리를 비굴하지 않게 하며, 또 수많은 패배의 역사 속에서도 결국 한 걸음씩 앞으로 나아가게 했던 힘이기도 하다.

함께 읽으면 좋은 갈라파고스의 책들

『왜 세계의 절반은 굶주리는가?』
유엔 식량특별조사관이 아들에게 들려주는 기아의 진실
장 지글러 지음 | 유영미 옮김 | 우석훈 해제 | 주경복 부록 | 232쪽 | 10,800원
＊ 한국간행물윤리위원회, 책따세 선정도서 | 법정스님, 한비야 추천도서

120억의 인구가 먹고도 남을 만큼의 식량이 생산되고 있다는데 왜 하루에 10만 명
이, 5초에 한 명의 어린이가 굶주림으로 죽어가고 있는가? 이런 불합리하고 살인적
인 세계질서는 어떠한 사정에서 등장한 것일까? 그 책임은 누구에게 있을까? 학교
에서도 언론에서도 아무도 알려주지 않는 기아의 진실! 8년간 유엔 인권위원회 식
량특별조사관으로 활동한 장 지글러가 기아의 실태와 그 배후의 원인들을 대화 형
식으로 알기 쉽게 조목조목 설명했다.

『지식의 역사』
과거, 현재, 그리고 미래의 모든 지식을 찾아
찰스 밴 도렌 지음 | 박중서 옮김 | 924쪽 | 35,000원
＊ 한국간행물윤리위원회 선정도서／ 한국경제신문, 매일경제, 교보문고 선정 2010년 올해의 책

문명이 시작된 순간부터 오늘날까지 인간이 생각하고, 발명하고, 창조하고, 고민하
고, 완성한 모든 것의 요약으로, 세상의 모든 지식을 담은 책. 인류의 모든 위대한 발
견은 물론이거니와, 그것을 탄생시킨 역사적 상황과 각 시대의 세심한 풍경, 다가올
미래 지식의 전망까지도 충실히 담아낸 찰스 밴 도렌의 역작이다.

『물질문명과 자본주의 읽기』
자본주의라는 이름의 히드라 이야기
페르낭 브로델 지음 | 김홍식 옮김 | 204쪽 | 12,000원

역사학의 거장 브로델이 우리가 미처 알지 못했던 자본주의의 맨얼굴과 밑동을 파헤친 역작. 그는 자본주의가 이윤을 따라 변화무쌍하게 움직이는 카멜레온과 히드라 같은 존재임을 밝혀냄으로써, 우리에게 현대 자본주의의 역사를 이해하고 미래를 가늠해볼 수 있는 넓은 지평과 혜안을 제공하였다. 이 책은 그가 심혈을 기울인 '장기 지속으로서의 자본주의' 연구의 결정판이었던 『물질문명과 자본주의』의 길잡이판격으로 그의 방대한 연구를 간결하고 수월하게 읽게 해준다.

『현대 중동의 탄생』
데이비드 프롬킨 지음 | 이순호 옮김 | 984쪽 | 43,000원

미국 비평가협회상과 퓰리처상 최종선발작에 빛나는 이 책은 분쟁으로 얼룩진 중동의 그늘, 그 기원을 찾아가는 현대의 고전이다. 종교, 이데올로기, 민족주의, 왕조 간 투쟁이 끊이지 않는 고질적인 분쟁지역이 된 중동이 어떻게 형성되었는지를 명쾌하게 제시해준다. 이 책은 중동을 총체적으로 이해하게 해주는 중동 문제의 바이블로 현대 중동 문제를 이해하기 위한 필독서다.

『푸코, 바르트, 레비스트로스, 라캉 쉽게 읽기』
교양인을 위한 구조주의 강의
우치다 타츠루 지음 | 이경덕 옮김 | 224쪽 | 12,000원

구조주의란 무엇인가에서 출발해 구조주의의 기원과 역사, 그 내용을 추적하고, 구조주의의 대표적 인물들을 한자리에 불러 모아 그들 사상의 핵심을 한눈에 들어오도록 정리한 구조주의에 관한 해설서. 어려운 이론을 쉽게 풀어 쓰는 데 일가견이 있는 저자의 재능이 십분 발휘된 책으로, 구조주의를 공부하는 사람이나 구조주의에 대해 알고 싶었던 일반 대중 모두 쉽고 재미있게 읽을 수 있는 최고의 구조주의 개론서이다.

왜 학교는 질문을 가르치지 않는가
어느 시골 교사가 세상에 물음을 제기하는 방법

1판 1쇄 발행 2016년 4월 11일
1판 3쇄 발행 2018년 1월 31일

지은이 황주환
편집 김지환 백진희 ┃ 마케팅·홍보 김단희 ┃ 표지 디자인 가필드

펴낸이 임병삼 ┃ 펴낸곳 갈라파고스
등록 2002년 10월 29일 제2003-000147호
주소 03938 서울시 마포구 월드컵로 196 대명비첸시티오피스텔 801호
전화 02-3142-3797 ┃ 전송 02-3142-2408
전자우편 galapagos@chol.com

ISBN 979-11-87038-01-6 03370

이 도서의 국립중앙도서관 출판예정도서목록(CIP)은 서지정보유통지원시스템 홈페이지
(http://seoji.nl.go.kr)와 국가자료공동목록시스템(http://www.nl.go.kr/ko lisnet)에서 이용
하실 수 있습니다. (CIP 제어번호: CIP2016001185)

갈라파고스 자연과 인간, 인간과 인간의 공존을 희망하며, 함께 읽으면 좋은 책들을 만듭니다.